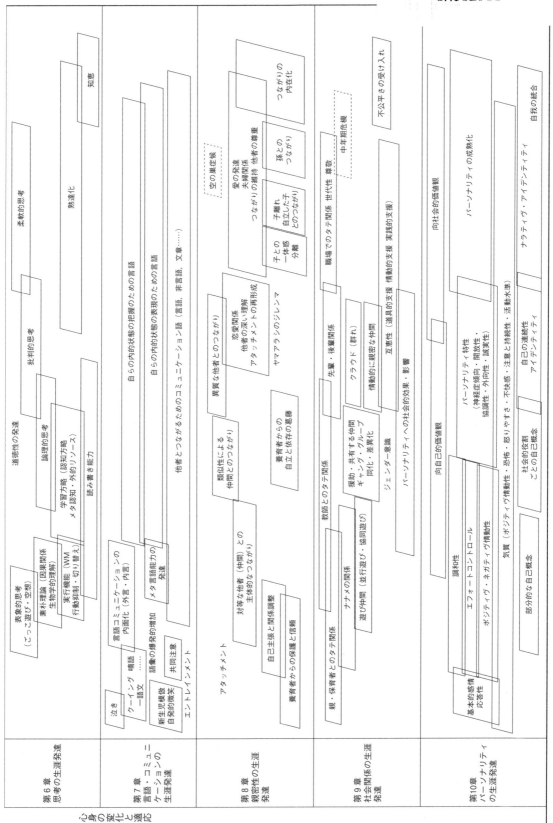

西村純一・平野真理 編
Junichi Nishimura & Mari Hirano

生涯発達心理学

ナカニシヤ出版

まえがき

　人間の発達は，受精に始まり，死をもって終わる。ただし，起点となる受精はすべての人間に共通しているが，終点となる死は，すべての人間が同じというわけではない。百歳以上長生きする人もあれば，幼くして病気や事故によって亡くなる人もいる。必然的に人の生涯にわたる変化は，個別に見れば人によって異なる。しかし，長寿時代の今日，多くの人が高齢期に至るまで生きるようになり，人間の生涯にわたる発達を理解するには，胎生期から高齢期に至るプロセスについて理解することが重要になっている。

　これまでに人間の生涯にわたる発達の理解を目指した生涯発達心理学のテキストは数多く発行されている。ただし，従来の生涯発達心理学のテキストは，人間の発達の時期を乳児期，幼児期，中期児童期，青年期，成人前期，成人中期，成人後期などに分けて説明しているものが多い。このような発達の時期ごとの説明はその発達の時期の特徴を理解し，その発達の時期のなかでの種々の機能領域（たとえば，身体機能・認知機能・社会関係・パーソナリティ等）間の関係を理解するうえでは効率的である。しかし，そのように発達の時期ごとに分けて説明する場合，それぞれの機能領域の説明が発達の時期ごとに分断されてしまうため，それぞれの機能領域の発達の時期を通じてのプロセスが理解しにくく，生涯にわたる変化の見通し（life span view）が得にくくなってしまうという弱点がある。

　村田（1994）は，「発達の時期を羅列してみたところで，そのまま生涯過程を扱ったことにはならない。生涯的スパンで人間の発達を理解するためには，それぞれの発達の時期を前後の発達の時期と関連させ，大なり小なり共通の用語と概念を用いた記述が必要であるとして，人間の主要な心の機能—情緒・愛情・自己・社会性・感覚と知覚・記憶・思考・言語・道徳性・性役割・性衝動・達成動機づけ・生活活動—の領域を，生涯一貫して辿り，その発達過程の特徴—たとえば，社会性の乳児期から高齢期まで，どのような発達経路をとるか—を考察している」（村田孝次，生涯発達心理学入門，培風館，1994）。ただし，そうした機能領域別に人間の生涯にわたる発達を考察することは決して生易しいことではなく，村田自身，データや理論の乏しい青年期以降ではスキが目立ち，特に前後の発達の時期間の同一機能（と推定されるもの）との関連を示すことはいろいろと困難であったと述べている。

　たしかに，これまでに多数の生涯発達心理学のテキストが刊行されていながら，機能領域別に生涯発達を一貫して追究したものがほとんど見られないのは，おそらく機能領域別に人間の生涯にわたる発達を考察することは，村田が述べているようにまだまだ理論やデータが不足していることがネックになっているのであろう。しかし，人間の生涯にわたる発達を全体を通して理解するために

は，機能領域別に生涯にわたる過程を一貫して追究する視点が必要であると考えられる。とくに，人間発達の初学者にとっては，生涯発達を発達の時期ごとに羅列的に捉えるのではなく，機能領域別に生涯にわたる発達を一貫して追究し，人間の生涯発達について展望することが重要になると考えられる。このような観点から本書は企画された。

本書では，第1章・第2章において生涯発達心理学の基礎と課題を確認したうえで，第3章から第10章にかけて「身体」「感覚・知覚」「記憶・認知」「知能・思考」「言語・コミュニケーション」「親密性」「社会関係」「パーソナリティ」という8つの機能領域ごとの発達を概説する。それぞれの領域を，単なる機能の分類として捉えるのではなく，人が生きるにあたってどのような役割を担う領域なのかをイメージしてもらいやすくするために，各領域に「〇〇し続ける」というテーマを設定した（詳細については第2章を参照されたい）。そして，各領域がそのテーマを達成するために生涯を通してどのように発達し続けるのかを連続的に理解することを目指している。また一方で，各領域の時期ごとの発達トピックを総合し，全体として見わたすことのできる発達の俯瞰図を掲載した。これは，発達を領域ごとに記述することで見落とされやすくなる各領域の相互作用や，「全体としての発達」の視座を助けるものである。ただしこの俯瞰図においても，従来の俯瞰図に見られがちな時期ごとの区切り線は排し，各時期の発達トピックが必ずしもその期間にのみ生起するのではないことを示している。

続いて本書では，各領域にまつわる心理支援や実践研究の現場から21のコラムを掲載した。当然ながら私たちは，誰しもが教科書に書かれたとおりの発達を歩むわけではなく，環境の影響，ライフイベント，病，心理的状態などさまざまな文脈の中で，人それぞれのテンポで，時につまずいたり，横道を歩きながら歩いていく。教科書に描かれる発達理論はあくまでも典型的な歩みのペースにすぎないのであるが，わかりやすく抽象化して記述されればされるほど，そこに書かれている発達の歩みが絶対の正解であると思えてきてしまうものである。それは時期ごとに記述された場合に顕著であり，「この時期までにこの能力が発達していない」という事実は多くの場合ひどく養育者を焦らせてしまう。しかし，「各時期の発達」という枠組みから一度距離をとり，生涯発達というスパンで，各領域がそれぞれに生きるための役割を担って発達し続けていると考えたとき，そうした一部分の発達のペースの遅れやつまずきは，必ずしもその機能でしか補えないものではないことがわかる。各章のコラムは，そうした多様な発達の姿を理解する助けになるものである。

終わりに，本書の意図をお汲み取りいただきご執筆の労を取っていただいた先生方に深甚の謝意を表す次第である。また，本書の企画から完成まで，暖かく見守り，多くのご助言とご支援を賜りました宍倉編集長をはじめナカニシヤ出版の皆様に，心より感謝申し上げたい。

2018年11月。

編者

目　次

まえがき　i

第 1 章　生涯発達心理学とは何か ──────────────── 1
　1　生涯発達心理学の成立　　1
　2　生涯的視点　　2
　3　生涯発達モデル　　3
　4　年齢的変化に対する 3 つの効果　　5
　5　発達研究のデザイン　　5

第 2 章　生涯発達心理学の基本課題 ──────────────── 11
　1　発達はどのように区切れるのか：連続性と非連続性　　11
　2　発達は何によって規定されるのか：遺伝と環境，そして可塑性　　14
　3　発達は誰のものか：社会構成主義的観点から見た発達観　　17

第 3 章　身体の生涯発達　▶▶▶基盤を保ち続ける ──────────────── 21
　1　器官の成長と衰退，器官差（身体部位による成長や衰退の差）　　21
　2　身長と体重の変化　　23
　3　性　　差　　24
　4　粗大運動・微細運動の発達，運動機能の向上と低下　　25
　5　脳神経系の発達　　28
　6　生涯スパンで見た身体の異常：先天異常，生活習慣病　　29

第 4 章　知覚の生涯発達　▶▶▶世界を受け取り続ける ──────────────── 33
　1　視覚の発達と低下：視力・色・形・明るさ・顔の知覚，奥行知覚など　　33
　2　聴覚の発達と低下　　38
　3　触覚の発達と低下　　39
　4　味覚・嗅覚の発達と低下　　40
　5　感覚の統合　　40

第5章 記憶・認知の生涯発達 ▶▶▶ 情報を処理し続ける ── 43
- 1 記憶の萌芽：胎児・新生児の記憶能力　43
- 2 認知は「表象の獲得」から　44
- 3 認知はまだ「自己中心的」　46
- 4 自分中心から離れる認知　47
- 5 記憶と認知の完成　49
- 6 青年期の記憶はよく想起される　50
- 7 それでも情報を処理し続ける　52

第6章 知能・思考の生涯発達 ▶▶▶ 目の前の課題を考え続ける ── 57
- 1 知能と思考：知能とは，思考とは　57
- 2 ごっこ遊びの中で発揮される思考：表象的思考の発達　59
- 3 周囲の世界を理解するための思考：素朴理論の発達　60
- 4 教室での学びの基盤となる思考：読み書き能力の発達　62
- 5 課題に向かうための思考：自律的な課題解決の発達　62
- 6 自他の考えを吟味するための思考：論理的思考・批判的思考の発達　65
- 7 職場・家庭で求められる思考：熟達化・柔軟な思考の発達　65
- 8 老いとともに深まる思考：知恵の発達　66

第7章 言語・コミュニケーションの生涯発達
▶▶▶ 他者とつながり自己を表現し続ける ── 69
- 1 言語獲得とその生物学的基礎についての概観　69
- 2 コミュニケーションの発達概観　70
- 3 原初的なコミュニケーション　71
- 4 つながりのエネルギー　73
- 5 言語を越えたつながり　75
- 6 自己の本心を表現することの困難　77
- 7 慎みのコミュニケーション　78
- 8 文章作成と主体　80
- 9 文章作成とアイデンティティ　80

第8章 親密性の生涯発達 ▶▶▶ 大切な他者とつながり続ける ── 85
- 1 親密性とは　85
- 2 初めての「大切な他者」：養育者に守られるつながり　86
- 3 親しい友人関係の形成：対等な他者とのつながり　88
- 4 恋愛：異性との親密なつながり　90
- 5 夫婦関係：家族としてつながる　93
- 6 親になる：守る立場でのつながり　95
- 7 親密な他者との離別：つながりの内在化　98

第9章　社会関係の生涯発達▶▶▶社会と関わり続ける ─────── 103
　　　1　はじめに　103
　　　2　友人関係の生涯発達：本当に類は友を呼び，朱に交われば赤くなるのか？　103
　　　3　友人関係の機能と帰結：友情は本当に喜びを二倍にし，悲しみを半分にするのか？　110
　　　4　友人関係を取り巻く仲間関係の発達　111
　　　5　タテ関係の生涯発達　114
　　　6　メディアの影響　117
　　　7　まとめ　118

第10章　パーソナリティの生涯発達▶▶▶自分らしさをつくり続ける ─────── 123
　　　1　パーソナリティの5つの原理　123
　　　2　気質とパーソナリティ特性　125
　　　3　価値観　128
　　　4　自己概念　132
　　　5　アイデンティティとライフストーリー　132
　　　6　まとめ　134

索　引　139

コラム目次

コラム1　がんとともに生きる子どもたち：心理社会的支援　26
コラム2　自然・からだ・音・こころ　42
コラム3　統合失調症と認知機能　51
コラム4　認知症高齢者をポジティヴな視点から捉える　54
コラム5　知的障害をもつ人に対する理解の視点と臨床発達支援　61
コラム6　学び方を学ぶ：学習方略の獲得を支援する教育　63
コラム7　聴覚障害とコミュニケーションと心理支援　72
コラム8　留学生支援の現場から　76
コラム9　コミュニケーションスタイルの深化と成長　83
コラム10　自閉症スペクトラムと親密性　87
コラム11　生殖から考える夫婦関係の発達　92
コラム12　なぜ，やらないの？　95
コラム13　虐待という環境から発達を考える　101
コラム14　社会性に関する発達　108
コラム15　学校コミュニティを通した問題解決の学びと支援　112
コラム16　高齢者の関係性と「むなしさ」　121
コラム17　躓きをきっかけとした大学生期の成長　124
コラム18　非行とアイデンティティの構築　126
コラム19　道徳性の生涯発達　130
コラム20　キャリアの発達と「あきらめ」　133
コラム21　「感情労働におけるキャリア発達」から「感情労働を通じたキャリア発達」へ　135

第 1 章
生涯発達心理学とは何か

西村純一

1 生涯発達心理学の成立

　人間の行動の年齢的変化に対する疑問の科学的研究が開始されたのは，19世紀後半のことであった。1877年にダーウィン（C. Darwin）は，雑誌『Mind』に自分の子どもの観察日誌（A Bibliographical Sketch of an Infant）を発表した。プライヤー（W. T. Preyer）の『子どもの精神』(Die Seele des Kindes, 1882) やホール（G. S. Hall）の『子どもの心的内容』(The Contents of Children's Minds, 1883) は本格的な児童（発達）心理学書の始まりといわれる。1910年代半ばから第二次世界大戦までにかけて，発達心理学は領域や対象を大きく拡大した。アメリカでは，ワトソン（J. B. Watson）の学習説に対してゲゼル（A. L. Gesell）の成熟説が提唱され，ビネー（A. Binet）の知能検査が広く普及した。ドイツでは，シュテルン（W. Stern）やビューラー夫妻（K. and Ch. Bühler）が，児童心理学の体系を築いていった。スイスでは，ピアジェ（J. Piaget）が子どもの自己中心性や思考の発達段階説を提唱し，ロシアではヴィゴツキー（L. S. Vygotsky）が社会的観点から思考や言語に関する見方を展開した（サトウ・鈴木・荒川，2012）。しかし，〈発達〉は，長い間，人間発達の初期の児童期に限定されてきた。

　行動科学者が人間の全生涯にわたって起きる重要な年齢的変化を世の中に発信し始めたのは，20世紀後半になってからである。その大きな原動力になったのは，ユング（Jung, 1933），シャルロッテ・ビューラー（Bühler, 1935），ハヴィガースト（Havighurst, 1948），エリクソン（Erikson, 1950）らによって成人発達論や生涯発達論が台頭してきたことが挙げられる。ユングはフロイト（S. Freud）とは対照的に，人生後半の発達に注目し，それまでの青少年中心の発達観とは異なる生涯発達観を提示した。ビューラーは，人生を発達段階という視点から分析した最初の人であるといわれる。彼女は，400名の伝記や自伝にもとづいて人生を5段階に分け，独自の生涯発達論を展開した。ユングやビューラーは1930年代に生涯発達論の礎を築いたわけであるが，今日の生涯発達論に，より直接的に影響を与えたのは，1940年代以降のハヴィガーストでありエリクソンであった（堀，1989）。

　ハヴィガーストは，1948年，『発達課題と教育』(Developmental Task and Education) において，発達課題（developmental task）の考え方を提起した。彼は，人間の生涯を6つに分け，それぞれの時期の発達課題を提示している。そして，ハヴィガーストの発達課題論をより一般的なかたちで取り入れ，人間の自我発達の過程として捉えたのが，エリクソンの生涯発達論である。彼は，『幼年期と社会』(Childhood and Society, 1950) の中で，フロイトの心理性的発達段階説に変革を加え，独自の心理社会的発達段階説を提示した。フロイトの発達段階説は青年期で終了するが，エリクソンのそれはユングのライフサイクル論の影響を受け全生涯へと拡大されている。その後，生涯発達論や成人発達論に対する関心が急速に高まり，1960年代から1970年代にかけて，ニューガーテン

のパーソナリティの発達研究（Neugarten, 1966），シャイエの知能に関する研究（Schaie, 1970）などが続々登場した。

他方，人間を老いと死から守る考察からエイジング（aging）という新しい概念が発見され，1945年に老年学（gerontology）の成立したことも大きな影響を及ぼしたと考えられる。それまでは，老年期の医学的考察，すなわち老年病学（geriatrics）が中心であったが，老年期の研究からエイジングのプロセスの研究へと拡大され，老年病学や老年医学だけでなく，心理学や社会学，法律学，経済学，人口問題，社会福祉などの隣接諸科学が幅広く参加するようになってきた。

こうした背景から，乳幼児期や児童期の発達と成人期の発達をリンクさせ，より大きな人間発達の全体的変化の文脈の中で発達を捉える考察から生涯的視点（life-span perspective）が生まれてきた（Baltes, Reese & Lipsitt, 1980）。発達研究が全生涯に拡張されるにつれて，理論的にも生物学的成長の概念の影響が見直され，個体発達の本質は，成長といった概念よりずっと複雑であることが認識されるようになっていった。そして，この生涯的視点が見出されたことが，人間の全生涯にわたる発達的変化の解明を目指した学問である生涯発達心理学（life-span developmental psychology）の成立につながった。

2 生涯的視点

1970年代以降に登場した生涯的視点は，それまでの伝統的な児童発達の研究の視点とは異なる，次のような基本的な方向づけをもっている（Riley, 1979; Baltes, 1987）

[1] 全生涯への関心

生涯的視点では，児童期の発達とか，老年期の老化といった特定の発達段階の変化ではなく，全生涯にわたる変化に関心がある。そうした全生涯にわたる変化は加齢と呼ばれている。すなわち，加齢とは授精に始まり死によって終了するプロセスで，そこには成長も老化も含まれる。このような生涯的視点から見ると，人間のどの発達段階もそれ以前の状態やそれ以後の状態と切り離して考えることはできない。

[2] 多次元性と多方向性

生涯的視点では，個体発達の本質が成長といった概念よりずっと複雑であることが認識されるようになり，それに伴って，発達の多次元性（行動は等質な部分の集合ではない）と多方向性（行動をカテゴリー化するのは，個体発達の方向が異なるからである）といった概念が脚光を浴びるようになった。図1-1は，多次元性と多方向性を取り入れて拡張され，多様化された発達観を示している。上の図は，発達変化には異なる形態があることを示している。また，下の図は，生涯を通じて新しい行動の変化のプロセスが出現しうること，そのいくつかだけが一生続き，積み重なっていくという考え方を表している（Baltes & Nesselroad, 1979）。

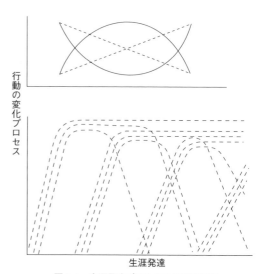

図1-1 生涯発達プロセスの仮説の諸例
（Baltes & Nesselroad, 1979）

[3] 社会的・環境的・歴史的文脈の重視

　人の一生の生活に見られる規則的な推移をライフサイクル（life cycle）という。森岡・望月（1987）によれば，人生60年の時代には，こうした段階を設定することがライフサイクルの観察を容易にした。しかし，大衆長寿の現代では，後半生における個人差が一層拡大してきており，発達段階のようなかたちで規則的な推移を前提とする見方は，特に人生後半の分析には無理のあることが認識されるようになってきた。そこで，多様な個人の人生行路（pathway）を捉えるべく，1970年代にアメリカでライフコース（life course）という概念が登場してきた。ライフコースとは，諸個人が年齢別に分化した役割と出来事を経てたどる人生行路のことである。

　生涯的視点では，いかなる個人のライフコースのパタンも，社会的・環境的・歴史的変化の影響を受けていると見る。つまり，個々人のライフコースは多様ではあるが，そうした生活パタンの転換はつねに社会的・環境的・歴史的要因の影響下にある。したがって，個人の行動－意識の変化は，社会的・環境的・歴史的文脈による検討が必要である。村田（1989）は，これまでの伝統的な児童発達の研究では，歴史の流れから切り取られた歴史の一局面における特定の出生コホートでの発達経路の考察に終始し，社会的・環境的・歴史的文脈による検討はほとんどなされなかった点を指摘している。

[4] 有機体－環境相互作用

　生涯的視点によると，成人期を通じての発達という新しいパタンは，社会的変化の原因となりうると考える。つまり，社会的変化が人々を変えていくだけでなく，人々が社会を変えていく可能性もあるのである。村田（1989）によれば，生涯的視点では，人間は社会化の受動的対象であるとする社会的鋳型理論（social mold theory）は廃棄され，人間は生活経験を自己の力で役立てていく積極的存在とみられるようになっている。また，人間有機体は環境からの影響をただ受動的に受けとっているだけではなく，環境に対して影響を与えるという意味で，有機体－環境相互作用の立場が支持されるようになっている。

3 生涯発達モデル

　バルテス（P. B. Baltes）らは，人間発達を規定する潜在的影響要因として生物学的要因と環境的要因，およびそれらの間の相互作用の3つを考える。図1-2は，これらの潜在的影響要因が，具体的に人間発達に及ぼす3つの影響要因，すなわち，標準年齢的要因（normative age-graded influences），標準歴史的要因（normative history-graded influences），非標準的要因（non-normative influences）を示したものである。この3種の影響要因は，各々生物学的要因と，環境的要因を含んでいる。また，図1-3は，これら3種の影響要因の相対的影響度を示したものである（Baltes, 1979; Baltes & Nesselroade, 1979; Baltes, Reese & Lipsitt, 1980）。

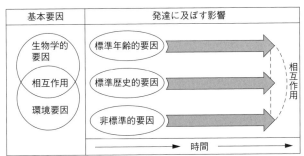

図1-2　生涯発達における主要な影響要因（Baltes, 1979）

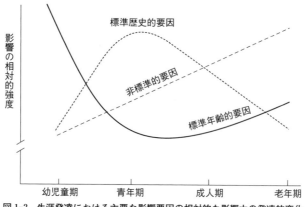

図1-3 生涯発達における主要な影響要因の相対的な影響力の発達的変化
(Baltes, 1979)

[1] 標準年齢的要因

　この要因は，歴年齢と密接に関連している生物学的要因や環境要因からなる。生物学的要因は個体発生に由来する要因で，思春期，初潮，更年期などの生物学的要因が含まれている。また，環境的要因は年齢段階にほぼ応じた社会化（socialization）の影響で，教育，初婚年齢，退職年齢のような社会化や文化的習慣が含まれてくる。こうした標準年齢的影響は，児童期初期ないしは胎児期にピークがある。また，老年期に再び小さなピークがくると想定されている。

[2] 標準歴史的要因

　この要因は，ある文化の中で大多数の人々が同時に体験するような事件からなる。これらの中には，疫病のような生物学的な事件，戦争や経済的不況のような環境的事件，人口統計上の着実な変化，性に対する態度変容，育児様式の変化，世代差（コホート差）などの社会的事件などが含まれる。標準歴史的要因は，しばしばある世代に，ベビーブーマーとか団塊の世代とかいった独自のアイデンティティをもたらしている。こうした標準歴史的影響は，青年期にピークがあると想定されている。

[3] 非標準的要因

　特定の個人にとっては重要であるが，大多数の人々は経験しないような影響は非標準的影響と呼ばれている。人生後半の個々人の多様な人生行路に対する認識が深まり，個人特有の影響が人間発達の重要な規定要因として注目されるようになってきた。これらの中には，住所の変更（転勤，海外移住など），職場の配置転換，失業，離婚，別居（単身赴任など），大病，傷害，事故，入院，施設入所，大切な人の死，思わぬ僥倖（宝くじに当たるなど）など個人に関わる生活上の出来事（life event）が含まれる。通常は標準歴史的要因として扱われることが多いことも，個人にかなり独自の影響を与えるときには，非標準的影響と考えられる。また，一般の人はあまり経験しないような特異な身体的・文化的条件ないし経験も非標準的影響に属する。こうした非標準的影響は，人生後半になるほど大きくなると想定されている。

　これまで普遍的な法則定立を目指してきた発達心理学では，非標準的な観点，すなわち多様な個人差についての個性記述的なアプローチは敬遠ないし無視されてきた。したがって，このように非標準的影響を人間発達に影響を及ぼす要因として認知するということは，発達研究にとっては画期的な事件であったという（村田，1989）。

4 年齢的変化に対する3つの効果

　生涯発達の研究では，年齢的変化のデータに対する年齢効果（age effect），コホート効果（cohort effect）および測定時期効果（time-of-measurement effect）という3つの効果の組み合わせにもとづいてデータの収集や解釈を考える必要がある。しかし，生涯発達の研究の初期においては，これらの基本的効果の概念が明確になっていなかったために，しばしばデータの収集や解釈に誤りがあった。ここでは，まず，こうした3つの基本的効果の概念を明らかにしておこう。

[1] 年 齢 効 果
　年齢効果は，年齢的変化の根底にある時間依存的プロセス，すなわち生物学的プロセス，心理学的プロセス，社会的プロセスによる人間の差異を反映している。年齢効果は，通常，研究の中では生活年齢によって表されている。また，年齢効果は個体内部の固有のプロセスによるものであり，単なる物理的な時間自体の経過によるものではない。

[2] コホート効果
　コホート効果は，その人が属している特定の世代に特有の経験や環境による差異である。コホートはある特定の出生年で定義されるか，あるいは，団塊の世代のように一般的なかたちで表される。どの世代も異なった歴史的・個人的事件を経験しており，こうした経験が深遠なかたちで行動に影響してくると考えられる。

[3] 測定時期効果
　測定時期効果は，参加者からデータが収集された時期における社会的事件，環境的事件，歴史的事件あるいはその他の事件による差異である。たとえば，ある特定の時代の消費の動向は，その時代の経済状態によるとみられる。

　生涯発達の研究を行う場合，研究者はこうした3つの効果を特定し，分離しようとする。しかし，これらは相互に関係しているため分離は容易ではない。たとえば，研究者が50歳の人間の研究に関心があるとすると，必然的に50年前に生まれたコホートを対象とする。しかし，この場合には，観察された行動は参加者が50歳であるためなのか，ある歴史的時代に生まれた結果による特殊な人生経験によるかはわからない。このように2つないしはそれ以上の基本的効果が混ぜ合わさって分離できない状態を交絡（confound）といい，こうした基本的効果の交絡をいかにクリアするかが，生涯発達の研究の大きな課題となっている。

5 発達研究のデザイン

　発達研究の基本的な関心は，人間が時間経過の中でいかに変化するかということにある。そうした変化を見る観点からは，年齢変化（age change）と年齢差（age difference）の区別を明確にする必要がある。年齢変化というのは個人の行動の時間的経過の中で生起する。したがって，年齢変化は真の時間依存的プロセスによる個人内の差異を意味している。たとえば，ある個人の記憶力が30歳のときに比べ60歳では低下しているというのは，年齢変化である。それに対し，年齢差は，年齢の異なる少なくとも2人の個人を比較したときに得られるものである。たとえば，60歳のある個人の記憶力が，30歳の他の個人の記憶力に比べて少ないというのは，年齢差である。年齢差は，年齢効果，コホート効果あるいは測定時期効果による個人間の差異で，時間に依存しているかもしれな

いし，時間に依存していないかもしれない。

これまでに年齢差や年齢的変化に関する最も一般的なデータ収集法として，横断的デザイン（cross-sectional design），縦断的デザイン（longitudinal design），系列的デザイン（sequential design）が検討されてきた。これらの異なる発達研究のデザインの構成は，表1-1のマトリックスの3つの基本的な要素をどう見るかによる。この表では，コホート（出生年）は，第1列に示されている。測定時期は，第1行に示されている。年齢は，1つひとつのセルの数値によって表されている。以下，キャヴァノーら（Cavanaugh & Blanchard-Fields, 2015）によって，横断的デザイン，縦断的デザイン，系列的デザインの特徴と限界を見ていくことにしたい。

表1-1 発達研究の3つの基本的要素
（Cavanaugh & Blanchard-Fields, 2015）

コホート	測定時期			
	2000	2010	2020	2030
1950	50	60	70	80
1960	40	50	60	70
1970	30	40	50	60
1980	20	30	40	50

注）コホートは第1列の年により，測定時期は第1行の年により，年齢は各セルの数値により表されている。

[1] 横断的デザイン

横断的デザインでは，ある同じ時点で異なる年齢の集団を測定し，発達の差を比較する方法である。表1-2の任意の列が横断的デザインを表している。横断的デザインによって年齢差を検証することはできるが，年齢変化を検証することはできない。

横断的研究にはいくつかの弱点がある。集団は発達の一時点でのみ測定されているため，発達の連続性についてはなんの情報も得られない。結果的に，2000年に50歳の人が食料雑貨の品目を覚えた人が，2030年に80歳になったときに覚えているかどうかについては何もいえない。50歳と80歳の両方で測定していないからである。また，横断的研究はコホート効果を受けやすい。年齢集団（コホート）の差は，発達過程の差と同様に環境の出来事の差の影響を受けている。さらに，横断的研究では，高齢参加者が若かったころ，この研究に参加している若い集団と同様であったと仮定されているが，もとよりそれは必ずしも事実とはいえない。そのことが横断的研究で見出された年齢差の解釈を困難にしている。要するに，横断的研究では年齢効果とコホート効果が交絡（confound）しているのである。

表1-2 横断的デザイン
（Cavanaugh & Blanchard-Fields, 2015）

コホート	測定時期			
	2000	2010	2020	2030
1950	**50**	60	70	80
1960	**40**	50	60	70
1970	**30**	40	50	60
1980	**20**	30	40	50

注）コホートは第1列の年により，測定時期は第1行の年により，年齢は各セルの数値により表されている。

このような年齢効果とコホート効果の交絡や年齢差の同定に限界があるにもかかわらず，生涯的な研究において横断的研究が優位であるのは，ひとえに実用的であるからにほかならない。すべての測定値が一時に得られるため，横断的研究は他のデザインに比べて迅速に実施でき，しかもコスト的に安くつく。いま一つ，横断的研究は，高齢集団と若年集団という両極端の集団を比較し，一つの特定の変動に対するおおまかな見通しを得ることが可能である。

しかし，両極端の年齢集団を用いるデザインはよく使われてはいるが，いくつか問題も指摘されている（Hertzog & Dixon, 1996）。第一に，標本は代表的とはいえないため，結果の解釈に際しては読み過ぎないよう慎重にすべきである。両極端の年齢集団からの解釈を，他の年齢集団に一般化してはならない。第二に，年齢は連続的変量として扱うべきであり，〈若い〉とか〈高齢である〉とかのカテゴリーとして扱うべきではない。第三に，年齢を連続変量とみなすことによって，年齢が他の観察された年齢差とどのように関係しているかについてのよりよい理解をすることが可能になる。いま一つ，両極端の年齢集団を用いるデザインは，使われた尺度が両方の年齢集団を通じて同

じであると仮定している。しかし，測定値は同じでも，両集団で意味は多少違ってくるかもしれない。たとえば，同じ幸福度の得点であったとしても，ただちに幸福度は同じであるとしてよいかは問題である。したがって，両集団の各々において尺度の信頼性と妥当性の検証が行われるべきである。

[2] 縦断的デザイン

縦断的研究では，同じ個人が人生の異なる時点で繰り返し観察されたり測定されたりすることになる。縦断的研究は文字どおり長期の発達を含み，成長の生起を観察する最も直接的な方法である。縦断的デザインは，表1-3の任意の行で表される。縦断的デザインの大きな利点は，同じ個人を経年的に研究しているので，年齢変化を同定できるという点にある。

表1-3 縦断的デザイン
(Cavanaugh & Blanchard-Fields, 2015)

コホート	測定時期			
	2000	2010	2020	2030
1950	50	60	70	80
1960	40	50	60	70
1970	30	40	50	60
1980	20	30	40	50

注）コホートは第1列の年により，測定時期は第1行の年により，年齢は各セルの数値により表されている。

もし，縦断的研究において年齢変化が見出された場合，私たちはそれらの変化が起きた理由を説明できるであろうか。単一のコホートの研究の場合には，コホート効果は変化の説明からは除外される。しかし，他の2つの潜在的説明変数，年齢と測定時点は交絡している。たとえば，1990年コホートを追跡したいとしよう。もし，彼らが20歳になった時に個人を測定したいなら，2010年に測定しなければならない。結果的に，同定した変化は，基底にあるプロセスか，あるいは測定を実施した時点に関係する要因に起因している。たとえば，給料の増加に関する縦断的研究を実施した場合，任意の比較の給料の変化量は実際のスキルの変化や会社にとっての人物の価値に起因する場合もあるが，その時の経済情勢による場合もありうる。

縦断的研究は3つの付加的な潜在的問題をかかえている。第一に，その研究が参加者の何らかのタイプの遂行能力を測定する場合，練習効果（practice effects）の問題が発生することになる。縦断的研究の参加者の遂行能力の時間的な改善は，単に参加者が同じ測定法でテストされたり再テストされたりする繰り返しの効果から生じている可能性がある。第二は，参加者の脱落（participant dropout）の問題である。参加者が移動したり，関心を失ったり，亡くなったりすることによって，縦断的研究のコースを通じて参加者のグループを維持することは困難である。老年期まで含めた縦断的研究では，死亡した人や病弱な人などが除外され，結果として適応のよい優秀者のみが残り（正の選択的な生き残り，positive selective survival），繰り返しテストされる結果，加齢とともにテストのスコアが上昇する可能性が高くなる。逆も考えられる。研究の終結段階でもともと健康度の低い参加者のみが残り（負の選択的生き残り，negative selective survival），当初に比べて成績が低下して見える可能性もありうる。第三に，1つのコホートのみを追跡することに伴う困難である。1つのコホートしか使っていないため，そのコホートの年齢変化が他のコホートにも適用できるか，どこまで一般化できるかは疑問である。そのコホートに特有の未発見の発達プロセスが存在する可能性があることに留意しなければならない。

縦断的研究は時間と費用がかかるためこれまであまり行われていない。しかし，加齢のプロセスのさらなる検証のためには個人の追跡が重要であることはいうまでもない。

[3] 系列的デザイン

これまで見てきた研究デザインはいずれも2つの効果の交絡を含んでいる。横断的デザインの場合は，年齢とコホートの交絡があった。縦断的デザインの場合には，年齢と測定時期の交絡があった。こうした解釈上のディレンマは，シャイエ（Schaie, 1965）によって提唱された系列的デザイン

によって緩和することができる（Baltes, Reese, & Nesselroade, 1977; Schaie & Hertzog, 1982）。

系列的研究は，異なる組み合わせの横断的研究あるいは縦断的研究によって表される。横断系列的デザインは，表1-2において，2つ以上の測定時点で実施された2つ以上の横断的研究からなる。これらの多重横断的デザインは，年齢に関連する差異に加えて，測定時期の効果を調べることができるという点が特徴である。たとえば，2000年と2010年のテストの成績の違いを検証することができ，これは測定時期の効果を直接示している。また，測定時期とは独立に年齢差を比較することもできる。

縦断的系列デザインは，表1-3において，2つ以上のコホートで実施された2つ以上の縦断的研究からなる。それぞれの縦断的研究は同じ年齢範囲で開始し，同じ期間追跡している。縦断的系列デザインの特徴は，年齢効果に加えてコホート効果を実際に測定できる点にある。これによって，コホートとは独立した年齢の尺度への影響を検討できる。さらに，このデザインはコホートと年齢の交互作用を調べることも可能にする。すなわち，年齢効果がコホート間で一定であるか，変化するかどうかがわかる。

このように系列的デザインは，発達の問題を解決するうえで有力な武器であり，豊かな情報をもたらしてくれるものではあるが，実際にはあまり使われてはいない。その最大の理由は，費用と時間がかかるという点にある。なお，系列的デザインは横断的デザインや縦断的デザインを発展拡張したものではあるが，もともとの単純なデザインがもっていた困難を解消できているわけではない。横断的系列デザインの場合には，年齢効果とコホート効果との交絡があるし，縦断的系列デザインの場合には，年齢効果と測定時期効果との交絡がある点に留意する必要がある。

引用文献

Baltes, P. B. (1979). Life-span developmental psychology. In P. B. Baltes, & O. G. Brim Jr. (Eds.), *Life-span developmental and behavior* (Vol. 2, pp. 255-279). New York, NY: Academic Press.
Baltes, P. B. (1987). Theoretical propositions of life-span developmental psychology: On the dynamics between growth and decline. *Developmental Psychology, 23*, 611-626.
Baltes, P. B., & Nesselroad, J. R. (1979). History and rationale of longitudinal research. In J. R. Nesselroade & P. B. Baltes (Eds.), *Longitudinal research in the study of behavior and development* (pp.1-39). New York, NY: Academic Press.
Baltes, P. B., Reese, H. W., & Lipsitt, L. P. (1980). Life span developmental psychology. *Annual Review of Psychology, 31*, 65-100.
Baltes, P. B., Reese, H. W., & Nesselroade, J. R. (1977). *Life-span developmental psychology: Introduction to research methods.* Pacific Grove, CA: Brooks/Cole.
Bühler, C. (1935). The curve of life as studied in biographies. *Journal of Applied Psychology, 19*, 405-409.
Cavanaugh, J. C., & Blanchard-Fields, F. (2015). *Adult development and aging* (7th ed.). Belmont, CA: Cengage Learning.
Darwin, C. (1877). A bibliographical sketch of an infant. *Mind, 7*, 285-294.
サトウ タツヤ・鈴木 朋子・荒川 歩（2012）．心理学史　学文社
Erikson, E. H. (1950). *Childhood and society.* New York, NY: Norton.（エリクソン，E. H. 仁科 弥生（訳）（1977）．幼年期と社会　みすず書房）
Havighurst, R. (1948). *Developmental tasks and education.* New York, NY: Atherton.（ハヴィガースト，R. 荘司 雅子（訳）（1959）．人間の発達課題と教育　牧書店）
Hertzog, C., & Dixon, R. (1996). Methodological issues in research on cognition and aging. In F. Blanchard-Fields & T. Hess (Eds.), *Perspectives on cognitive change in adulthood and aging* (pp.66-121). New York, NY: McGraw-Hill.
堀 薫夫（1989）．アメリカ成人発達論の背景と展開　社会教育基礎理論研究会（編著）叢書生涯学習Ⅶ　成人性の発達（pp.61-138）　雄松堂出版
Jung, C. G. (1933). The stages of life. In H. Read, M. Fordham, G. Adler & W. McGuire (Eds.), Hull, R. F. C. (trans.) (1972). *The structure and dynamics of the psyche* (The collected works of C. G. Jung (2nd ed., Vol. 8). Princeton, NJ: Princeton University Press.
森岡 清美・望月 崇（1987）．新しい家族社会学　改訂版　培風館
村田 孝次（1989）．生涯発達心理学の課題　培風館
Neugarten, B. L. (1966). Adult personality. *Human Development, 9*, 61-73.
Riley, M. W. (1979). Introduction. In M. W. Riley (Ed.), Aging from birth to death: Interdisciplinary perspectives (pp.

3-14). Boulder, CO: Westview.
Schaie, K. W. (1965). A general model for the study of developmental problem. *Psychological Bulletin, 64*, 92-107.
Schaie, K. W. (1970). A reinterpretation of age-related changes in cognitive structure and functioning. In L. Goulet & P. B. Baltes (Eds.), Life-span developmental psychology (pp. 486-507). New York, NY: Academic Press.
Schaie, K. W., & Hertzog, C. (1982). Longitudinal methods. In B. B. Wolman (Ed.), *Handbook of developmental psychology*. Englewood Cliffs, NJ: Prentice-Hall.

第2章
生涯発達心理学の基本課題

平野真理

1 発達はどのように区切れるのか：連続性と非連続性

[1] 連続性と非連続性

　人の心臓は，生まれてから死ぬまでつねに動き続けている。それと同時に私たちの身体や心は，死ぬまでのあいだ絶えず変化し続ける。発達とは，そうした人間の変化のことを指す言葉であるが，その絶え間ない変化を「どのように区切って記述するか」ということは，発達心理学の重要な課題の一つである。

　私たちの社会では，幼稚園生，小学生，中学生，高校生……というように，特定の年齢による区切りが設けられている。この年齢あるいは生活の場による区切り方は，一般的に人の成長や発達を理解する枠組みとして根付いており，「小学生はこのくらいのことができる」「中学生はこんなことを考えている」というように，ほとんどの人がその時期の特徴をイメージすることができるだろう。そしてたとえば小学生と中学生とでは，イメージする発達の度合いは〈ガラッ〉と異なるのではないだろうか。

　しかし人の発達は，そのようにある年齢で〈ガラッ〉と変化するものではない。たとえば子どもの身長の発達を考えたとき，ある日を境に急激に変化することはありえない。身長は毎日少しずつ伸び続けるものであり，小学6年生の3月と，中学1年生の4月の身長にさほど大きな差はないだろう。しかし一方で，ある時期を境に起こる大きな変化というものも確かに存在する。昨日まで歩くことができなかった子どもが，歩けるようになるという変化はその代表的な例である。これはすなわち，ある時期を迎えるまではいくら努力しても身につけることはできず，ある時期が来ると途端にできるようになるという階段状の発達を説明している。このように人の発達のなかには，連続的な発達として捉えられる側面と，非連続的な発達として捉えられる側面とが混在している。前者は数字で表せる特徴の増加など量的変化として記述されることが多く，後者は新たな機能の獲得など質的変化として記述されることが多い（表2-1）。

　ただし，連続的に変化するように見える側面であっても，ある時期の変化をまとめて捉えたとき

表 2-1 発達の連続性と非連続性

連続性で捉えられやすい側面	非連続性で捉えられやすい側面
身長／体重	体型
筋力	歩行／遊び方
視力／聴力	読み／書き／計算
食事量／排泄量	離乳／排泄コントロール
知能	思考様式

に，他の時期との間に質的な違いが見て取れる場合がある。たとえば，連続的に変化し続ける身長であっても，14歳ごろからの男子の身長変化は他の時期と比べて異なる様相を見せるため，これは第二次性徴という非連続的な変化として記述することができる。このように発達は，1分1秒という小さな単位で見れば本質的にすべて連続性をもつものであるが，何らかのまとまりとして区切って捉えることによって，非連続的な質的変化が見て取れるのである。

[2] 発達段階理論

日々変化し続ける人の発達を，まとまった時期の特徴ごとに区切って記述したものが発達段階 (developmental stage) である。これまで多くの研究者によって，さまざまな発達段階の理論が提唱されてきた（表2-2）。ここでいくつかの代表的な発達段階理論を紹介しよう。

ピアジェ（Piaget, 1927）は，認知のあり方の発達を段階的に区切る認知発達理論を提唱した。彼は幅広い年齢の子どもを対象とした知能テストの研究に携わるなかで，年齢が上がると単に有する知識や概念が増加するだけではなく，年齢の低い子どもと年齢の高い子どもでは，同じ問題に対して異なった論理で正答あるいは誤答をしていることに注目し，「何を知っているか」ではなく「どう反応するか」という認知発達が段階的に変化することを示した。

フロイト（Freud, 1905）による心理性的発達理論は，精神分析理論の視点からの発達区分である。フロイトは，人の生および行動の根源には性愛的欲動（リビドー）があるとし，その欲動は幼少期から心理形成に影響を与えながら段階的に発達していくと説明した。この理論では，性愛的欲動は口唇期（〜1歳半）にはしゃぶる，舐めるといった取り込みの快感，肛門期（1歳半〜3歳）には大便を保持することと排出することの両価的快感と葛藤，男根（エディプス）期（3〜6歳）には性器への関心および異性親に対する性的欲望と不安，潜伏期（6〜12歳）には欲動の抑圧や罪悪感，性器期（12歳〜）には異性への性的欲望，と時期を追って推移していく。性愛的欲動が満たされなかった時期や，逆に過度に満たされた時期には固着が起こり，その後の性格特徴に影響を与えたり，つらい出来事があった際に神経症を引き起こす原因となったりすると説明されている。

エリクソン（Erikson, 1959）は，フロイトの心理性的発達理論を基盤としながらも，発達における社会文化的影響や環境との相互作用を重視し，主に子どものみを対象としていたそれまでの発達理論に対して，ライフサイクルという視点から人の生涯を通した心理社会的発達理論を提唱した。この発達理論では，社会や重要な他者との関係において求められるその時期特有の発達課題によって人生が8段階に分けられている。第1段階（乳児期）の課題と危機は「基本的信頼 vs 不信」であ

表2-2 さまざまな発達理論

提唱者	区分の視点	乳幼児期（誕生〜3歳頃）	就学前児童（3〜6歳頃）	中期児童期（6〜12歳頃）	青年期（12〜20歳頃）	成人前期（20〜40歳頃）	成人中期（40〜65歳頃）	成人後期（65歳頃〜）
Stratz	身体発達	第一充実期	第一伸長期	第二充実期	第二伸長期	成熟期		
Bühler	自我体験	第一客観化	第一主観化	第二客観化	第二主観化	第三客観化		
Piaget	認知発達	感覚運動期	前操作期	具体的操作期	形式的操作期			
Freud	性的発達	口唇期／肛門期	男根期	潜伏期	性器期			
Erikson	社会文化的発達	基本的信頼 対 基本的不信／自律性 対 恥・疑惑	自主性 対 罪悪感	勤勉性 対 劣等感	同一性 対 同一性拡散	親密性 対 孤立	世代継承性 対 停滞	統合 対 絶望
Levinson	生活構造	春				夏	秋	冬
Super	キャリア発達		成長段階		探索段階	確立段階	維持段階	解放段階

り，この時期の重要な他者である養育者との間に信頼感をもてるかというテーマと向き合う段階とされる。第2段階（幼児期前期）は「自律性 vs 恥・疑惑」であり，自分で自分の行動をコントロールするという課題に向き合う時期とされる。第3段階（幼児期後期）は「自主性 vs 罪悪感」であり，望ましいと思う方向に向かっていけることが課題となる。第4段階（学童期）は「勤勉性 vs 劣等感」であり，技術をマスターしたり，学びや作業をうまくできるという感覚をもてるかがテーマとなる。第5段階（青年期）は「同一性 vs 同一性拡散」であり，自分は何者であるかというテーマと向き合う時期とされる。第6段階（成人期前期）は「親密性 vs 孤独」，第7段階（成人期後期）は「世代継承性 vs 停滞」，第8段階（老年期）は「統合 vs 絶望」であり，他者と親密な関係を築き，自らの有するものを次の世代へと継承し，そして最終的にこれまでの人生を受容することが課題とされている。各段階の課題をうまくこなすことで，その時期の人間的活力（例：乳児期は「希望」）が人格に備わっていくと考えた。エリクソンの発達理論は課題 vs 危機という構図をとるから，課題を完全に達成することが発達に不可欠かのように理解されやすいが，それは誤解である。発達は，課題達成と危機の間で生じる葛藤を解消しようとするなかで生じるものであり，また，発達課題はその時期に達成されなくとも後に補償が可能であるため，必ずしもその時期に課題の完全な達成や危機の消失を要するのではないことが述べられている。

[3] 発達の区分

こうした発達段階による区分は，いずれも時間軸によって区切られており，ある時期が来れば階段的に登っていくというかたちで発達が記述されている。また，発達心理学の解説書の多くも，新生児期（〜1か月），乳児期（〜1歳半），幼児期（〜就学前），児童期（小学生），青年期（中学生〜20歳代後半：ただし小学生後半〜中学生を思春期として別に分ける場合もある），成人期（20歳代後半〜）といった順序で時間軸に沿った時期ごとに説明されているものが多い。このような〈横切り〉の区分に沿って発達を理解する場合，ある時期が来ればその個人の全体が一気にステップアップするようなイメージがもたれるのではないだろうか。

しかしながら，人の中にはさまざまな異なる機能が存在する。たとえば，外の世界を把握するための機能，人とつながるための機能，自分らしさを形成するための機能など，生きるために必要な種々のことがらを達成するための機能を有している。ある解説書ではそうした各機能を，心と不可分の「身体」，外界から情報を得て外界に対して表現を行う基礎となる「認知」「感情」，人間だけに固有のコミュニケーションの過程である「言語」，生きるために不可欠な「社会」の5領域に分けて説明している（無藤・子安，2011）。

それぞれの機能は，もちろん完全に独立しているわけではなく，相互に関連しながら発達するものであるが，必ずしも時間的に足並みをそろえて発達するわけではない。しかしながら発達段階に代表されるような〈横切り〉の記述の中では，すべての領域の機能の発達がある時期にいっせいにはじまり，いっせいに一つの水準の到達を迎え，またいっせいに次の水準に向けた発達がはじまる，というように時間で厳密に区切られていく錯覚がもたれやすくなる。そこで機能の領域ごとに発達を〈縦切り〉に記述してみると，人の発達は実際には特定の時期によって線が引かれるわけではなく，生まれてから死ぬまで連続的に変化し続ける存在であることが見えやすくなる。

本書では，一般的な発達心理学の教科書に見られる〈横切り〉の章構成ではなく，〈縦切り〉の章構成を採用した（表2-3）。それによって，人の心の各領域のもつ異なる機能が，人が生きていくうえでどのような役割（テーマ）を担い，その力が生涯を通してどのように発達し続けるのかを連続的に理解することを目的としている。

表 2-3 本書の構成

章	機能の領域	テーマ
第3章	身体	基盤を保ち続ける
第4章	感覚・知覚	世界を受け取り続ける
第5章	認知・記憶	情報を処理し続ける
第6章	知能・思考	目の前の課題を考え続ける
第7章	言語・コミュニケーション	他者とつながり自己を表現し続ける
第8章	親密性	大切な他者とつながり続ける
第9章	社会関係	社会と関わり続ける
第10章	パーソナリティ	自分らしさをつくり続ける

2 発達は何によって規定されるのか：遺伝と環境、そして可塑性

[1] 遺伝か環境か問題

　発達を規定するのは遺伝なのか、それとも育った環境なのかという問いは、かつて多くの研究者にとっての関心テーマであった。遺伝を重視する生得説の立場と、環境を重視する経験説の立場の間で繰り広げられた論争は、「遺伝か環境か」論争ともいわれる。今日ではそうした極端な議論はなされなくなり、「遺伝も環境も」さらに「遺伝は環境を通して」という相互作用論に立った研究が進められているが、まずはこれまでに遺伝と環境の問題がどのように研究されてきたかを概観しよう。

　遺伝と環境の影響を検討するために最も用いられてきた方法として、双生児法（twin method）がある。ニューマンら（Newman et al., 1937）は、一緒に育てられた二卵性双生児ペアよりも、別々に育てられた一卵性双生児ペアの方がIQ（知能指数）の類似度が高いことを示し、知的能力における遺伝的影響の強さを主張した。これに続くように、遺伝的規定性を示す研究が次々に報告されていった。ミネソタで行われた大規模な研究（Bouchard et al., 1990）では、一緒に育てられた一卵性双生児ペアと、別々に育てられた一卵性双生児ペアを対象に、身長、体重、IQ、興味関心などあらゆる側面の類似度の比較が行われた。その結果、ほとんどの側面において、一緒に育てられたペアの方がやや相関係数が高かったが、その差はわずかであり、育った環境がほとんど影響をもたらさないことが示された。

　伝統的な双生児法では、一卵性双生児のペア（100％同じ遺伝子とみなす）と二卵性双生児のペア（50％同じ遺伝子とみなす）での級内相関係数（類似度）の差をもとに遺伝率を計算する。身体特徴や心理特性のなかで、一卵性双生児ペアで類似度が高く、二卵性双生児ペアで類似度が低い側面は、遺伝的規定性が高いと判断できるのである。表 2-4 に挙げられた結果でいえば、神経質は一

表 2-4　遺伝的規定性の例（安藤，2014, pp.130-131 より抜粋）

	一卵性	二卵性	遺伝率	共有環境	非共有環境
学業成績（Ando et al., 2008）	.71	.48	.55	.17	.29
神経質（Shikishima et al., 2006）	.45	.18	.46	—	.54
アルコール依存症（Kendler et al., 1997）	.48	.33	.54	.14	.33
反社会行動（成人男性）（Eaves et al., 2010）	.57	.26	.29	.15	.56
反社会行動（成人女性）（Eaves et al., 2010）	.51	.41	.10	.35	.55
結婚（20歳時）（Trumbetta et al., 2007）	.57	.43	.26	.31	.43
自尊心（Kamakura et al., 2007）	.30	.22	.31	—	.69

卵性双生児ペアで.41と中程度の相関を示しているのに対して、二卵性双生児ペアでは.18と相関が弱いため、遺伝的規定性が高い特性であると考えられる。一方で反社会行動については、一卵性双生児ペアと二卵性双生児ペアの相関係数にあまり差がないため、遺伝的規定性は低いと考えられる。こうして積み重ねられた遺伝的影響に関する知見からは、発達において「遺伝の影響はある」こと、「双生児が共有する環境（まったく同一の養育等）の影響は小さい」こと、「双生児が共有しない環境（それぞれの対人関係や経験等）の影響は大きい」こと、の3つの原則が明らかにされている（Turkheimer, 2000）。ただし、これら初期の双生児研究は実際には精緻さに欠ける部分が多く、たとえば二卵性双生児の遺伝子の共有率は50%とは限らないことや、一緒に育てられた双生児であっても胎内環境は異なることなどに批判が寄せられた。

発達における遺伝の影響を強調する研究の中でも、最も大きなインパクトを与えたのがアメリカのジェンセン（Jensen, 1969）による知能の研究である。彼は、文化や教育歴の影響を受けにくい課題を用いて、人種および所得水準の異なる人たちに知能検査を行い、その結果に差が見られたことから、教育によってどこまでIQを高められるかはある程度生得的・遺伝的に規定されていると結論づけた。その主張の中でジェンセンは、「遺伝的規定性が高いことは、変わらないことを意味するわけではない」ことや、「環境の影響は確実にある」ことを認めてはいたが、人種差別にもつながりうるその過激な結論は当時の研究者から大きく批判を受け、結果の解釈の非妥当性が次々に指摘された。

反対に、環境の影響を強調する初期の研究としては、スキールスとダイ（Skeels & Dye, 1939）の孤児を対象とした研究が挙げられる。彼は、必要最低限のケアしか行われていない孤児院から、手厚いケアが受けられる施設に移った子どもと、そのまま孤児院に残った子どもたちのIQを成人になってから比較した。その結果、施設に移った方の子どもたちのIQの方が明らかに高くなっていたことがわかり、知的能力は環境によって大きく左右されることを主張した。

また、ザイアンスとマーカス（Zajonc & Markus, 1975）は、出生順位という家庭環境が知能を規定すると主張した。彼らは、出生順が遅くなるほど家庭内の平均知的環境が低くなる（大人の数に対して子どもの数が多くなる）ために、知的能力は低くなると説明した。またほかの説明には、出生順が遅くなるほど家族の人数が増えるため、両親から与えられる資源が少なくなり、発達の機会が少なくなるという資源棄却理論もある（Downey, 1995）。ただしこれらの主張に対しても、実際には関連性がないことの指摘や、IQの低い両親が大家族を作る傾向はあるが、大家族であることがIQを低めているわけではないといったさまざまな批判がなされている（Hock, 2002）。

[2] 発達の相互作用論

その後、行動遺伝学の分野においては、遺伝子解析技術の発展とともに特定の発達を規定する遺伝子マーカーを探し当てるための研究が行われてきた。たとえば、攻撃性に関わる因子としてMAOA（モノアミン酸化酵素A）という遺伝子が明らかにされたことは、反社会行動の発達理解に新たな展開をもたらした（Caspi et al., 2002）。また、ドーパミンやセロトニンといった神経伝達物質の遺伝的特徴によって、パーソナリティの一部である気質を説明できるとする研究も進められた（Cloninger, 1986）。

しかしながら、遺伝に関する多くの知見が積み重ねられてきたにもかかわらず、ある発達を100%説明するような遺伝子はいまだ見つけられていない。これは「失われた遺伝率」問題と呼ばれる。見つけることができていない理由として、1つひとつの遺伝子の効果は小さく今の技術では検出できないことや、遺伝子間および遺伝子と環境の間に複雑な交互作用が存在することなどが想定されている（Jang, 2005；安藤, 2014）。

そこから近年では、遺伝的影響は遺伝子によって規定されるのではなく、後天的な発現パターンに左右されるというエピジェネティクスの視点、すなわち「遺伝は環境を通して」という観点から

遺伝と環境の相互作用（gene-environment interaction）を検討する研究がさかんに進められるようになっている。それまでの双生児研究においても，一卵性双生児ペアの類似度は年齢とともに増加するのに対して，二卵性双生児ペアの類似度は徐々に低下することが報告されていた（Wilson, 1983）。単純に考えれば，一卵性双生児ペアが共有する遺伝的特徴の類似度は，大人になるにつれて別の生活スタイルの中で異なる環境の影響を受けることで低下していくと推測されるだろう。しかし実際には，遺伝的影響は遺伝子を有しているだけで表れるのではなく，環境からのさまざまな刺激を受けるなかで顕在化していくため，年齢を重ねることによって遺伝的規定性の高い特性が増していくことが示されたのである。

　なお，スカーとマッカートニー（Scarr & McCartney, 1983）は遺伝と環境の相互作用のあり方について，3パターンに分けて説明している。1つ目は，子どもの遺伝子型と同じ遺伝的特徴をもつ親が，その遺伝型と関連のある環境を与える「受動的パターン」であり，身体能力の高いスポーツマンの親が，遺伝として身体能力を継承するとともに，幼少期から共にスポーツをするといった環境も与える場合がそれにあたる。2つ目は，子どもの遺伝子型が周囲からの特別な反応を誘発する「誘発的パターン」であり，身体能力の高い子どもを見た親や周囲の人々がスポーツを習わせたりすることで環境が与えられるといった例がこれにあたる。3つ目は，子どもが自分の遺伝子型に合わせて環境を積極的に探索・選択する「能動的パターン」であり，身体能力の高い子が進んでスポーツ遊びやトレーニングをするということがこれにあたる。そして，大人になるにつれて「能動的パターン」が高まるため，より遺伝の影響が強まっていくと述べている。

[3] 発達の可塑性

　ここまで遺伝と環境に関する議論について述べてきたが，いずれの主張においても，遺伝もしくは環境によって発達が「規定される」という発想は共通している。発達の可塑性（development plasticity）とは，人は適切な時期の発達に失敗したとしても，その後の他の環境での経験や他者との関わりのなかで補償的に発達できる可塑性を有しているという考えのことである。1960年代に行われたボウルビィ（Bowlby, 1951）による母性剝奪（maternal deprivation）研究や，その前身となるホスピタリズム研究（内藤，1958）の影響を受け，当時の発達研究においては幼少期の養育放棄や愛着不全といった初期経験が，のちの発達に致命的な遅れや不可逆的な影響を及ぼすという考え方が支配的であった。しかしその後の追跡研究により，たとえ養育放棄によって著しい遅れを呈したとしても，環境が整えられることで知的・言語能力や心理的発達が大幅に回復する，すなわち可塑性を有することが明らかになっていった。

　本邦において有名な研究に，藤永ら（1987）によって報告された，養育放棄されたきょうだいのその後の発達を追った事例がある。出生直後からほとんど世話をされずに育ち，最後には屋外に放棄された6歳と5歳のきょうだいは，身体発達が同年齢の平均よりもはるかに遅れ，言葉もほとんど話すことができなかった。当時の発達観においては，幼少期の劣悪な環境や臨界期の能力獲得失敗は発達において致命的であり，遅れを取り戻すことは難しいという悲観的予測がなされていた。しかしながらこのきょうだいは，保護された後のていねいな保育のなかで，通常の発達曲線を加速するかたちでほとんどの発達を取り戻した。

　また，ルーマニアの養護施設で実施されたブカレスト早期介入計画（Fox et al., 2011）では，施設に預けられ認知的な遅れを有する子どもたちを対象に，途中で里親に引き取られた子どもと，ずっと施設に残って育てられた子どもの認知発達が比較された。その結果，里親に引き取られた子どもたちの方が大きく発達を回復したことが報告された。

　さらに，これらの例のように遅れを直接的に取り戻すような回復だけでなく，不可逆的なダメージやハンディキャップを他の部分で補償するような可塑性についても明らかにされていった。逆境における精神的回復力・適応力を指すレジリエンス（resilience）は，そうしたしなやかな可塑性を

示す概念の一つである。統合失調症の遺伝的リスクをもつ子どもたちを対象に行われた縦断調査において，多くの子どもが発症することなく健康に発達していることが確認され，そうしたハイリスクの中でも適応的に発達できる子どもたちがレジリエンスを有する子どもとして注目された（Garmezy, 1971）。また，ハワイにおける40年にわたる長期縦断調査を通して，幼少期のリスクがその後の発達にどのように影響するかを検討した研究では，リスクをもっていた子どものうちのほとんどが青年期，成人期になるにつれて適応的に人生を送っていた。そして，そうした子どもたちは，仲間関係，情緒的サポート，社会的スキル，楽観性，自己コントロール力といった，内的・外的な防御推進要因（レジリエンス要因）によってリスクをカバーしていたことが見出された（Werner & Smith, 1982）。つまり，リスクや養育欠如による負の影響をなくすことはできなくても，外的資源を活用し，自分の内的資源を育んでいくことで，さらに豊かな発達を示すことが可能であることが示されている。

　ここまでに述べた内容は，いずれも遺伝的リスクや過酷な生育環境を抱えた場合の可塑性を説明したものであるが，特にそうしたリスクを想定しなくとも，人の発達は可塑性に富んでいるということが注目されるようになっている。たとえば成人後期になれば，人はみな加齢によって身体機能が低下し，脳の神経細胞の消滅によって知的能力も低下する。このいわば負の発達的変化は，長い間不可逆的なものとして受け止められてきた。そうしたなかで近年，成人においても生活環境によってニューロンは新しく再生されるという研究結果が次々と示されるようになった（Kempermann, 2006）。また，知能という大きなくくりで見れば「低下」と表現される状態でも，個別領域に対する能力については熟達化（expertise）に伴って新たな知恵や技術が獲得されていることがさまざまな研究によって示されている（鈴木, 2008）。

　こうしたことから，人は遺伝的リスク，強い外的ストレス，加齢などによって，ある特定の部分にダメージを受けたとしても，そうしたダメージに対してただただ無力な存在ではなく，ネガティヴな影響を心身のすべてでカバーするように発達し続ける存在であるといえる。本書では，コラムの中で心理支援や実践研究の現場から見られる多様な発達の姿を通して，人のもつしなやかな発達のあり方を紹介する。

3　発達は誰のものか：社会構成主義的観点から見た発達観

[1] 発達観

　ここで改めて，発達という概念について私たちがもつイメージを考えてみたい。生まれてから大人になるまでの発達プロセスはどのように描かれるだろうか。もっと言えば，子どもとはどのような存在だろうか。そして大人とはどのような存在だろうか。そこには各自のもつ「どのようにあるべきか」という価値観が必ず含まれている。発達という現象に対して，個人あるいは社会のもつ価値観が反映された考えを発達観（view of development）という。データから客観的な研究を行う研究者も，それぞれに異なる発達観を有しており，そうした研究者の発達観によってつくられた理論もまたその時代を生きる人々の考え方に影響を与えている。

　私たちの発達観に強く影響を与えているのは，先に述べたピアジェやエリクソンの理論のような段階的発達観であろう。特定の時期になれば何かができるようになるという階段状の発達イメージは，学校教育システムとしても私たちの生活に浸透している。こうした発達観においては，発達のスピードや目指される発達像が普遍的なものとして認識されやすいという問題をはらんでいる。とりわけ子どもの発達に関する理論は「完成された状態」へ向かうプロセスが想定されているが，その完成された状態とは現代社会において理想とされる状態に過ぎない。現在の社会から求められている姿への望ましい発達が〈当然のあり方〉となり，そこにうまくはまらない発達はイレギュラーな〈個人の要因〉とみなされる（山下, 2002）。エリクソンが述べるように，発達は本来その人が置

かれている時代背景や文化と切り離せないものであり，社会から求められる状態像は，そうした文脈によって異なるものである．にもかかわらず，理論が精緻になればなるほど，そこに示される発達はあたかも人間の真理であるかのような錯覚がもたらされてしまうことがある．

そうした段階的な発達観とは異なる見方をする研究者もいる．シーグラー（Siegler, 1995）は，発達をピアジェのような階段状ではなく，時期に応じて必要な方略を波のように変化させると説明している．またヴィゴツキー（Vygotsky, 1987）は，ピアジェが発達を子ども個人の中で進んでいくものと考えたのに対して，発達は個人内で進むのではなく，他者との関係で間主観的に構成されるものであると考えた．いずれも，発達が普遍的なかたちをとるのではなく流動的に進むものだと捉えている．

[2] 発達心理学のもたらした社会文化的言説

社会構成主義（social constructionism）の視点から発達心理学研究を捉えなおしたバーマン（Burman, 2008）は，発達心理学の研究が主に母親に焦点を当てて積み重ねられたことで，発達における母親の役割が過度に重要視され，必要以上の責任が課せられるようになったことを指摘している．先にも述べたボウルビィの研究は，施設で十分なケアを受けられずに育つ子どもを想定したものであったが，日本においても，1960年代以降のアタッチメント研究の隆盛とともに，乳幼児期の母子の関わりがその後の発達を左右するという三歳児神話が広まり，母親は子どもが小さいうちは家を離れてはいけないという社会的圧力が生じるようになった．さらには，精神病理の発症の原因を母子関係に帰属させるという母原病という言葉も生まれた．これら「母性」に関わる社会文化的言説は多くの研究者によって否定されているにもかかわらず，いまだ根強く残っており，女性の社会進出を阻む役割をも果たしているともいえよう．

このように，発達心理学の知見にはいま私たちが生きている社会の価値観が大きく反映されている．そして同時に，私たちが生きている社会には発達心理学の知見によってもたらされた数々の言説が広がっている．この不可分な，しかし見落とされがちな関係性は，発達心理学の潜在的な課題を私たちに提示しているといえるだろう．

引用文献

安藤 寿康（2014）．遺伝と環境の心理学：人間行動遺伝学入門　培風館

Bouchard, T. J., Jr., Lykken, D. T., McGue, M., Segal, N. L., & Tellegen, A. (1990). Sources of human psychological differences: The Minnesota Study of Twins Reared Apart. *Science, 250*, 223-228.

Bowlby, J. (1951). *Maternal care and mental health: A report prepared on behalf of the World Health Organization*. Geneva: World Health Organization.（ボウルビィ, J. 黒田 実郎（訳）(1967). 乳幼児の精神衛生　岩崎学術出版社）

Burman, E. (2008). *Deconstructing developmental psychology*. Abingdon, UK: Routledge.（バーマン, E. 青野 篤子・村本 邦子（監訳）(2012). 発達心理学の脱構築　ミネルヴァ書房）

Caspi, A., McClay, J., Moffitt, T. E., Mill, J., Martin, J., Craig, I. W., Taylor, A., & Poulton, R. (2002). Role of genotype in the cycle of violence in maltreated children. *Science, 297*(5582), 851-854.

Cloninger, C. R. (1986). A unified biosocial theory of personality and its role in the development of anxiety states. *Psychiatric Developments, 3*, 167-226.

Downey, D. B. (1995). When bigger is not better: Family size, parental resources, and children's educational performance. *American Sociological Review, 60*, 746-761.

Erikson, E. H. (1959). *Identity and the life cycle*. In G. S. Klein (Ed.), *Psychological Issues* (pp. 1-171). New York, NY: International Universities Press.

Fox, N., Almas, A., Degnan, K., Nelson, C. A., & Zeanah, C. H. (2011). The effects of severe psychosocial deprivation and foster care intervention on cognitive development at 8 years of age: Findings from the BEIP. *Journal of Child Psychology and Psychiatry, 52*(9), 919-928.

Freud, S. (1905). *Drei Abhandlungen zur Sexualtheorie*. Hamburg, Deutschland: Franz Deuticke.（フロイト, S. 新宮 一成・越智 和弘・草野シュワルツ 美穂子・道籏 泰三（訳）(2009). 1901-06年——症例「ドーラ」・性理論3篇　フロイト全集6　岩波書店）

藤永 保・斎賀 久敬・春日 喬・内田 伸子（1987）．人間発達と初期環境：初期環境の貧困に基づく発達遅滞児の長期追跡研究　有斐閣

Garmezy, N. (1971). Vulnerability research and the issue of primary prevention. *American Journal of Orthopsychiatry, 41*, 101-116.

Hock, R. R. (2002). *Forty studies that changed psychology: Explorations into the history of psychological research* (4th ed.). Upper Saddle River, NJ: Pearson Prentice Hall.（ホック，R. R. 梶川 達也（監訳）花村 珠美（訳）（2007）．心理学を変えた40の研究——心理学の"常識"はこうして生まれた　ピアソンエデュケーション）

Jang, K. L. (2005). *The behavioral genetics of psychopathology: A clinical guide*. Mahwah, NJ: Lawrence Erlbaum Associates.（ジャン，K. L. 安藤 寿康・大野 裕（監訳）佐々木 掌子・敷島 千鶴・中嶋 良子（共訳）（2007）．精神疾患の行動遺伝学：何が遺伝するのか　有斐閣）

Jensen, A. R. (1969). How much can we boost IQ and scholastic achievement?. *Harvard Educational Review, 39*, 1-123.

Kempermann, G. (2006). *Adult neurogenesis: Stem cells and neuronal development in the adult brain*. New York, NY: Oxford University Press.

無藤 隆・子安 増生（編）（2011）．発達心理学Ⅰ　東京大学出版会

内藤 勇次（1958）．施設児研究への一試案：ホスピタリズム発生要因の追究　教育心理学研究，*5*(3), 32-40,63.

Newman, H. H., Freeman, F. N., & Holzinger, K. J. (1937). *Twins: A study of heredity and environment*. Chicago, IL: University of Chicago Press.

Piaget, J. (1930). *The children's conception of physical causality* (M. Gabain, Trans.). Totowa, NJ: Littlefield, Adams. (Original work published in 1927; *La causalité physique chez l'enfant*. Paris: Félix Alcan.)

Scarr, S., & McCartney, K. (1983). How people make their own environments: A theory of genotype greater than environment effects. *Child Development, 54*, 424-435.

Siegler, R. S. (1995). Children's thinking: How does change occur? In F. E. Weinert & W. Schneider (Eds.), *Memory performance and competencies: Issues in growth and development* (pp.405-430). Hillsdale, NJ: Lawrence Erlbaum Associates.

Skeels, H. M., & Dye, H. B. (1939). A study of the effects of differential stimulation on mentally retarded children. *Proceedings. American Association on Mental Deficiency, 44*(1), 114-136.

Slater, A., & Quinn, P. C. (2017). *Developmental psychology: Revisiting the classic studies*.（スレーター，A.・クイン，P. C. 加藤 弘通・川田 学・伊藤 崇（監訳）（2017）．発達心理学・再入門：ブレークスルーを生んだ14の研究　新曜社）

鈴木 忠（2008）．生涯発達のダイナミクス：知の多様性　生きかたの可塑性　東京大学出版会

Turkheimer, E. (2000). Three laws of behavior genetics and what they mean. *Current Directions in Psychological Science, 9*(5), 160-165.

Vygotsky, L. S. (1987). *The collected works of L. S. Vygotsky: Problems of general psychology*. New York, NY: Prenum Press.（ヴィゴツキィ，L. S. 柴田 義松（訳）（2001）．思考と言語　新読書社）

Werner, E. E., & Smith, R. S. (1982). *Vulnerable but not invincible: A longitudinal study of resilient children and youth*. New York, NY: R. R. Donnelley and Sons.

山下 恒男（2002）．反発達論——抑圧の人間学からの解放　現代書館

Zajonc, R. B., & Markus, G. B. (1975). Birth order and intellectual development. *Psychological Review, 82*(1), 74-88.

第3章
身体の生涯発達
▶▶▶基盤を保ち続ける

高橋 翠

　私たちの心は，脳神経を含む身体から生み出されているものである。したがって，生涯を通じた心の発達と，それが何によってもたらされたのかという変化の要因を理解しようとするときには，身体や脳がどのような状態になっているのかということもまた把握しておく必要がある。それでは，身体は受精してから死が訪れるまで，どのように変化していくのだろうか。本章では，脳を含む身体の各器官の成長と老化，運動機能の生涯発達的変化についてみていきたい。

1　器官の成長と衰退，器官差（身体部位による成長や衰退の差）

[1] 胎生期の発生・発達

　精子と卵子が結合して受精卵ができてから，受精卵が子宮内膜に着床して赤ちゃんが生まれるまでの期間を「胎生期」と呼ぶ。受精卵の大きさは約0.2mmであり，（受精ではなく）着床の完了をもって妊娠が成立する。胎生期は，以下の3つの時期に分かれる：①卵体期（受精してから受精卵が卵管を通り子宮内膜にしっかり着床するまでの約2週間のことで，細胞分裂が活発に行われる時期；図3-1），②胎芽期（受精後から2か月の終わり頃までの，各身体器官が形成される重要な時期），

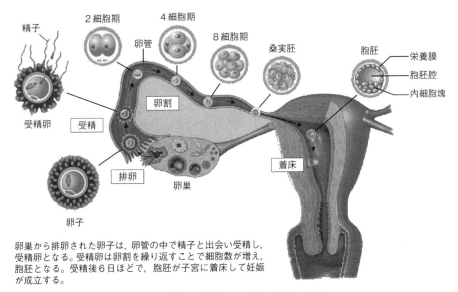

卵巣から排卵された卵子は，卵管の中で精子と出会い受精し，受精卵となる。受精卵は卵割を繰り返すことで細胞数が増え，胞胚となる。受精後6日ほどで，胞胚が子宮に着床して妊娠が成立する。

図3-1　排卵から着床まで（岡田・坂井，2014）

出典：坂井建雄・岡田隆夫（編著）（2014）．専門基礎分野 人体の構造と機能［1］：解剖生理学　系統看護学講座（第9版, p.499）医学書院

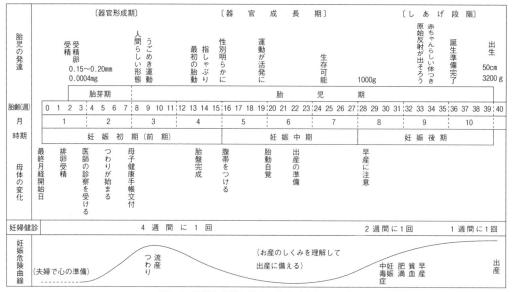

図3-2 胎児の発達と母体の変化（中島，1992）

③胎児期（受精後2か月の終わりごろから出生までの，身長や体重が大きく増加する時期）である。

各時期における胎児の発達と，母体の変化は図3-2に示した。着床が完了してから胎盤が完成するまでの間（4か月頃まで）に，母親は「つわり」を経験することが多く，この時期は流産にも注意する必要がある。妊娠5か月を過ぎた頃には，胎児の運動（胎動）を感じることができるようになる。その後，胎児は急速に成長していき（図3-3），出生時（妊娠10か月頃）には胎児の身長は約50cm，体重は約3,000g程度に達する。なお，2,500g未満で誕生した子どもを低出生体重児という。また，7か月（妊娠32週）未満で生まれた場合には呼吸器系が未成熟であるため，専門機関での治療が必要となる。

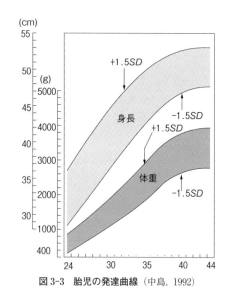

図3-3 胎児の発達曲線（中島，1992）

［2］各器官の発達

解剖学者のスキャモン（Scammon, 1930）は，出生後から成人に至るまでの身体の各器官の加齢的変化（発育）を模式図で表した（図3-4）。図を見ると，器官によって発育のパターンは異なっていることがわかる。具体的には，一般型（身長や体重などの体格や筋骨格系，消化や代謝，呼吸などに関わる身体の主たる器官）は出生から幼児期までと，思春期以降に2つの急進期があり，それぞれ急速な発育が見られる。その一方で，神経型（脳神経系）は出生後急速なスピードで発育していき，その後は緩やかに発育していく。なお，神経型に含まれる脳は，重量ベースでは児童期の初め頃には成人の約9割に達するが，神経回路の成熟は成人前期にかけて進行していくこととなる。リンパ型（胸腺やリンパ節などの免疫機能に関わる器官）は，第二次性徴の発育に関わるため，思春期の直前には成人の約2倍に達し，その後成人レベルに減少していく。生殖型（卵巣や精巣といった生殖機能に関わる器官）は思春期以降に急速に発育していく。こうした器官からは性ホルモンが多量に分泌されるため，男子では身長が伸びて筋肉質になり，運動能力が大きく向上する。ま

表 3-1 生理機能の加齢変化（萱村ほか, 2002 より）

呼吸循環機能	心肺機能の低下。肺活量は 30 歳から 70 歳にかけて 30％以上減少するため，軽い運動でも息切れを起こしやすくなる。動脈の弾性が低下し，心疾患や脳血管疾患が生じやすくなる。
消化吸収機能	60 歳代では胃酸が成人の半分になるなど，消化吸収機能が低下する。
感覚機能	水晶体の柔軟性や毛様体の緊張性が低下することによる遠近調節の困難（老眼）や，高周波数に対する聴力の低下が生じる。
免疫機能	胸腺は各種臓器の中で最も大きな機能低下を見せ，免疫機能の低下は病原菌による疾病やガンの発生率を高める。
脳の加齢変化	加齢とともに神経細胞は減る傾向にあるが，神経細胞同士のネットワークはある程度保たれると考えられる。アルツハイマー病や脳梗塞などによって，記憶を含む認知機能が低下することがある。
運動能力の加齢変化	30 歳代から瞬発力や筋力，バランス保持能力などの運動能力の低下が始まる。骨粗しょう症などがある場合には，転倒によって深刻な骨折が生じ，「寝たきり」になることもある。

た，女子では骨盤が大きくなり，乳房や臀部に脂肪がつき全体として丸みを帯びた体つきになっていく（第二次性徴）。

[3] 各器官の老化

老化は身体が成熟しきってから加齢とともに進行する，不可逆的な生理・形態的な衰退現象であり，命あるものに等しく訪れる。加齢による身体機能の主な変化は表 3-1 にまとめた。ただし，老化のスピードやタイミングには個人差が多いことも知られている。

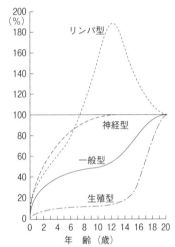

図 3-4 スキャモンの発育曲線（Scammon, 1930）

2 身長と体重の変化

ドイツの産婦人科医ストラッツ（Stratz, 1909）は，ヒトの発達には身長の増加が著しい伸長期と，体重の増加が著しい充実期があり，各時期が交互に訪れることを指摘した。彼によると，第一充実期は 2〜4 歳であり，その後第一伸長期が 5〜7 歳で訪れ，女子では 8〜10 歳，男子では 8〜12 歳に第二伸長期が，最後に女子では 15〜16 歳，男子では 17〜18 歳で第二充実期が訪れる（三井, 2005）。

身長の発達曲線（図 3-5）はその特徴から 4 期に区分される。そのうち，胎児期から幼児期の前半に至るまでの急激な発育を示す時期（Ⅰ期）を第一発育急進期，小学校の高学年から高校生頃（11〜15 歳頃）までの，再び急激な発育を示す時期を第二発育急進期と呼ぶ。特に後者の発育急進期は思春期のスパートと呼ばれ，女子は男子よりもおよそ 2 年早く始まり，増加

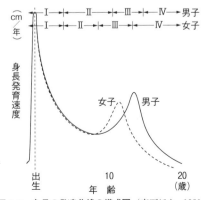

図 3-5 身長の発達曲線の模式図（高石ほか, 1981）

3 性　差

[1] 性　徴

　男女によって異なる身体の特徴を性徴と呼び，第一次性徴と第二次性徴に分けられている。第一次性徴とは，精巣や卵巣を含む生殖器（外・内性器）の違いのことであり，これらは胎児期に性染色体（女子では XX，男子では XY）の違いによって分化する。その一方で，第二次性徴とは，思春期の前後から性ホルモンの分泌がさかんになることによって生じる体格や体型，容貌のことである（表3-2）。第二次性徴の発達評価には，体毛や外性器，乳房の発達を指標とするタナー・スケールが用いられる（Marshall & Tanner, 1969, 1970）。

　第二次性徴をどのように受け止めるかということには性差があることが指摘されている。猪瀬（2010）は，男子では射精に対して「何も思わない・普通のこと」と答える者が最も多かった一方で，女子では月経に対して「面倒・嫌だ」と答えた者が多かったことを報告している。これと関連して，他の子どもより早く第二次性徴が現われた女子は，身体満足度が低く，抑うつや不安を感じやすいことが指摘されている（上長，2007）。これは，女子の第二次性徴（皮下脂肪の増大）は社会的に望ましいとされるスリムな体型と相反するものであることが関連していると考えられる。実際に，女子ではこの時期に，女性的な体系になることを忌避し，過度の食事制限や運動を行う神経性無食欲症の発症リスクが高くなるため，行き過ぎた痩身願望には注意が必要である。なお，先の調査では，男子では第二次性徴のおとずれが遅い者ほど身体満足度が低かった。したがって，子どもたちが第二次性徴に関わる身体の変化をどのように受け止めるかということには，社会や文化における価値観が反映されやすく，特に同性に比べて第二次性徴の発達が早い／遅い子どもはそうした影響を受けやすい可能性があることを意識する必要があるだろう。

表3-2　第一次性徴と第二次性徴
（保志，1993を一部改変）

	男性	女性
第一次性徴	精巣	卵巣
	精管，精嚢	卵管，子宮，膣
	前立腺，尿道球腺	大前庭腺
	陰茎	陰核，小陰唇
	陰嚢	大陰唇
第二次性徴	陰毛，腋毛	
	ひげなどの体毛	
	声変わり	乳房
	肩幅の増大	骨盤の発達
	筋肉の発達	皮下脂肪の増量
	射精	初潮
	アポクリン腺の発達（体臭の発生）	

[2] 更年期における心身の変化

　更年期という言葉は，当初（第1回国際閉経学会，1976）「女性の加齢の過程において，生殖期から非生殖期へ移行する期間」と定義されていた。しかし，近年では男性にも更年期に該当する時期があることが議論されている。ここでは，更年期に相当する時期に男女でどのような心身の変化があるか紹介する。更年期障害のうち，自律神経失調症状や精神神経症状には，ホルモン療法や食事・運動療法，カウンセリングが効果的であることが指摘されている。

　1）女性における更年期　女性では，胎児期のうちに生涯生産される卵子の数が決まっている。40歳代以降になると卵子の生産が急激に減少していき，最終的に閉経を迎えるが，その過程で卵子生産に関わるエストロゲンなどの卵巣ホルモンの分泌が低下していく。なお，日本人における閉経年齢（中央値）は50.5歳である（武谷，1998）。

　エストロゲンの分泌低下は，骨の代謝や心血管系，泌尿生殖器系，消化器系，脳神経系や脂質代

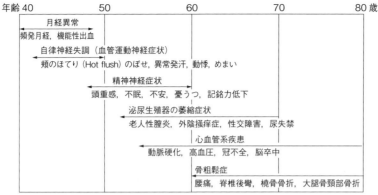

図3-6 エストロゲンの低下に伴う各症状（青野，1991）

謝等の幅広い心身機能に対して短期・長期にわたって影響を及ぼす（図3-6）。これ以外にも，エストロゲンの低下は記憶・学習機能の低下や高脂血症リスク，皮膚の変化にも影響を及ぼす。疲労感や焦燥感といった不定愁訴や精神神経症状は，成人期後期から中年期の女性を取り巻く社会心理的要因と，卵巣機能の低下に伴う自律神経失調症状とが互いに影響し合って現われていると考えられている（相良，1996）。

2）**男性における更年期**　男性更年期障害とは，「加齢に伴う血中男性ホルモンの低下による生化学的な症候群」であり，①認知機能の低下や疲労感，焦燥感といった精神・心理症状，②関節痛，筋力低下，内臓脂肪の増加や体毛と皮膚の変化，発汗やほてり，睡眠障害，骨粗しょう症などの身体症状，③性欲低下，勃起能の質と頻度の減衰といった性機能症状が含まれる（佐々木ほか，2016）。

4 粗大運動・微細運動の発達，運動機能の向上と低下

[1] 反射から随意運動へ

胎児期から生後4か月頃までの間，自発的にバタバタと四肢を動かす運動（ジェネラル・ムーブメント）が観察される。ジェネラル・ムーブメントは中枢神経系の活動を反映しており，その異常は中枢神経系の発生異常と関連していると考えられている。

胎児期の後期から乳児期のはじめ頃（3～4か月頃）まで，赤ちゃんは原始反射（特定の刺激に対応した自動的な反応）を通じて外界と相互作用を行う（表3-3）。こうした原始反射は6～7か月ごろには消失し，それに代わって自発的で意図的な行動（随意運動）が出現するようになる。

乳児期から幼児期の間の子どもの標準的な運動発達を捉えるものに，KIDSと呼ばれるスケールがある（表3-4）。スケールを見ると，運動の発達過程には，体幹部を中心としてその周辺部へとい

表3-3　原始反射の種類（山下ほか，2002）

口唇探索反射	新生児の唇の周辺に触れるとその方向に顔を向けて，乳房を探す動きをする
吸啜反射	唇に軽く指などが触れると口唇が吸引運動をする
把握反射	手のひらを強く押すと強く握る
モロー反射	赤ちゃんを仰向けに抱き，急に頭の支えをはずすと，両手と両足を左右対称に伸ばし，それに続いてゆっくりと何かを抱き込むように腕が動く
バビンスキー反射	足の裏の外縁をこすると，足のおやゆびがそり，他の指が開く
緊張性頸反射	頭が一方に向くと顔側の手足が伸び，後頭部側の手足が曲がる
自動歩行	腋で身体を支え，床に足を立たせると，歩くようにステップを踏む

コラム1
がんとともに生きる子どもたち：心理社会的支援

———————————————————— 松元和子

1 小児がんとは？

小児がんの今 読者のみなさんは「小児がん」と聞いて、どのようなことを連想されるだろうか。テレビドラマや闘病記などから「不治の病」というイメージをお持ちの方も多いだろう。実際、わが国では、年間約2,000人の子どもたちががんと診断されており、小児がんは不慮の事故などの病気以外の原因を除けば、0〜4歳の子どもの死因第3位、5〜14歳の子どもの死因第1位となっている（厚生労働省、2016）。しかし、だからといって必ずしも「不治の病」ではないということを、みなさんにはぜひ知っていただきたい。1970年代以降、治療法が飛躍的に進歩し、小児がんの生存率は8割以上にまで向上している。今や、成人人口の500〜1,000人に1人は小児がんサバイバーといわれており、みなさんの学校や職場に1人はいるという時代になっているのである。

治る時代の新たな問題 小児がんの子どもたちの多くが命を落としていた時代には、迎えられないかもしれない将来の影響を考えるよりも、生きている今のこの瞬間を少しでも長く維持する術を考えることに皆が心血を注いでいた。しかし、サバイバーが増え、彼らの「その後」が明らかになるにつれて、それまで目をつぶってきた影響（晩期合併症）が、実は深刻なものであったことが浮き彫りになってきた。小児がんそのものが悪さをするだけでなく、小児がんを治すための治療が原因でさまざまな身体的・心理的・社会的問題が生じることが知られるようになった（JPLSG, 2013）。時間をかけて回復するものもあれば、生涯付き合っていかなければならないものもある。今や命を救うことはゴールではなく、5年後、10年後のその子の人生を見据えた支援（長期フォローアップ）が求められているのである。

2 「発達する子ども」であることを諦めない

あるサバイバーの場合 小学生のAさんは、退院後に元の学校に復帰したが、なかなか体力が戻らず、友達と同じように授業に参加できないことに悩んでいた。最初は気遣ってくれていた友達も、髪がのびて病人らしさが薄れてくると、「ずるい」「サボりだ」と蔭で言うようになり、Aさんは次第に学校で孤立するようになった。

高校生のBくんは、病気は克服したものの、肺に重篤な後遺症が残り、人工呼吸器を着けることになった。Bくんは高校卒業を強く希望しており、治療中も勉強を続け、課題もすべて提出していた。しかし、体調が安定しないため、退院の目途が立たず、出席日数が足りなくなってしまった。

介入する隙を見つけ出す みなさんがAさん、Bさんの立場だったら、「病気だから仕方がない」「命を助けるためには仕方がない」と諦めることができるだろうか。確かに命を助けるためには、ある程度諦めなければならない部分もあるかもしれない。しかし、身体的な問題から派生する心理社会的問題まで甘んじて受け入れなくてはならないのだろうか。学校で孤立してしまうのなら、闘病仲間との交流を促せないだろうか。出席日数が足りないのなら、他の方法で評価してもらえるよう交渉することはできないだろうか。

病気は子どもの一部に過ぎない。しかし、医療現場ではつい病気や治療ばかりに目が向いてしまい、「発達する子ども」であるという事実が見過ごされがちである。小児がんと一口に言っても、新生児から高校生、若年成人までと幅広い。年齢によって発達に適した環境は大きく異なる。病気や治療という制約があったとしても、工夫次第で何とかできないのか、使えそうなヒト・モノ・コトは本当にないのか。病気だからと今を諦めず、5年後、10年後の子どもたちの姿を想像しながら、1つでも2つでも工夫できそうなことをひねり出すことが、小児がんの子どもたちを社会に送り出す私たちの役目なのかもしれない。

引用文献

JPLSG 長期フォローアップ委員会 長期フォローアップガイドライン作成ワーキンググループ（2013）．小児がん治療後の長期フォローアップガイドライン 医薬ジャーナル社

厚生労働省（2016）．平成28年人口動態統計月報年計（概数）の概況〈http://www.mhlw.go.jp/toukei/saikin/hw/jinkou/geppo/nengai16/dl/gaikyou28.pdf〉（2017年9月1日閲覧）

う方向性（中心から周辺へ）と、頭から末端へという方向性（頭部から尾部へ）とがあることがわかる。同様に、操作の発達過程を見ると、手足をジタバタさせたりハイハイしたりといった、全身を使った運動（粗大運動）から、物をつまむなど手指を協調させることによるより細やかな動作（微細運動）が登場しているのがわかる。その後、こうした基本的な運動と操作が、筋骨格系や神経系の成熟や感覚・知覚機能の発達と組み合わさることによって、多様な運動・操作（たとえば動い

ているボールを走って止めるなど）が出現するようになる。

表 3-4　KIDS で示されている標準的な運動と操作の出現時期（三宅, 1991）

月齢	運動	操作
1	頭の向きを自分で変える	手を開いたり閉じたりする
2	うつぶせの姿勢で頭を上げる	手に触れたものを振っている
3	うつぶせにしたとき，両腕で胸や頭を持ち上げる	授乳時に母親の服などを引っ張る
4	支えると座れる	ガラガラなどを降らせると振り回す
5	だっこすると足をバタバタ動かす	服の上にかかった布などを手でどかす
6	脇を支えると立っていられる	紙を引っ張ってやぶる
7	寝返りができる	ボタンなど小さなものに注意を向ける
8	両手でつかまり立ちができる	ものを何度も落として遊ぶ
9	おしりを上げたハイハイができる	棒やおもちゃのハンマーなどで何かをたたく
10	つかまり歩きができる	箱のふたなどを開けようとする
11	前かがみができる	テレビのスイッチなどを入れたり切ったりする
12	脇を支えると自分で歩く	ボールを与えると投げ返す
13	2〜3歩一人で歩ける	鉛筆でめちゃくちゃ書きをする

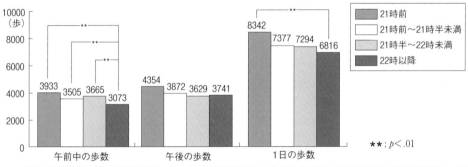

図 3-7　身長の発達曲線の模式図保育園児における就寝時間と日中の歩数との関連（日本子ども家庭総合研究所, 2009）

［2］子どもの生活習慣と基礎体力・肥満

　子どもの基礎体力の低下や肥満率の増加がさまざまな研究で指摘されている。中村（2004）は，体力レベルの低い者は身体の機能低下が病的な状態に到達する年齢が早く訪れること（体力の下降速度が等しい場合，最高到達点が低い者ほどより早い段階で閾値に達してしまう）を指摘したうえで，成長の完成期に体力を高いレベルに維持することは生涯健康的な生活を維持するうえで非常に重要としている。したがって，幼いころから中年期以降の健康を見据えて体力向上に意識的に取り組んでいく必要がある。

　日本子ども家庭総合研究所（2009）が保育園児を対象とした研究によると，就寝時刻が早く，十分に睡眠をとった子どもほど，午前・午後を通じて歩行量が多く，より多く体を動かしていることがわかった（図 3-7）。プロクターら（Proctor et al., 2003）も，テレビ視聴時間が長く，運動実施レベルの低い子どもは発達に伴い皮下脂肪が蓄積していき，次第に運動する子どもとの間で皮下脂肪の差が大きくなっていくことを明らかにしている。幼少期からのよい生活習慣と継続的な運動の実施が，体力の向上と肥満の予防に重要であるといえる。

[3] 運動機能の向上と低下

成人期のはじめを頂点として，運動機能は次第に低下していく。ただし，運動機能の減衰時期は機能によって異なる（図3-8）。たとえば，握力は70歳までに約3割程度しか低下しない一方で，バランス能力（身体の調整能力）を必要とする閉眼片足立ちは，30歳代から40歳代にかけて急激に低下した後も下がり続け，70歳までに20歳時点の2割程度まで低下する。なお，運動機能の低下速度は個人差も大きいことが指摘されている。たとえば，シューメーカー（Shoemaker, 2008）が加齢に伴う男性の心肺機能の変化を調べたところ，日常的に有酸素運動を伴う活動に従事していない者は，活動レベルの高い者に比べて心肺機能の低下速度がより速い傾向にあった。

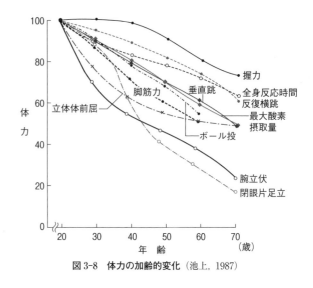

図3-8　体力の加齢的変化（池上，1987）

5　脳神経系の発達

[1] 脳の発生と成熟

出生時点で基本的な脳の構造は形成されていることが明らかにされている。その一方で，発達の程度は部位によって異なり，特に大脳皮質は出生後に大きな変化が生じる（こうした時期の違いが，発達における外的刺激に対する敏感期の決定に重要な意味をもつ）。

脳皮質の成熟の順序は主な発達段階と関連することが指摘されている。体性感覚や運動といった低次の認知機能に関わる脳領域は早い段階（幼児期）で成熟する。その後，基本的な言語や空間注意などに関わる側頭や頭頂の連合野，感覚運動情報と注意の統合や言語過程・情動を司る大脳辺縁系に関わる前頭前野や外側側頭葉などの高次の連合野が成熟し，最後に社会的認知や実行機能といった最も高次な認知機能に関わる背外側前頭前野や内側前頭前野の成熟が続き，それは成人期にかけて継続していく（齋藤，2015）。

脳の神経細胞の細胞体が密集している部分を灰白質というが，特に前頭葉や側頭葉の灰白質の体積は年齢に対して逆U字型の変化を示すことが明らかにされている。具体的には，児童期には神経細胞のシナプスが急激に増加した後，あまり利用されないネットワークを構成するシナプスの除去（シナプスの刈り込み）やニューロンの軸索が絶縁体で覆われること（髄鞘化）による神経伝達のスピードの飛躍的な増大が起こる。そのため，灰白質の体積は一度増加した後に低下する。しかし，この過程でより効率的で効果的な認知処理を行うことのできる，機能的に成熟した脳になっていくことになる。また，神経線維の束が密集している部分を指して白質と呼ぶが，この部分の体積や密度は成人にかけて線形に増加していき，その後も40～50歳代までゆるやかに増加していくことが明らかにされている。白質の体積の増加は軸索の髄鞘化や軸索の径の増大を反映しており，これによって神経処理のスピードアップに加え，領域間の同期化や統合が促進されると考えられている（齋藤，2015）。したがって，よく使う脳回路については，中年期にかけて情報処理効率が高まっていくと推察される。

[2] 脳の老化

　早期に発達した脳領域ほど加齢に対して抵抗性があり，反対に，より遅くに発達した領域ほど加齢やさまざまな疾患に対して脆弱であることがわかっている（瀧，2015）。具体的には，前頭葉，特に前頭前野（素早い情報処理，意味の理解，記憶や流暢な発話といった，最も高次な脳機能を司る部位）は加齢による灰白質の体積の減少が顕著に認められる一方で，辺縁系や視床，後頭葉（一次感覚野や一次運動野を司る部位）ではそれほど体積は減少しない。

　脳萎縮の部位と，当該部位が担当している認知機能の低下には関連性があることが明らかにされている。また，症状としての認知能力の低下に先立って，脳萎縮が生じることも明らかにされている（アルツハイマー病では症状が現れる3〜5年前に海馬体積の減少が認められる）。

　なお，肥満や飲酒といった生活習慣がこうした脳萎縮や認知機能の低下と関連する一方で，運動や知的好奇心の高さといった要因が灰白質の減少速度をゆるやかにする可能性が指摘されている。

6　生涯スパンで見た身体の異常：先天異常，生活習慣病

[1] 先天異常と催奇性物質

　遺伝子による疾患や染色体異常については具体的な疾患という表現型で発現してしまう可能性が高い。たとえば，食物に含まれるフェニルアラニンを分解する酵素を自分で作り出すことができず，体内に有害な代謝物が蓄積されてしまうために生じるフェニルケトン尿症は，常染色体に含まれる遺伝子によって引き起こされる。また，染色体の数や位置によって生じる異常としては，ダウン症候群やターナー症候群などが挙げられる。

　受精から着床までは，受精卵に対する母体の影響は少ない。胎芽期（着床してから妊娠3か月ごろまで）は主要な器官が作られる重要な時期であり，奇形の原因となる化学物質（催奇性物質）の影響を受けやすいことが明らかにされている（催奇性物質に対する敏感期）。催奇性をもたらす要因として，伝染病や放射線，薬物（鎮静剤や睡眠薬，アルコールやタバコ），ストレスが挙げられる。妊娠を予定している場合には，予防接種などを済ませ，特に妊娠3か月頃までは催奇性物質となりうる薬物の摂取は避ける必要がある。なお，アルコールの過剰摂取は胎児の運動を妨げることで関節の発生や運動機能の発達に悪影響を及ぼす。また，喫煙も胎児の一酸化炭素が血液の酸素循環を妨げたり，ニコチンが中枢神経系に作用したりする。こうした物質は継続して摂取を避けるべきである。

[2] 心身症

　現代はストレス社会と呼ばれ，働き盛りの人々は職場や家庭でさまざまなストレッサー（ストレスを引き起こす出来事）にさらされる。短期間であれば，ストレッサーを受けた後も心身の機能を元通りにすることのできる力（ホメオスタシス）を発揮することができるが，それが長期化した場合には，脳神経系をはじめとする身体の各器官に悪影響が現れ始める。特に，心理社会的ストレスが要因となりホメオスタシスが破たんした結果として臓器に現れる疾患を心身症といい，消化器や循環器，泌尿器などに関わる幅広い疾病に結びつく（胃潰瘍や高血圧など）。

[3] 生活習慣病

　現代的なライフスタイルが原因となってさまざまな疾病が生じることがある。これを生活習慣病という（表3-5）。肥満者の割合は20〜50歳代にかけて年々増加傾向にあり，肥満者の割合がピークに達する50歳代では，およそ4割が肥満者に該当する（厚生労働省，2012）。また，糖尿病は40歳代以降に急激に増加し，70歳代では糖尿病が強く疑われる者が2割強，その可能性を否定できない者もふくめると4割以上が該当する。高脂血症やメタボリックシンドロームも同様に，中年期か

ら老年期にかけて大きく増加していく。生涯を通じた健康維持のために，生活習慣病の予防に向けた介入が必須である。また，先にも述べたように，老年期にかけて身体機能を維持していくためには，幼少期から成人期にかけて体力の最大値を高めておくこともまた重要である。

[4] 認 知 症

認知症とは，「一度正常に達した認知機能が後天的な脳の障害によって持続的に低下し，日常生活や社会生活に支障をきたすようになった状態を言い，それが意識障害のないときにみられる」（日本神経学会，2010）。したがって，認知症の原因は多様であり，脳の加齢的変化によってもたらされたものも，アルツハイマー型認知症や脳梗塞，脳萎縮等によってもたらされたものも含まれる。このうち，アルツハイマー型認知症は進行性の脳変性疾患で，認知症の原因としては最多である（瀧，2015）。認知症が進むと，時間や方向感覚が失われたり（失見当識），昼夜逆転，失禁，記憶障害などが現れる。認知症を呈する高齢者の中には，抑うつ状態にある人々もいるため，彼らの生活の質（QOL）を高めるための配慮や工夫が重要である。

表 3-5 生活習慣と「生活習慣病」の例示（佐藤, 2005）

食生活	2 型糖尿病　肥満 高脂血症（家族性のものを除く） 高尿酸血症　循環器病（先天性のものを除く） 大腸癌（家族性のものを除く） 歯周病　など
運動習慣	2 型糖尿病　肥満 高脂血症（家族性のものを除く） 高血圧症　など
喫煙	肺扁平上皮癌　循環器病（先天性のものを除く） 慢性気管支炎　肺気腫 歯周病　など
飲酒	アルコール性肝炎　など

引用文献

青野　敏博 & Aono, T.（1991）．ホルモン療法の適応と治療法　臨床婦人科産科, *45*(5), 576-577.
保志　宏（1993）．ヒトのからだをめぐる 12 章　裳華房
池上　晴夫（1987）．運動生理学（p.97）朝倉書店
猪瀬　優理（2010）．中学生・高校生の月経観・射精観とその文化的背景　現代社会学研究, *23*, 1-18.
上長　然（2007）．思春期の身体発育のタイミングと抑うつ傾向　教育心理学研究, *55*(3), 370-381.
萱村　俊哉（編著）（2002）．発達健康心理学　ナカニシヤ出版
厚生労働省（2012）．平成 24 年国民健康・栄養調査結果の概要
Marshall, W. A., & Tanner, J. M. (1969). Variations in pattern of pubertal changes in girls. *Archives of Disease in Childhood*, *44*(235), 291.
Marshall, W. A., & Tanner, J. M. (1970). Variations in the pattern of pubertal changes in boys. *Archives of Disease in Childhood*, *45*(239), 13-23.
三井　善止（2005）．新・生と性の教育学　玉川大学出版部
三宅　和夫（1991）．乳幼児発達スケール KIDS; Kinder Infant Development Scale 手引き　財団法人発達科学研究教育センター
中島　誠（1992）．発達臨床心理学　ミネルヴァ書房
中村　榮太郎（2004）．老化の測定とその制御　金剛出版
日本神経学会（2010）．認知症疾患治療ガイドライン 2010
恩賜財団母子愛育会日本子ども家庭総合研究所（編集）（2009）．日本子ども資料年鑑　KTC 中央出版
Proctor, M. H., Moore, L. L., Gao, D., Cupples, L. A., Bradlee, M. L., Hood, M. Y., & Ellison, R. C. (2003). Television viewing and change in body fat from preschool to early adolescence: The Framingham Children's Study. *International Journal of Obesity*, *27*(7), 827-833.
相良　洋子（2007）．エストロゲンの効果から考える更年期女性の抑うつ病状（シンポジウム〈特集〉第 35 回日本女性心身医学会学術集会報告）女性心身医学, *12*(1-2), 261-267.
齋藤　大輔（2015）．青年期から成人期　榊原　洋一・米田　英嗣（編）脳の発達科学　発達科学ハンドブック第 8 巻（pp.28-37）新曜社
坂井　建雄・岡田　隆夫（編著）（2014）．解剖生理学：人体の構造と機能［1］（第 9 版, p.499）医学書院
佐々木　春明・杉下　裕勇・黒山　一平・谷藤　暁・山岸　元基・今村　雄一郎・下山　英明・山本　健郎・太田　道也・石川　公庸・林　圭一郎・深貝　隆志・七条　武志・小川　良雄（2016）．男性機能障害　昭和学士会雑誌, *76*(2), 133-139.
佐藤　祐造（編著）（2005）．運動療法の生活習慣病予防と QOL に果たす役割：近年の動向と問題の所在　運動療法と運動処方——生活習慣病対策および健康維持・増進のための（pp.2-8）文光堂
Scammon, R. E. (1930). The measurement of the body in childhood. In J. A. Harris, C. M. Jackson & D. G. Patterson

(Eds.), *The measurement of man* (pp.171-215). Minneapolis, MN: University of Minnesota Press.
Shoemaker, K. (2008). Cardiopulmonary system. In A. W. Taylor & M. K. Johnson (Eds.), *Physiology of exercise and healthy aging* (pp.3-21). Champaign, IL: Human Kinetics.
Stratz, C. H. (1909). *Der Körper des Kindes und seine Pflege.* Stuttgart, Deutschland: Verlag von Ferdinand Enke.
高石　昌弘・樋口　満・小島　武（1981）．からだの発達――身体発達学へのアプローチ――　大修館書店
瀧　靖之（2015）．老年期　榊原　洋一・米田　英祠（編）脳の発達科学　発達科学ハンドブック第8巻（pp.38-46）　新曜社
武谷　雄二（1998）．中高年女性の健康をめぐる諸問題　中高年女性の健康管理（pp.613-617）　永井書店
山下　富美代・井田　政則・山村　豊・井上　隆二・高橋　一公（編著）（2002）．発達心理学（図解雑学）　ナツメ社

参考文献
櫻井　茂男・大川　一郎・石井　昭男（2010）．しっかり学べる発達心理学［改訂版］　福村出版

第4章
知覚の生涯発達
▶▶▶世界を受け取り続ける

高橋 翠

　私たちは，目や耳といった感覚器を通して外界からさまざまな刺激を受容し，それが脳に伝えられ，各種情報処理が行われることによって周囲の世界に関わる情報（物体の色や形など）を得ている。この過程を知覚という。視聴覚や触覚などの五感や平衡感覚，内臓感覚，自己受容感覚といった感覚は，それを生じさせる外界の物理的変化が直接の原因となって生体内にもたらされる心理現象（神経活動）である。その一方で，知覚には感覚として得た情報に対する意味づけや解釈を行う過程が含まれる。例を挙げると，2つのタオルの手触りの違いがわかることが感覚の働きであり，触覚で得た情報を「柔らかさ」の違いとして処理・把握するのが知覚の働きである。したがって，私たちは感覚器を通じて得た情報を，つねに知覚の働きによって再解釈・再構築した心的世界に暮らしているのである。

　知覚はより高次な認知機能（記憶や思考）の基礎をなすため，生涯を通じた知覚の変化を理解することは重要である。初期の知覚発達に関する研究は，物言わぬ赤ちゃんの行動特性を利用した研究手法の開発によって大いに進歩した。そこで本章では知覚を調べるために開発された心理学研究手法についても紹介していく。

1　視覚の発達と低下：視力・色・形・明るさ・顔の知覚，奥行知覚など

[1] 視力の生涯発達

　眼球は，受精後4週ごろから形成され始める。妊娠32〜36週ごろには，ある程度の視覚に関わる感覚器や皮質が完成していることが明らかにされている。出生直後の視力は0.02程度であり，これはちょうど養育者の胸に抱かれているときに顔が見える程度の視力である。赤ちゃんの視力は生後半年までに急激に発達し，この時点での視力は0.2程度である。それ以降も視力は緩やかに発達を続け，10歳頃に成人と同じレベルに達する（胎児期からの視覚を含む感覚・知覚の発達と検査方法については，常石，2008を参照のこと）。

　成人期以降，視力は加齢とともに低下していき，60歳代の裸眼視力は0.5〜0.6，70歳代では0.4程度となる。また，40歳前後から，水晶体と水晶体のみ調節を行う毛様体の柔軟性が低下することで，遠近調節が困難になる老眼も出現し始める。白内障によって，視力が下がったり，物がかすんで見えたりするようになることもある。なお，目の位置を変えずに見ることのできる範囲（視野）も加齢に伴う調整能力の低下によって狭くなっていき，特に前方上方視が困難になることが指摘されている。

[2] 色 の 知 覚

　網膜上には，2種類の視細胞がある。1つは桿体細胞（杆状体），もう1つは錐体細胞である。桿

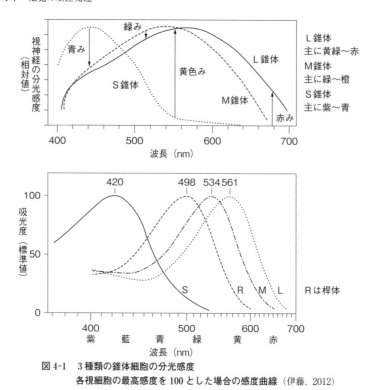

図 4-1　3 種類の錐体細胞の分光感度
各視細胞の最高感度を 100 とした場合の感度曲線（伊藤，2012）

体細胞は明るさを，錐体細胞（錐状体）は色を検出する。人間は 3 種類の錐状体（S, M, L）をもち，それぞれ特定の色の波長に対して感度のピークをもつ（分光感度）。具体的には，S は青色の波長，M は緑色の波長，L が赤色の波長に対して感度が高くなっており，同じ波長の光に対する興奮の度合いが 3 種類の錐体細胞間で異なっているために，私たちはさまざまな色を弁別することができるのである（図 4-1）。なお，3 種類のいずれかの錐状体が欠損していたり極端に少なかったりした場合には色覚に異常が生じる。最も発生頻度が高いのが赤系統と緑系統の色の弁別能力に困難が生じる先天性赤緑色覚異常であり，発生率は男性の約 5 %，女性の約 0.2%である。

　乳児は言葉を話すことができないため，どの色が見えているかということを自己報告してもらうことはできない。しかし，乳児には「興味のあるものを長く見つめる・よく見る」という傾向性と，「慣れたものは飽きてしまってそれほど注意を向けないが，新しいものを提示すると注意が回復する（目新しいものを長く見つめる・よく見る）」という傾向性があることがわかっており，こうした行動傾向を利用して乳児の知覚世界を調べる研究手法が開発されている。好きなものを好んで見るという傾向を利用した方法を選好注視法，慣れてしまったものに対する注意は減るが，新しいものになれば注意が回復するという傾向を利用した方法（つまり，赤ちゃんの注意の増減から，何と何が違うものとして認識されているかをうかがい知る方法）が馴化－脱馴化法である。選好注視法を利用した研究では，3 か月を過ぎた頃には色の弁別が可能であり，淡い色よりも原色の方を好むこと，4～5 か月では原色の場合に赤や青を黄色や緑色よりも好んで見つめることが明らかにされている（Bornstein, 1975, 1978）。また，馴化－脱馴化法を用いた研究によって，4 か月児が青・緑・黄・赤を区別できることがわかった（Bornstein, Kessen, & Weiskopf, 1976）。こうした研究手法の開発によって，乳児が高度な感覚・知覚能力を有することが明らかにされ，それ以前は非常に無力な存在として捉えられてきた乳児に対する見方が変化することとなった（有能な乳児観）。

　人生後期の色覚の変化については，加齢に伴い水晶体が黄変化することによって，次第に青・緑色に対する感度が低下する。また，若干ではあるが色の彩度の知覚や色の弁別能力が低下する（篠

森，2003)。篠森は，十分な光量の下では色の弁別能力が保たれることを取り上げ，目的に応じた適切な照度環境を用意することが重要であると述べている。

[3] 形の知覚

32週の赤ちゃん（早産児）は形が大きく異なる図形を区別することができる（Miranda, 1970)。したがって，新生児期からある程度の形の弁別能力が備わっているといえる。また，生後1週間の新生児を対象とした研究で，赤ちゃんは曲線の輪郭をもつ図形を好んで見ることが明らかにされている（Fantz & Miranda, 1975)。また，グリーンバーグとオドンネル（Greenberg & O'Donnell, 1972）は，乳児はより複雑な模様（図4-2の右列の図形）を好んでよく見る傾向にあることを報告している。

ただし，視覚の発達において重要な時期に視覚的経験がはく奪された場合，形の知覚能力に異常が残ることが明らかにされている。たとえばブレイクモアとクーパー（Bleakmore & Cooper, 1970）は生後2週から5か月の間，ネコを縦縞模様しか見えない部屋で飼育した（図4-3)。成長後，そのネコに縦向きの棒を見せると反応を示す一方で，横向きの棒を見せても無視するようになった。このネコの第一次視覚野を調べると，横方向に反応する細胞が非常に少なくなっていた一方で，縦方向に反応する細胞が多くなっていた。このことは，横方向の刺激に反応する視覚細胞（つまり横方向の刺激に対する知覚能力）の発達には，最低限の視覚的環境が重要であることを示している。実験環境下でもない限り，ネコが成長する通常の環境では，横方向の視覚経験が十分に与えられる。ブレイクモアとクーパーらの研究は，ヒトを含む生物の感覚・知覚能力の発達を司る遺伝プログラムには，その生物の成育環境において通常は存在する刺激が組み込まれていることを意味している。このような，その種における標準的な成育・生息環境を見越した，必要最低限の環境入力があれば発達するプロセスのことを，経験を期待した（experience-expectant）発達プロセスと呼ぶ。ヒトでは，乱視をもつ子どもはその後眼鏡をかけるようになっても特定の方向の模様に対する分解能力が低くなることが知られ（Freeman et al., 1972)，視覚の発達プロセスには，環境からの入力に敏感な時期があること，そして一定の時期を過ぎた場合には，元に戻る力（可塑性）が低くなることが示唆される。

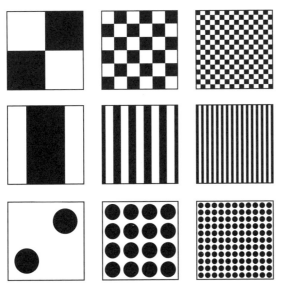

図4-2 乳児は複雑な模様（右列）を好んでよく見る
（Greenberg & O'Donnell, 1972)

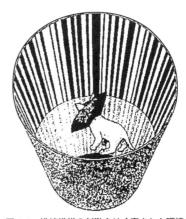

図4-3 横縞模様の刺激をはく奪された環境
（Bleakmore & Cooper, 1970)

[4] 明るさの知覚

超早産児を対象とした研究によって，胎児期の中頃（26週）からすでに開眼し光を感じることが可能であることが明らかにされており，早期から明るさを知覚する能力が獲得されているといえる（たとえば，常石，2008）。加齢に伴う変化としては，明るさの順応能力の低下が指摘されており，暗い所から明るい所に出た時に生じる明順応に対して，明るい所から暗い所に出た時に生じる暗順応が加齢により大きく変化し，より時間がかかるようになることが指摘されている（中谷，2013）。

[5] 顔の知覚

赤ちゃんは顔を好んで見ることが知られている。たとえば，ゴーロンら（Goren et al., 1975）は，新生児が顔のような模様のついた図形（図4-4の一番左）を好んで長く見ることを明らかにしている。ここで重要なことは，新生児が同じパーツを用いて配置だけ異なる右から二番目の図形よりも，顔の配置になっている一番左の図形の方を好んで眺めたということである。したがって，顔のパーツそれ自体ではなく，顔の各パーツが顔のように並んでいるパターンに対して選好が生じているということができる。クライナー（Kleiner, 1987）の研究では，刺激の複雑さを等しくした場合でも，赤ちゃんは顔らしさのある刺激を好んで眺めることがわかった。顔に対する選好は，単に刺激の複雑さに対する反応ではないということができる。ただし，新生児段階ですでに顔それ自体のパターンに対する選好が備わっているのではなく，最初期には図形の下半分に比べて上半分に情報量が多いパターン（図4-5の左側）を好んで眺める傾向（顔らしさに関わる刺激に対する原初的な視覚バイアス）があり，それがその後の視覚経験の積み重ねを通じて次第に顔それ自体に対する選好に発達していくのではないかという見方がある。

図4-4 新生児は顔のような刺激（一番左）を好む（Goren et al., 1975）

図4-5 顔の上半分（左）と下半分（右）に情報の多い図形
新生児は左側のパターンを好んでよく見る（Simion et al., 2002）

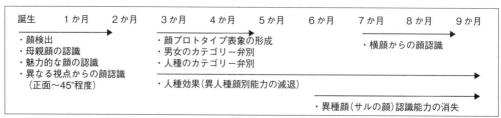

図4-6 乳児期における顔認知能力の発達の流れ（大塚ほか，2008）

その後，3か月頃になると男女や人種カテゴリーといった顔の弁別能力が発達する。特に興味深いことに，6か月頃までは異種顔（サル）の顔の弁別ができる（図4-6）。パスカリスら（Pascalis et al., 2005）は，ヒトの乳児は，最初期は異なる個体のサルを顔から弁別できるのに対して，生後9か月頃になるとサル顔の弁別能力は消失することを明らかにした。顔の知覚に限らず，言語音声の知覚などの領域において，知覚経験の少ない刺激間の弁別能力（日々の生活においてあまり必要とされない知覚能力）が次第に低下していく一方で，知覚経験の大きい刺激間の弁別能力（生活環境において重要性が高い知覚能力）が向上する現象が認められる。これを知覚的狭化（perceptual narrowing）といい，脳内においても，よく使われる回路におけるシナプス結合の強化と，不必要な神経回路の刈り込みが生じていることが指摘されている。

なお，顔に関わる視覚情報は脳内の特定の領域（上側頭溝，紡錘状回）で処理されることが明らかにされているが，こうした領域は，同一カテゴリー内の者の弁別（専門家が車や鳥の種類を見分けること）にも関わっていることが知られる（たとえばGauthier et al., 2000）。したがって，出生直後から見られる〈顔のような〉刺激に対する知覚的バイアスは，人の顔という特定のカテゴリーに対する高度な弁別能力の獲得と，処理に関わる脳回路の特殊化とともに，弁別の必要がない類似した刺激（先に挙げたサルの顔など）に対する弁別能力の喪失をもたらしていると考えられる。

[6] 奥行き知覚

私たちは3次元空間で生活している。しかし，網膜像は2次元である。そのため，2次元の網膜像から3次元の視覚情報（立体像）を再構築する必要がある。これが奥行き知覚である。奥行き知覚は生後6〜10か月の時点で可能であることが明らかにされている。ギブソンとウォーク（Gibson & Walk, 1960）は，チェック模様とガラス板を使って視覚的断崖を作り出した（図4-7）。接地面はすべてガラス板が覆っているため，物理的には段差は存在しない。しかし，スタート地点ではガラス板に近い部分にチェック模様があるのに対して，反対側のチェック模様はガラス板よりもかなり下方にあるため，物理的には地続きであるが，まるで断崖があるかのような錯覚が生まれる。6〜14か月の赤ちゃんが視覚的断崖の実験装置に置かれた時，彼らは皆，視覚的断崖を怖がっているような反応を示し，模様がガラス板よりも下になっている部分に近づこうとしなかった。

奥行き知覚にはさまざまな情報が利用されていることが明らかにされているが，そのうちの一つに，両眼視差がある。左右の眼は少し離れていることから，網膜像には若干のずれが生じる（目を片方ずつ閉じた時に見える景色は若干異なっていることがわかるだろう）。このずれを両眼視差といい，

図4-7 視覚的断崖実験の様子
乳児が段差（ガラス板の下の模様によってもたらされた錯覚）を確かめるような仕草をしている（Gibson & Walk, 1960）

両眼の網膜像のずれによって視野に映る対象の凹凸や距離を計算（推定）することができるのである。乳児は5か月の時点で両眼視差を奥行き知覚に利用していることが明らかにされている（Gordon & Yonas, 1976）。

奥行知覚には陰影に関わる情報も利用されていることが知られる。具体的には，影が上側についている場合にはくぼみが，下側についている場合には出っ張りとして知覚される（図4-8参照）。伊村ら（Imura et al., 2008）は馴化‐脱馴化法を用いた研究によって，4か月頃の乳児は大人と同じように，陰影の垂直方向の変化（大人では，凹凸が逆転したように見える）に気づくことを明ら

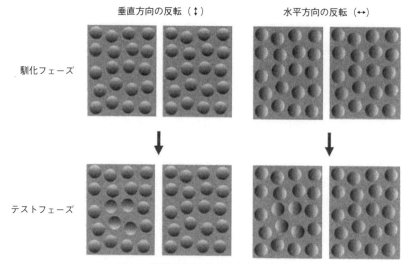

図4-8 陰影を手がかりとした奥行き知覚
テストフェーズでは刺激対のうち左側の図中にある丸の陰影の位置が垂直あるいは水平方向（左右）に変化している。4か月の乳児は陰影が垂直方向に変化した場合には違いに気づく（Imura, Tomonaga, Yamaguchi, & Yagi, 2008）

かにしている。

2 聴覚の発達と低下

[1] 聴　　力

　胎児には妊娠7か月頃から聴力がある。たとえば，胎児に音刺激を提示した場合，心拍反応（Bernard & Sontag, 1947）や瞬き反応（Birnholz & Benacerraf, 1983）が認められる。出産直前の胎児が母親の歌声を聞いている際の脳波活動を記録した研究でも，すでに成人の聴覚野に相当する部位が活動を示すが明らかにされている（Hykin et al., 1999）。ただし，赤ちゃんは羊水の中にいるため，彼らが耳にしている音は私たち成人が普段聞いている音とはやや異なっている。プールの中で聞こえるような音に，母親の心拍音などの生体音が入り混じった音環境であると考えられている。
　妊娠33週の母親に毎日同じ本を朗読してもらったところ，毎日朗読した本を聞いた時に心拍数が減少した（DeCasper et al., 1994）。したがって，胎児期にはすでに聴覚記憶能力も存在すると考えられる。
　30歳代後半以降になると，高周波成分の聞き取り能力が低下してくる。特に，高齢者では高音域の音（2,000ヘルツ以上）の聞き取り能力が低下することが指摘されている（立木ほか，2002）。

[2] 言語音声識別

　赤ちゃんがどのような音を好むのかを調べる方法の1つに，吸啜反応を利用するものがある。赤ちゃんがおしゃぶりを吸う速度によって異なる聴覚刺激が流れるようにすると，赤ちゃんは聞きたい音が流れるよう，好む音に対応した速度でおしゃぶりを吸い続けるようになる（乳児の吸啜反応を利用した聴覚的選好の研究法）。この方法を利用した研究によって，出生後2日の赤ちゃんは外国語よりも母語を好んで聞くこと（Moon et al., 1983），出生後1か月の母親以外の女性よりも母親の声を好んで聴くこと（Mehler et al., 1978）が明らかにされている。こうした誕生後間もない頃の母親や母語に対する聴覚的選好は，胎児期の聴覚的体験によるものと考えられている。つまり，赤ちゃんは胎児のうちに母親の声や，母親の発声パターンやイントネーションを通じて母国語を学習

しているのである。こうした生後間もない頃から見られる聴覚的選好は、養育者（母親）と子どもの間の特別な情緒的結びつき（愛着）や、母国語の効率的な学習の土台として機能すると考えられている。

　赤ちゃんに対するゆっくりとして抑揚のある話し方を養育者発話（マザリーズまたはペアレンタリーズ）または対乳児発話という。乳幼児は養育者発話を好んでよく聞くことが明らかにされている。養育者発話では赤ちゃんが学習すべき言語的な要素が強調される（Kuhl et al., 1997）。そのため、赤ちゃんの養育者発話に対する聴覚的選好と、言語学習のための手がかりが散りばめられた養育者発話の組み合わせが、素早い言語獲得を促す装置（しかけ）として機能しているといえる。

3　触覚の発達と低下

　触覚（体性感覚）は、外的刺激に関わる感覚である皮膚感覚（触・圧覚、振動覚、痛覚、温度覚など）と、自己の身体に関わる深部感覚／自己受容感覚（位置、動き、力、重さなど）からなる。これらの感覚は対応する感覚受容器を身体の各部位にもち、相互に協調しながら運動や姿勢保持に関わっている。なお、触覚は出生直後の段階で十分に発達していることが明らかにされている（常石、2008）。

　触覚（ここでは特に触・圧覚）は、身体表面にある圧力センサーの情報が大脳皮質で処理されることによって生じる。身体のどの部位の感覚経験が大脳皮質における体性感覚野のどの領域に投射されるかが明らかにされており、触覚刺激に対して非常に敏感な部位（手や顔など）は、対応する体性感覚野の領域も大きい。ペンフィールドら（Penfield & Rasmussen, 1950）は、大脳皮質の体性感覚野において、各身体部位の感覚がどこで処理され、またどのくらいの領域を占めているのかということを図式化している（図4-9）。

　触覚は、加齢に伴う皮膚組織の変化や、血行の低下によって鈍くなっていき、痛覚の閾値も上昇していくことが知られる。つまり、痛みを認識する刺激の最低強度が上昇する。これとは反対に、痛覚耐性値（耐えられる痛みの最大強度）は下がる（Lautenbacher et al., 2017）。また、加齢に伴い温度と冷覚も低下することが指摘されている。特に高齢者は末端の冷えに気づきにくいことが明らかにされている。

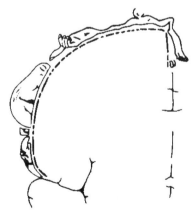

図4-9　体性感覚野における感覚マップ（Penfield & Rasmussen, 1950）
特定の部位の感覚情報が特定の領域で処理されている。顔や手、口などの触覚に対して敏感な部位ほど投射領域が大きくなっている。

4 味覚・嗅覚の発達と低下

　味覚は，舌や口蓋にある味蕾に化学物質が触れることによって生じる感覚である。妊娠7か月頃には食塩水や糖液に対する反応がみられることから，胎児期の後期には味覚が発達していると考えられている。新生児は胎内で羊水を摂取しており，出生直後には羊水の味覚に対する選好が見られ，慣れ親しんだ味に対する記憶があることが明らかにされている（Schaal et al., 1995）。

　子どもは基本的に甘いものや塩気のある物を好む一方で，苦いものや酸っぱいものを避ける。また，新しい食べ物を避ける傾向もある（新規性恐怖）。食べ物の好き嫌いにはこれ以外にも，食べ物を口にした文脈や状況および食物摂取がもたらした結果（食べ物を摂取した後に気分が悪くなったなど）が影響を与える（Birch, 1999; 山本・志村, 1994）。なお，特定の味や新しい食べ物を避ける傾向には遺伝的基盤（苦味に対する敏感性など）がある可能性が指摘されている一方で，いわゆる〈食わず嫌い〉は他者が食べる姿を見て，実際に自分で味わってみることによって改善する傾向にあることも指摘されている（Wardle & Cooke, 2008）。味覚は加齢による変化が少ないことが指摘されているが，加齢に伴い塩味や酸味，苦味に対する閾値が上昇する（つまり鈍感になる）ことが明らかにされている。高齢者では味覚障害をもつ者の割合が高くなるが，これは加齢による味蕾の減少が原因というよりも，唾液の減少や味覚機能に関与する栄養の不足，他の疾患に伴う投薬の影響など，他の要因が関与していると考えられている（池田, 2012）。

　嗅覚は鼻腔内にある嗅覚細胞に化学物質が触れることによって生じる感覚である。赤ちゃんは出生直後から母親の匂いを好み，こうした嗅覚情報が母子関係の形成に重要な役割を果たすことが指摘されている。脳波を用いた研究では，生後3〜4か月の乳児を対象とした研究で，母乳とオレンジの香りを嗅いだ時の脳波成分が異なることが明らかにされており，幼い頃から香りの弁別能力があると考えられている（安松, 1994）。嗅覚の発達変化については，加齢に伴い嗅覚も平均感度が低下し，それが味付けや好みの食材を変化させることによって，食行動にも影響を与える可能性があることが指摘されている（國枝・澤野, 2002）。

5 感覚の統合

　私たちの日常的な五感経験は，複数の感覚が組み合わさったものである。たとえば，ボールの大きさは，見た目だけでなく，抱えた時の重さや腕の広がりによっても捉えることができる。こうした複数の感覚情報を組み合わせ，世界を統合的に捉える力は乳児期の早期から見られることが明らかにされている。メルツォフら（Melzoff & Borton, 1979）は目隠しされた乳児に表面がツルツル，あるいはイボイボのおしゃぶりのどちらかを与えてしばらく口に含ませた後，口に含んだことのあるおしゃぶりと，そうでないおしゃぶりの2つを目の前で見せた。その結果，乳児は自分が口に含んだおしゃぶりの方をより長く見つめた。この頃から，他の感覚モダリティで経験したことを，別のモダリティでの感覚経験に照らし合わせる力がすでにこの段階から発達しているといえる。

引用文献

Bernard, J., & Sontag, L. W. (1947). Fetal reactivity to tonal stimulation: A preliminary report. *Journal of Genetic Psychology, 70*, 205-210.

Birch, L. L. (1999). Development of food preference. *Annual Review of Nutrition, 19*, 41-62.

Birnholz, J. C., & Benacerraf, B. R. (1983). The development of human fetal hearing. *Science, 22*, 516-518.

Blakemore, C., & Cooper, G. F. (1970). Development of the brain depends on the visual environment. *Nature, 31*, 477-478.

Bornstein, M. H. (1975). Qualities of color vision in infancy. *Journal of Experimental Child Psychology, 19*(3), 401-419.

Bornstein, M. H. (1978). Visual behavior of the young human infant: Relationships between chromatic and spatial perception and the activity of underlying brain mechanisms. *Journal of Experimental Child Psychology, 26*(1),

174-192.

Bornstein, M. H., Kessen, W., & Weiskopf, S. (1976). Color vision and hue categorization in young human infants. *Journal of Experimental Psychology: Human Perception and Performance*, *2*(1), 115.

DeCasper, A. J., Lecanuet, J.-P., Busnel, M.-C., Granier-Deferre, C., & Maugeais, R. (1994). Fetal reactions to recurrent maternal speech. *Infant Behavior and Development*, *17*, 159-164.

Fantz, R. L., & Miranda, S. B. (1975). Newborn infant attention to form of contour. *Child Development*, *46*(1), 224-228.

Freeman, R. D., Mitchell, D. E., & Millodot, M. (1972). A neural effect of partial visual deprivation in humans. *Science*, *175*, 1384-1386.

Gauthier, I., Skudlarski, P., Gore, J. C., & Anderson, A. W. (2000). Expertise for cars and birds recruits brain areas involved in face recognition. *Nature Neuroscience*, *3*, 191-197.

Gibson, E. J., & Walk, R. D. (1960). The "visual cliff." *Scientific American*, *202*(4), 64-71.

Gordon, F. R., & Yonas, A. (1976). Sensitivity to binocular depth information in infants. *Journal of Experimental Child Psychology*, *22*, 413-422.

Goren C. C., Sarty M., & Wu, P. Y. K. (1975). Visual following and pattern discrimination of face-like stimuli by newborn infants. *Pediatrics*, *56*, 544-549.

Greenberg, D. J., & O'Donnell, W. J. (1972). Infancy and the optimal level of stimulation. *Child Development*, *43*(2), 639-645.

Hykin, J., Moore, R., Duncan, K., Clare, S., Baker, P., Johnson, I., Bowtell, R., Mansfield, P., & Gowland, P. (1999). Fetal brain activity demonstrated by functional magnetic resonance imaging. *the Lancet*, *354*(9179), 645-646.

池田 稔（2012）．加齢と味覚障害　口腔・咽頭科，*25*(2), 133-138.

Imura, T., Tomonaga, M., Yamaguchi, M. K., & Yagi, A. (2008). Asymmetry in the detection of shapes from shading in infants. *Japanese Psychological Research*, *50*(3), 128-136.

伊藤 啓（2012）．カラーユニバーサルデザイン　色覚バリアフリーを目指して　情報管理，*55*(5), 307-317.

Kleiner, K. A. (1987). Amplitude and phase spectra as indices of infant's pattern preferences. *Infant Behavior and Development*, *10*, 49-59.

Kuhl, P. K., Andruski, J. E., Chistovich, I. A., Chistovich, L. A., Kozhevnikova, E. V., Ryskina, V. L., Stolyarova, E. I., Sundberg, U., Lacerda, F. (1997). Cross-language analysis of phonetic units in language addressed to infants. *Science*, *277*, 684-686.

國枝 里美・澤野 清仁（2002）．においに対する感受性と年齢及び食嗜好との関係　日本官能評価学会誌，*6*(1), 28-35.

Lautenbacher, S., Peters, J. H., Heesen, M., Scheel, J., & Kunz, M. (2017). Age changes in pain perception: A systematic-review and meta-analysis of age effects on pain and tolerance thresholds. *Neuroscience & Biobehavioral Reviews*, *75*, 104-113.

Mehler, J., Bertoncini, J., & Barriere, M. (1978). Infant recognition of mother's voice. *Perception*, *7*, 491-497.

Meltzoff, A. N., & Borton, R. W. (1979). Intermodal matching by human neonates. *Nature*, *282*, 403-404.

Miranda, S. B. (1970). Visual abilities and pattern preferences of premature infants and full-term neonates. *Journal of Experimental Child Psychology*, *10*, 189-205.

Moon, C., Panneton-Cooper, R., & Fifer, W. P. (1993). Two-day-olds prefer their native language. *Infant Behavior and Development*, *16*, 495-500.

中谷 敬明（2013）．Ⅱ-3 老年期［身体］老化　無藤 隆・子安 増生（編）発達心理学Ⅱ　東京大学出版会

大塚 由美子・仲渡 江美・山口 真美（2008）．乳児期における顔認知の発達と脳活動（〈小特集〉いま"顔"が面白い――顔の画像処理とその応用――）　映像情報メディア学会誌：映像情報メディア，*62*(12), 1920-1923.

Pascalis, O., Scott, L. S., Kelly, D. J., Shannon, R. W., Nicholson, E., Coleman, M., & Nelson, C. A. (2005). Plasticity of face processing in infancy. *Proceedings of the National Academy of Science of the USA*, *102*, 5297-5300.

Penfield, W., & Rasmussen, T. (1950). *The cerebral cortex of man: A clinical study of localization of function*. New York, NY: Macmillan. (*Journal of the American Medical Association*, *144*(16), 1412.)

Schaal, B., Orgeur, P., & Arnould, C. (1995). Olfactory preferences in newborn lambs: Possible influence of prenatal experience. *Behaviour*, *132*, 351-365.

篠森 敬三（2003）．色覚の加齢効果（〈特集〉色を見る仕組みを探る――色覚研究最前線――）　日本色彩学会誌，*27*(3), 216-223.

Simion, F., Valenza, E., Macchi Cassia, V., Turati, C., & Umiltà, C. A. (2002). Newborns' preference for up-down asymmetrical configurations. *Developmental Science*, *5*, 427-434.

立木 孝・笹森 史朗・南 吉昇・一戸 孝七・村井 和夫・村井 盛子・河嶋 寛（2002）．日本人聴力の加齢変化の研究　*Audiology Japan*, *45*(3), 241-250.

常石 秀市（2008）．感覚器の成長・発達　バイオメカニズム学会誌，*32*(2), 69-73.

Wardle, J., & Cooke, L. (2008). Genetic and environmental determinants of children's food preferences. *British Journal of Nutrition*, *99*(S1), S15-S21.

山本 隆・志村 剛（1994）．食品のし好（第4回）食品のし好と大脳生理　日本食品工業学会誌，*41*(4), 311-318.

安松 聖高・内田 誠也・菅野 久信・鈴木 尊志（1994）．乳児の脳波に及ぼす母乳とオレンジの香りの影響　*Journal of*

UOEH, 16(1), 71-83.

参考文献

リンデン,D. J. 岩坂 彰(訳)(2016).触れることの科学:なぜ感じるのか どう感じるのか 河出書房新社(Linden, D. J. (2015). *Touch: The science of hand, heart, and mind.* New York, NY: Viking.)

ブレイクスリー,S.・ブレイクスリー,M. 小松 淳子(訳)(2009).脳の中の身体地図:ボディ・マップのおかげで,たいていのことがうまくいくわけ インターシフト(Blakeslee, S., & Blakeslee, M. (2008). *The body has a mind of its own: How body maps in your brain help you do (almost) everything better.* New York, NY: Random House.)

山口 真美・金沢 創(2008).赤ちゃんの視覚と心の発達 東京大学出版会

コラム2
自然・からだ・音・こころ

新屋賀子

1 感性の疎外

ほの暗い子宮の中で生まれ,打ち始める小さな鼓動。羊水を伝わって響いてくる母体の呼吸や外界の音。時が満ち,光の射す外界へと生まれ出た新生児は,肺を広げ呼吸を始める。それから,一生を通じて人の心身は休むことなく緩急のリズムを刻み続け,身体も心も,拡張と収縮,緊張と弛緩を繰り返す。それは,海の波や天体の変化,木々の成長や四季の変化と同じ生命のリズムであり,私たちの命が自然と一つのものであることを教えてくれる。

しかし,やわらかで未完成な感受性をもって生まれ出た赤ちゃんにとって,現代社会は少し,多様で豊かな自然とはかけ離れた刺激が多すぎるようだ。テレビや街にあふれる色,強く激しいリズムを刻む機械的な音楽,歩く速さをはるかに超えて走る車のスピード。揺らぎや間が少ない,たくさんの処理しきれない刺激は,赤ちゃんの未成熟な神経のスイッチを押し続ける。そしてそれらの人工的な刺激から身を守るために,赤ちゃんの心身は感覚を閉ざし「見えない」「聴こえない」「感じない」状態を作り出す。

成長した子どもは,求められる目標達成のため,身体を緊張させて対応する。ある中学校で呼吸法を伝えたところ,「こんなにリラックスしたのは久しぶり」という感想が多く寄せられた。現在の日本の社会では,心身を緩めたり,自然のリズムを感じ,身を委ねる時間よりも,決められた時間枠の中で,緊張したり頑張って過ごす時間がはるかに多いのではないだろうか。そうした中で,自然の一部である自らの心身を感じる感性は取りこぼされがちであるように思う。

2 からだと音のワーク

豊かな心身のリズムや感覚を感じてもらうために,筆者は呼吸法や背中に触れるといった身体に働きかけるワークや,民族楽器を使っての即興合奏など,素朴な音を使ったグループワークを行うことがある。自分の呼吸を感じたり,手のひらを通じて感じる人のぬくもりや呼吸,いつも聞き流している「音」に,改めて繊細に注意を向けること。そのようなワークをすると「音が普段とまったく違って聴こえた」「全身を包むように感じられた」とか,「音が暖かった」「景色が見えた」といった感想が寄せられる。胎内で初めての音を感じていたときのように,全身で感じる回路が開くのだろうかと想像する。ある小学生は音のワークに参加したあと,いろいろな音がどんなイメージかを家庭でたくさん話すようになったという。音の感じ方に正しい・間違いはなく,「それぞれのままでいいと気づいた」と心の気づきを伝えてくれる人もいる。

他者との関わりに困難のある,アスペルガー傾向のある学生が,グループで即興演奏をしたあとに「それぞれの音が違いながら,重なりあって皆との一体感を感じられた」と伝えてくれた。自然に近い,心地よい刺激を用いることが安心できる枠組みとなり,自己と他者,外界との新しい出会いの扉が開くのかもしれないと思う。

3 全人的な発達への道

心身を守るために常となっていた緊張をゆるめ,今ここにいる自分の呼吸を感じ,安心できる刺激をそのままに,やわらかに受け止めることによって,取り戻せるものは多いと感じている。それは言い換えれば,さまざまなことに頑張って対応してきた知性と行動の間に取り残されがちな,感性,あるいは心を豊かにしていくこととも言えるのではないだろうか。そしてそれは,普段疎外されがちな,自然の一部としての自分の存在を感じることでもあり,生涯を通じてその人らしく,全人的にバランスよく発達していく道へと導いてくれるように思う。

参考文献

多田・フォン・トゥビッケル 房代(2000).響きの器 人間と歴史社

第5章
記憶・認知の生涯発達
▶▶▶情報を処理し続ける

小松佐穂子

1 記憶の萌芽：胎児・新生児の記憶能力

[1] 胎内記憶はあるのか？

まずは，胎児の頃の記憶と生後1か月の新生児期の記憶から始めよう。

「胎内記憶」という言葉がある。これは，母親のお腹の中にいた時の記憶のことを指す。言葉を話し始めた2歳から3歳頃の子どもが突然「ピンク色のお部屋にいたよ」「ぐるぐる回っていたよ」と，まさに胎内の様子を語り出すそうだ。

このようなエピソードはたとえばインターネット上でも多く取り上げられ，多くのお母さんたちの関心を集めている。お腹の中で子どもを大切に育ててきたお母さんたちにとっては，非常に嬉しく神秘的な話だろう。しかし残念ながら，現在のところ科学的根拠は見つかっていない。

[2] 母親の声の記憶

では，胎児には記憶する能力がまったくないのだろうか。この点について，少なくとも聴覚に関しては，胎児が経験した感覚を記憶していることがわかっている。

生後間もない新生児を対象とした研究の中に，新生児が母親の声を弁別できるかについて調べた研究がある。デキャスパーとファイファー（DeCasper & Fifer, 1980）は，生後3日以内の新生児に対し，母親の声を聴かせたときと他の女性の声を聴かせたときのおしゃぶりを吸う速さを比べた。その結果，他の女性よりも母親の声を聴かせたときの方が，速くおしゃぶりを吸うことがわかった。同じ女性の声であっても母親のときのみ速く吸うという違いが出ることは，新生児が母親の声を弁別できていることを表しており，母親の声を記憶しているからだといえる。さらに，この研究で対象となった新生児は生後3日以内であることから，生まれてすぐに母親の声のみを弁別できるまでに記憶ができたとは考えにくく，おそらく胎児の頃から母親の声を経験し，記憶していたと考えられる。

この研究以外にも，新生児が母親の話す言葉そのものについても記憶していることを示した研究がある。デキャスパーとスペンス（DeCasper & Spence, 1986）の研究では，出産前の6週間の間に毎日2回ずつ，母親がある物語の一節を胎児に語りかけるようにした。そしてその母親たちが出産した新生児に対して，新生児がその物語の一節を聞いたときにだけ速くおしゃぶりを吸うようになるよう，行動を学習させた。その結果学習の効果を見てみると，出産前に母親から一節を語りかけられていた新生児の方が，そのような経験がない新生児に比べて，学習の効果が大きかった。これは胎内で，声だけでなく母親が語る物語の一節についても胎児・新生児が記憶していたために，このような違いが現れたといえるだろう。

母親たちは自然と胎内の子に語りかけているが，胎児はそれをきちんと知覚し，記憶しているの

である。人の持つ，外界からの情報を処理する能力は，すでに胎児の頃に備わっているのだ。さらに，処理するのは単なる情報ではなく「母親の声」「母親の語る内容」という，胎児・新生児にとって重要な情報であり，母と子のコミュニケーションの基盤となるものである。

2 認知は「表象の獲得」から（乳児期から幼児期3歳頃）

　ここからは生後1か月を過ぎた乳児期，そして幼児期前半の3歳頃までの認知について述べる。ここでの重要な発達的変化は「表象の獲得」である。

[1] 赤ちゃんの記憶・認知を調べる：「馴化－脱馴化法」
　言葉をもたない乳児の記憶や認知を調べることはとても難しい。そこでよく用いられている方法が馴化－脱馴化法である。
　「馴化」とは，繰り返し同じ刺激を受け取り続けると，刺激に馴れてしまい，反応を示さなくなってしまうことである。乳児の刺激に対する「馴化」の特性を利用して，ある特定の刺激を乳児に繰り返し提示し，乳児が飽きてその刺激を見なくなったとき（馴化が起こったとき），別の刺激を提示して，それに乳児が異なる反応をするかを調べる。新しい刺激に対して「見る」「驚く」などの反応が起これば「脱馴化が起こった」となる。
　脱馴化が起こるということは，馴れてしまった刺激と新しい刺激の弁別ができていることを示しており，弁別できたということは馴れてしまった刺激の記憶がつくられていることも示す。この方法は，乳児だけでなく新生児に対してもよく使われていることからも，新生児も記憶能力を持っていることを表している。

[2] モノはそこにあり続ける：「物体の永続性」の理解
　目の前にいた人が木の陰に隠れ見えなくなったとき，その人がこの世から消えてしまった，とは誰も思わないだろう。その人は陰に隠れているだけで急に消えたわけではない，そこにいるのだと認識できることはもともとできていたことではなく，私たちが発達の過程で獲得してきた認知能力である。
　目の前にあったものが何かに隠れて見えなくなってもその背後に存在している，という認識を物体の永続性という。生後6か月頃の赤ちゃんに「いないいないばぁ」をすると喜ぶのは，赤ちゃんが「顔が見えなくなっても，そこにいる」と物体の永続性を理解しているからであり，手で隠れていてもきちんとそこにいるのだとわかっていて「ばぁ！」と顔が見えた瞬間，予測どおりそこにいたことを喜んでいると考えられている（しかし逆に，物体の永続性を獲得していないからこそ，顔が急に消えて再び現れることを面白がるのだともいわれている）。
　生後4か月の乳児が物体の永続性を獲得していることを示した研究がある。ケルマンとスペルキ（Kellman & Spelke, 1983）は，馴化－脱馴化法を用いて，物体の一部が何かの陰に隠れていてもそこに存在していると4か月の乳児が認識していることを明らかにした。実験の方法は，まず乳児に箱の向こう側で左右に動く細い棒を，馴化刺激として繰り返し見せる。その後箱をとり除いたとき，棒が1本につながっているテスト刺激と，上下2本に分かれているテスト刺激（箱で隠された部分がつながっていない）を見せた（図5-1）。その結果，後者の刺激において脱馴化が生じた。つまり，乳児は箱の向こう側で棒は1本につながっていると認識しており，その認識と一致しない上下2本に分かれている刺激を見て，脱馴化が生じた。箱に隠れて見えなくても棒はつながっている

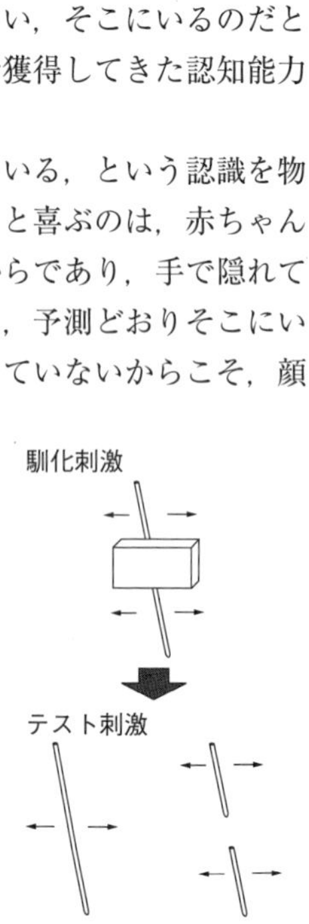

図5-1　刺激の例（Kellman & Spelke, 1983）

と認識する，物体の永続性を獲得していることを示す。

　これ以外にも，ベイラージョンらの研究（Baillargeon, 1986; Baillargeon & Graber, 1987）では，5.5か月児，6か月児，8か月児が，物体の永続性を獲得しているからこそできる，現実に起こりうる事象（可能事象）と起こりえない事象（不可能事象）の区別が可能なことを明らかにした。これらの研究では，乳児でも物体や外界の出来事について，ある程度理解し，推測までしていることを明らかにしている。

[3] モノをイメージする：「表象」の獲得

　物体の永続性を理解しているということは，目の前に見えていないものをイメージできることにつながる。乳児は1歳頃までに，目の前にそのものがなくても，頭の中でそれを思い浮かべることが可能になる。この，頭の中で思い浮かべるイメージを表象という。

　表象をつくることが可能になり，対象や出来事を表象という形で記憶の中に保持できるようになると，その対象や出来事が存在している「今」「目の前で」という時間と空間を切り離して捉えることができる。もちろん，いきなり完全に切り離すことができるわけではなく，少しずつ可能になっていく。

[4] モノを見立てる：「象徴機能」の獲得

　表象が獲得され，1歳半を過ぎる頃には「見立て遊び」が見られるようになる。見立て遊びとは，「ままごと」や「ごっこ遊び」などのように，たとえば泥水をお茶に見立てたり，ロープを使って電車に見立てたりするなど，ある物を別の物に見立てて遊ぶことである。このように，見立てられた別の物が本来の事物を表す「象徴・シンボル」として機能する働きのことを象徴機能といい，ピアジェ（J. Piaget）によれば，1歳半から2歳頃にかけて象徴活動が生じ始めるという。

図5-2　象徴機能の三角形

　そもそも象徴機能を使えることは，非常に高度な認知能力である。泥水をお茶に見立てる（泥水をお茶の象徴とする）場合，まずはお茶がどういうものかというイメージ・表象を持っている必要があり，また目の前にある泥水を見ていても，お茶を思い浮かべなければならない。つまりお茶のイメージ（表象）を介して，泥水（象徴）と実際のお茶（指示対象）を結びつけなければならない（図5-2）。

　しかし象徴機能が獲得できれば，その後の，言葉の獲得につながっていく。なぜなら，言葉も事物を表す象徴の一つであるからだ。そのような意味では，象徴機能が獲得できたというのは，言葉を獲得する準備ができた状態といえるだろう。

[5] どのように外界を認識するのか：「感覚運動期」

　ピアジェの認知発達の理論では発達段階を4段階に分けているが，最初の段階である，誕生から1歳半または2歳頃までを感覚運動期と呼ぶ。この時期は，感覚と運動のつながりを多くつくるという形で，外界を認識していく。

　ピアジェは，この頃の乳児に同じ行動を何度も繰り返す循環反応という行動を見出した。たとえば，身近にあるものを手に持っては放るという行動が何度も繰り返される。このときの乳児は，手に持ったものの重さ・材質などに応じて，手でつかむ，放るという行動を変えていく。つまり，外界の刺激から得られる感覚情報に応じて行動・運動をし，それを何度も繰り返すことで，感覚と運動のつながりをつくり，外界の認知を発達させている。

3 認知はまだ「自己中心的」（幼児期3歳頃から就学前）

　子どもが言葉を発し始めるのは1歳前後からであり，2歳頃になると一気に語彙が増え，3，4歳にかけて話し言葉が一応の完成をする。4歳頃は多弁になり，5歳を迎えると言語を思考の道具として使用するようになる。このような言語発達とともに考えながら，本節の認知の発達，特に表象の発達過程を捉えてもらいたい。キーワードは「自己中心性」である。

[1] 自分の視点に依存する：「自己中心性」

　表象を獲得できたことにより，目の前に存在しないものに対しても，頭の中でイメージをつくって考えることができるようになった。しかしおおよそ6歳頃までは，表象はつくれてもそれは自分の視点を中心にしてつくったものである。そういう意味では表象の発達はまだ十分ではない。

　自分の視点に依存した表象はつくれるが，他者の視点に依存した表象をつくることができない状態，また自分を他者の視点に置くことができない状態を自己中心性という。この用語を用いたピアジェによれば，一般的に理解されているような利己主義の意味とはまったく異なり，子どもの自己中心性とは，もともと他者の視点に立つことができないことを指す（滝沢ら，1980）。

　ここで，幼児の自己中心性を明らかにしたピアジェの有名な実験を紹介する（Piaget & Inhelder, 1948, 1956）。それは「三つの山課題」と呼ばれる課題を用いて，子どもが他者の

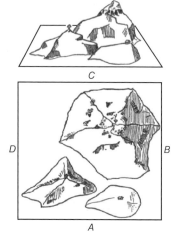

図5-3　三つの山課題の装置
（Piaget & Inhelder, 1956）

視点に立てるかを調べた実験である。1m四方の台座に，高さが異なり色分けがしてある三つの山の模型を準備する（図5-3）。子どもは図5-3のAの位置に座り，そこから見える山の様子を10枚の絵から選び出す。さらに，B，C，Dの位置に人形を座らせ，それぞれの位置から山がどのように見えるかを同じように選ばせる。これにより，自分以外の他者の視点から対象を捉えられるかを明らかにする。

　実験の結果，4歳から5歳の幼児は，人形の視点ではなく自分の視点から見える絵を選ぶか，人形の視点とはまったく無関係な絵を選んだ。つまり他者の視点に立てず，自分の視点に依存してしまった。他者の視点に立てるようになり始めるのは7歳以降であり，この課題を完全に達成できたのは9歳から10歳以降であった。

[2] 見かけにだまされる：「前操作期」

　ピアジェの認知発達の理論ではこの段階を前操作期と呼んでいる。おおよそ2歳から6，7歳頃であり，この段階の大きな特徴として主に，先ほど述べた自己中心性を挙げている。前段階の感覚運動期を通じて表象および象徴機能を獲得したが，それはまだ自分の視点に依存した表象であり，見かけにだまされるのである。

　子どもが見かけにだまされた認知をしてしまうことについて，ピアジェは数や液体の量，長さなどの「保存課題」を用いて検討している（Piaget, 1949／邦訳, 1967）。

　形も大きさも同じ2つのコップに，同じ数のビーズが入っている。そのうち1つのコップから，形の異なる別のコップにビーズを移し換える。このとき4～5歳児は，コップの見かけに従ってしまい，ビーズの量が変わったと答えるのである。さらに，前のコップよりも細長いコップに移し換

えた場合では「このコップは背が高いから，前のコップよりもたくさんビーズが入っている」と説明する子どももあれば，「このコップはやせているから，前のコップよりも少ししかビーズが入っていない」と説明する子どももいる。いずれにしても，認知が見かけの影響を受けており「大きさや形などの見かけが変化しても，元の量は変わらない」という「保存」の概念について理解できていないことがわかるだろう（図6-2参照）。

[3] 作業記憶の発達

保存課題に正しく解答できるようになるためには，何が必要だろうか。それは，作業記憶（ワーキングメモリ）の発達である。作業記憶とは，保持時間が短く保持容量が小さい短期記憶の概念を発展させたものであり，たとえば本を読んだり暗算をしたりするように何か認知的な作業を行っているとき，必要な情報を一時的に保持するための記憶システムである。短期記憶の概念が情報の保持貯蔵機能のみに焦点があてられるのに対し，作業記憶は保持だけでなく，情報の処理機能についても説明した概念である。認知の発達にはこの作業記憶の発達が必須である（Pascual-Leone & Baillargeon, 1994）。

たとえば，液量の保存課題に正しく解答するためには「2つのコップの元の量は等しいことの確認」「見た目が変化しても，元の量に足されたり引かれたりしていないことの確認」「現在の量の確認」の作業記憶の容量が3つ必要である。4～5歳児ではその容量がまだ不足しているためにできないが，年齢とともにこの容量は増加し，保存課題に解答できるようになると考えられる（Case, 1978／邦訳, 1984）。

[4] 他者の視点を理解しはじめる：「心の理論」

三つの山課題や保存課題から，この頃の子どもが外界の事物を認識するとき，自分の視点，見かけに依存するという特徴が明らかになったが，それは他者の心についても同じである。他者の行動から心の状態を理解するための，心に関する知識や認知的枠組みのことを心の理論という（Premack & Woodruff, 1978）。子どもが心の理論を獲得しているかを調べる課題としてよく用いられるのが「誤信念課題」である。

代表的な誤信念課題として，バロン＝コーエンら（Baron-Cohen et al., 1985）の「サリーとアンの課題」を紹介する。サリーの目の前には「カゴ」が置かれており，アンの前には「箱」が置かれている。サリーは「カゴ」の中にビー玉を入れ，その場を立ち去る。その間にアンが，ビー玉を「カゴ」から「箱」の中に移し換える。戻ってきたサリーがビー玉を探すときどこを探すのか，を子どもに尋ねる課題である。正しく他者（この場合，サリー）の心を理解できていれば，「カゴ」と答えるのが正解である。しかし実験の結果，3歳児は「箱」と間違って答えてしまい，正しく解答できるのは4歳以降になる。

この結果は，3歳児では自分の表象に基づいて考えていることを示し，4歳以降になると，自分の表象とは区別して，他者の表象をつくっていることを示す。事物の認識だけではなく，人の心に関しても自分の視点に依存しない他者の表象をつくり，さらに他者にも同じように「心」があることを理解していく。

以上のように，徐々に自己中心性から脱却する方向に発達は進んでいくが，これについては次節で述べることとする。

4　自分中心から離れる認知（児童期7歳頃から12歳頃）

7歳の年齢を迎えると子どもたちは，学校教育を受け始める。学校生活というそれまでとは異なる環境に入り，教育を受けながら認知の発達も進んでいく。またそれとは別に，ちょうど同じ頃つ

まり6～7歳頃になると，自分の視点から離れた認知ができるようになってくる。まずは「脱中心化」の話から始めたい。

[1]「脱中心化」

サリーとアンの課題で述べたように，子どもは少しずつ自分中心の視点から離れ，他者の視点に立つようになる。このように自己中心性から脱却し，異なる表象や見方を統合できるようになることを脱中心化という。

たとえば三つの山課題では，6～7歳で異なる視点を持とうとする。しかし山を高さや位置で区別するといった複数の要因を関連づけて考えることができないため，成功しない。7歳から9歳になると，次第に個々の要因が区別できるようになり，関連づけることができるようになる。しかし，それを総合的には行えない。9歳から10歳以降になって完全に視点の総合ができるようになり，正答できるのである（滝沢ら，1980）。

[2] 見かけにだまされない認知：「具体的操作期」

ピアジェの認知発達理論では，見かけに依存せず，正しく対象を認識できるようになるこの段階を具体的操作期と呼んだ（6～7歳から11～12歳頃）。「具体的」とは，具体的な事物を取り扱っている場合に限り，表象の操作や思考ができることを表している（滝沢ら，1980）。

先に紹介をした，形の異なるコップにビーズを移し換える保存課題の例を再度，取り上げる（Piaget, 1949／邦訳, 1967）。4～5歳児は，コップの見かけに依存した認知をしてしまい，正しく保存について理解できていなかった。しかし6歳半から7歳後半頃になって，保存の概念を完全に理解するのである。「ビーズの量は変わらない」と答える理由について子どもは「（ビーズを入れ換える際）取られたり加えられたりしなかったから」「新しいコップの幅が狭くなった分，高くなった」と答える。さらに「コップAからコップBに移し換えても，反対にBからAに移し換えることで，元に戻せる」と答える。つまり「可逆性」について理解しているのであり，これは具体的操作期の特徴的な認知の一つである。

[3] 自分の認知を客観的に捉える：「メタ認知」

ここで新たに獲得されるメタ認知について述べる。メタ認知とは，たとえば「私は『昨日の夜，何を食べた』ということを知っている」「私は『自分の学力がどのくらいである』ということがわかっている」のように，一般的な認知の一つ上の認知のことである。メタ認知は，自分の認知活動をモニタリングしたり，コントロールしたりするために必要である。このメタ認知がより正確になるのも，この発達段階である。

自分がどのくらいの量記憶ができるかを見積もり，その見積もった量と実際の記憶量を年齢ごとに比較した研究がある。フラヴェルら（Flavell et al., 1970）は，保育園児，幼稚園児，小学2年生，小学4年生のそれぞれに対し，おもちゃやハサミなど物の絵を見せ，それらを何個，記憶できるかを見積もらせた。その後，実際に記憶実験を行って成績を調べたところ，保育園児と幼稚園児の未就学児は，7から8個と見積もったのに対し実際は3から4個程度しか記憶できず，見積もりが不正確であった。しかし小学2年生になると，6個と見積もったのに対し実際は4個程度と見積もりの誤差は小さくなり，小学4年生では見積もりが5から6個に対して実際に6個程度と，メタ認知が正確に行えたのである。同様の実験を行ったユッセンとレヴィ（Yussen & Levy, 1975）の研究結果では，4歳児は8個程度という見積もりに対し実際は3個程度とやはり誤差が大きく，小学3年生は5から6個という見積もりに対し実際は4から5個と誤差が小さくなり，大学生は5から6個という見積もりに対し5から6個とほぼ正確であった。このように未就学児はメタ認知が不正確であるが，小学生になり学年が上がるとだんだんと誤差が小さくなり，小学4年生の段階でほぼ正

確にメタ認知ができるようになる。

[4] 記憶容量の増加と処理速度の向上

3節［3］で作業記憶の容量が増加することで，保存課題に正しく解答できるようになると述べた。実際に作業記憶の容量の発達的変化を調べた研究がある。シーゲル（Siegel, 1994）は，文章の読み課題を用いて，読みの能力が健常の者と困難のある者，それぞれ6歳から49歳までを対象に，各年齢の作業記憶の容量を調べた。その結果，読みの困難の有無に関係なく，6歳から19歳まで増加が見られた（図5-4）（20歳以降になると減少していくが，これについては後ほど述べる）。

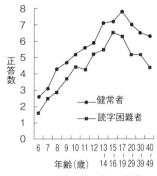

図5-4 作業記憶課題の正答数
（Siegel, 1994）

作業記憶の容量の増加は，情報処理能力を向上させることにつながるが，処理能力の向上にはもう一つ，別の側面での発達が必要である。それは，情報の処理速度の発達である。記憶容量と情報の処理速度はともに，人の問題解決行動に影響する重要な要因である（多鹿, 1996）。

ケイル（Kail, 1988）は，8歳から21～22歳までを対象に複数の認知課題を実施した。その結果，視覚探索課題，記憶探索課題，心的回転課題，足し算の暗算課題において，年齢とともに処理速度が速くなった。さらに速度変化の様子もこれらの課題に共通して，指数関数的に速くなっていた。すなわち8歳から12歳頃の速度変化が最も大きく，12歳から16歳頃で変化が弱まり，16歳から21～22歳までにさらに弱まる。しかし，つねに処理速度は速くなっていた。

これらの2つの研究から，7歳から12歳の間の記憶容量の増加と処理速度の向上が非常に大きいことがわかる。これらは，人間本来の認知の発達によるものか，学校教育の影響か，その両方が考えられるが，いずれにしてもこの時期に記憶，認知，情報処理の能力が大きく成長するのである。

[5] 学校教育が発達を促進する：「発達の最近接領域」

児童期には脱中心化，メタ認知の獲得，記憶力や認知能力の向上が見られ，それ以前の幼児期からさまざまな変化が生じている。しかし児童期の子どもの変化はそれだけではない。忘れてはならないのが，7歳になると学校に入学して教育を受け始めるという，環境的，社会的変化である。ここでは，子どもたちの発達に与える学校教育の影響について述べたい。

教育によって発達が促進されるかについて，ヴィゴツキー（Vygotsky／邦訳, 1962）は発達の最近接領域という概念を提案した。子どもの発達には，自分の力で達成できる発達水準と，周囲（たとえば，親や教師，仲間）の援助や協同によって達成が可能になる水準があり，ヴィゴツキーはこの2つの水準間の範囲を発達の最近接領域と呼んだ。この概念によれば，学校という場で教育を受けること，すなわち教師や仲間からの協同を得ることにより，それまで自力では不可能だったことが可能になり，子どもの発達が促進する。したがって，個々の子どもの発達の最近接領域を見出し，それに適った援助，協同，教育を行う必要がある。

5　記憶と認知の完成（青年期12歳頃から20歳頃）

青年期の20歳頃までに，成人と同等に記憶・認知能力を獲得する。

[1] 抽象的に考える：「形式的操作期」

小学校高学年（11，12歳）頃になると，ピアジェの理論でいうところの形式的操作期に入る。具

体的操作期と形式的操作期の大きな違いは、前者が具体的な事物の情報処理の場合に限り、論理的思考・認知ができる段階であり、後者は具体的な事物に頼らなくても、言語や記号などの形式的なものを用いるだけで思考・認知ができる点だ。

形式的操作が可能かを調べる課題として、ピアジェの有名な「化学薬品の混合問題」がある（Inhelder & Piaget, 1955）。これは、4種類の液体の組み合わせについて推論する課題である。4種類の液体はいずれも無色透明で、見た目では区別がつかない。そこで「液体1と3の混合液に試薬を入れると黄色に変化する」「液体1, 2, 3の混合液に試薬を入れると黄色に変化する」「液体1, 3, 4の混合液では黄色にならない」「液体1, 2, 3, 4の混合液では黄色にならない」などの事象を観察させ、液体1, 2, 3, 4と試薬がどのような組み合わせのときに黄色に変化するかを考えさせた。具体的操作期の子どもはとにかく試行を繰り返す方法をとり、体系的に考えて答えを導き出せない。試行の結果たまたま黄色に変化したりしなかったりしても、その理由を説明できない。しかし形式的操作期の子どもは、仮説をつくりながら体系的に考え検証し、答えを導き出すことができるのである。

［2］20歳を迎えるまで：成人の認知能力の獲得

記憶と認知の始まりは、胎児期にすでに獲得していた記憶の力であり、それを基盤として外界からのさまざまな情報を処理しながら、認知能力は発達してきた。

ここまでの記憶と認知の発達過程を概観すると、まずは表象をつくる能力を獲得し、つくった表象は自己中心的な認知によるものであったが、自分以外の視点による認知を獲得することで処理できる情報を大幅に増やした。そこに作業記憶の発達、メタ認知の獲得が達成され、それを助けるように情報の処理容量が増加し、処理速度が増していく。そして日本で「成人」と呼ばれる20歳を迎える頃までには、ある一定の記憶力そして認知機能が獲得されるのである。

6 青年期の記憶はよく想起される（20歳頃から30歳頃）

青年期の課題としてよく論じられるのが、エリクソン（E. H. Erikson）が述べた自我同一性（identity）の獲得である。青年期は「自分が何者であるのか」「自分の存在意義は何か」などをしっかりと確立する時期であり、その過程にはさまざまな葛藤が伴う。まるでその葛藤を証明するかのような記憶の現象がある。

ルビンら（Rubin et al., 1998）は、自分に関する記憶、すなわち自伝的記憶が年齢とともにどのように変化するのかについて、複数の研究をレヴューした。その結果、10歳から30歳頃の自伝的記憶が、それ以前や30歳以降に比べて、よく想起されることを明らかにした（図5-5）。この現象がレミニセンス・バンプと呼ばれる現象である。

この現象が起こる理由をルビンら（1998）はさまざま

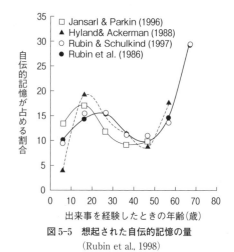

図5-5 想起された自伝的記憶の量
（Rubin et al., 1998）

に検討しているが、その一つとして、青年期は自我同一性の形成過程であることを挙げている。自伝的記憶はエピソード記憶（いつ、どこでという時空間的な定位ができる記憶、「昨日、オムライスを食べた」）の性質が強いが、自我同一性を形成していく過程で記憶を繰り返しリハーサルし、人生全体の中で意味づけ統合していく。そして意味記憶（事物や概念などの意味に関する記憶、「オムライスとは、ケチャップライスを卵で包んだ料理」）のような性質を持つようになり、自我同

コラム3
統合失調症と認知機能

中坪太久郎

1 統合失調症にみる認知機能の問題

臨床実践において有効な支援を行うためには，問題を含めたクライアントの状況を適切に評価する必要がある。その際，「ヒトの標準的な発達」についての知識がなければ，目の前にいるクライアントを適切に評価することはできない。通常期待される機能や能力に比して問題があるということになれば，臨床心理学的な支援を行っていくことが求められる。ここでは，統合失調症という疾患を例に，さまざまな高次の精神活動に生じうる問題について紹介するとともに，その改善可能性についても言及したい。

統合失調症とは，幻覚や妄想といった陽性症状と，感情の平板化や意欲の欠如といった陰性症状を呈する精神科的な疾患の一つであるが，近年は，ヒトがもつさまざまな情報処理機能に困難がある状態を指す「認知機能障害」に注目が集まっている。特に統合失調症においては，処理速度，言語流暢性，ワーキングメモリ，エピソード記憶，実行機能，注意の持続などにおいて，健常群との差が大きいことが報告されている（Schaefer et al., 2013など）。このような機能の低下は，日常生活においてもさまざまな問題となって表れてくる。たとえば，仕事上において，上司に指示されたことをうまく覚えておくことができず，失敗を繰り返すことがあるかもしれない。また，学校で複数の仲間たちと話をしていても，会話の移り変わりの中で誰に注意を向ければよいか分からなくなってしまい，友人関係を築くのが難しくなってしまうことも起こりうる。統合失調症は思春期青年期に発症することが多い疾患であるが，認知機能障害がいつから生じるのか，といった点に関しては，未解明な部分も多い。ただし，若い時期に発症してしまうことによって，その後の学習や経験の機会が制限されてしまい，社会生活機能においても問題が生じやすくなってしまうことについては理解しておく必要がある。近年の精神科医療においては長期の入院を解消し，精神障害を持った人であっても社会で生活をすることが期待されているが，認知機能障害は，そのような社会での生活を考えるうえで最も重要な問題といえるだろう。

2 認知機能障害の改善に向けて

統合失調症は薬物療法による治療が非常に重要な疾患である。一方で，DSM-5での統合失調症に関する記述からは，疾病に伴う認知機能障害の低下は疾病の全経過を通して改善しないことが多いと考えられており，何らかの特別な支援を提供していくことが求められている。このような観点から，統合失調症の認知機能障害を対象とした「認知機能改善療法」が実施されるようになってきている。これは，低下している記憶力や注意力，問題解決能力などを対象として，リハビリテーション的な手法を用いて，その改善を試みる心理療法的関わりである。実施しているグループによっていくつかの手法があるが，大きく分けると「課題をうまく実行する方略を習得するためのトレーニング」と，「反復練習により課題の実行を身につけるトレーニング」がある。これらの手法をうまく組み合わせて，それぞれの認知領域の機能が要求される課題に取り組むことで，低下した認知機能の向上を目指すものである。このようなトレーニングの成果は，特に認知課題の得点において有効性が示されており，社会生活機能の向上にも寄与することが示唆されている（McGurk et al., 2007）。

普段は意識をしていないが，安定した社会生活を送るうえで私たちにはさまざまな認知機能が要求されている。多くの人はある年代までは記憶力や問題解決能力が向上し，その後加齢に伴って緩やかな低下を経験していく。一方で，疾患や事故などによって上昇が止まってしまったり，急激な低下を余儀なくされる人々がいる。今回紹介した統合失調症を対象とした認知機能改善の取り組みだけでなく，高次脳機能障害を対象とした認知リハビリテーションなど，心理学の知見に基づく認知機能に対する支援が多く展開されている。定型の発達についての知識に加えて，これら臨床実践の内容についても知ることで，ヒトの発達についての理解が深まるものと考えられる。

引用文献

Schaefer, J., Giangrande, E., Weinberger, D. R., & Dickinson, D. (2013). The global cognitive impairment in schizophrenia: Consistent over decades and around the world. *Schizophrenia Research*, *150*(1), 42-50.

McGurk, S. R., Twamley, E. W., Sitzer, D. I., McHugo, G. J., & Mueser, K. T. (2007). A meta-analysis of cognitive remediation in schizophrenia. *The American Journal of Psychiatry*, *164*(12), 1791-802.

髙橋 三郎・大野 裕（監訳）(2014) DSM-5 精神疾患の診断・統計マニュアル 医学書院（American Psychiatric Association (2013). *Diagnostic and statistical manual of mental disorder, 5th edition (DSM-5)*. Arlington, VA: American Psychiatric Publishing.）

一性を確立していく。このようにさまざまな認知処理が加えられて，レミニセンス・バンプが生じると説明している。

7 それでも情報を処理し続ける（成人期40歳頃から老年期）

20歳で一定の記憶，認知能力を獲得した後は，多くが40歳頃から徐々に低下していく。

[1] 加齢の影響：作業記憶の容量・処理速度・短期記憶

4節[4]で作業記憶の容量の発達的変化について触れたが，そこで示した図5-4でもわかるように，20歳頃までに急速に増加した容量はその後，30代，40代と徐々に減少していく。

情報の処理速度についても同様に，20歳頃をピークにその後遅くなっていくことがわかっている。ソルトハウス（Salthouse, 1998, 2000）は，18歳から94歳までの計1,580名を対象に，できるだけ早く図形などのマッチングを行う課題とターゲットを抹消する課題を実施した。その結果，20歳以降達成数が減少していったことから，処理速度は年齢とともに低下するとことが示された（図5-6の左図）。

ソルトハウス（1998）は，短期記憶についても調べている。5歳から94歳を対象に，記憶した文章または単語をすぐに再生させる課題を実施した結果，20歳頃まで急速に成績は上昇した後，緩やかに低下していた（図5-6の右図）。

[2] 衰えやすい記憶と衰えにくい記憶

以上，作業記憶，短期記憶における加齢の影響を示したが，記憶の種類はいくつかに分類されており，そのすべてが加齢の影響を受けやすいわけではない。

記憶には，短期記憶に対して長期記憶があり，保持容量と保持時間がほぼ無限とされる。長期記憶は，思い出したことを意識できる顕在記憶と意識できない潜在記憶に分けられる。顕在記憶の方は，さらにエピソード記憶と意味記憶に分類され，潜在記憶は手続き記憶とプライミングに分類される。手続き記憶とは，自転車の乗り方やキーボードのブラインドタッチなどの技能の記憶であり，プライミングとは，過去の記憶が後に起こる反応に気づかないうちに影響を与えることである。また，この分類以外に展望的記憶という未来に行うべき行為の記憶がある。

展望的記憶は加齢の影響を大きく受ける。マンテュラとニルソン（Mäntylä & Nilsson, 1997）は，35歳から80歳の計1,000名に対し，2時間のテストセッションが終わったら，実験者にサインするように教示した。つまり「2時間後に実験者にサインをする」という展望的記憶を調べた。その

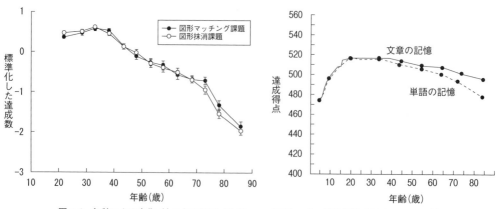

図5-6 加齢による変化（左：処理速度（Salthouse, 2000），右：短期記憶（Salthouse, 1998））

結果，35歳では100名中51名ができたのに対し，75歳では23名，80歳では16名しかできなかった（図5-7）。

しかし，加齢の影響をほとんど受けない記憶もある。ニルソンら（Nilsson et al., 1997; Nilsson, 2003）は，35歳から80歳までの計3,000名を対象としたコホート研究の中で，エピソード記憶，意味記憶，短期記憶，プライミングに与える加齢の影響を検討した（図5-8）。その結果，エピソード記憶は加齢による影響を大きく受けていた。しかし意味記憶，短期記憶は多少低下が見られるものの，エピソード記憶ほどの影響は受けない。そして潜在記憶であるプライミングは，ほとんど影響がなかった。

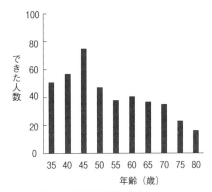

図5-7　展望的記憶の成績
（Mäntylä & Nilsson, 1997）

同じ潜在記憶である手続き記憶についても，ほとんど低下しないことがわかっている。ソルトハウス（1984）は，20歳から72歳のタイピスト（タイプライターで手書き文書などを活字化する職業）計40名の，タイピング時のキー押しにかかる時間を測定した。その結果，普通の文章をタイピングした場合（図5-9の下の線），加齢の影響は見られなかった。

[3] 衰えを補う力

前項のソルトハウス（1984）の研究では，普通の文章のタイピングだけでなく，別のタイピング課題も実施していた。それは左右のキーを押すという単純な課題であり，指示に従って左もしくは右のキーを押した。この課題を実施した結果，加齢に伴ってキー押しにかかる時間は遅くなった

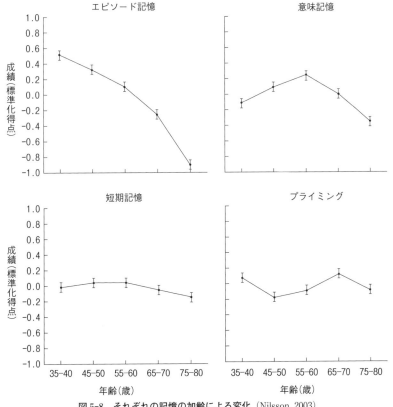

図5-8　それぞれの記憶の加齢による変化（Nilsson, 2003）

コラム4
認知症高齢者をポジティヴな視点から捉える

田中元基

認知症は、昼食後すぐに食事をしたことを忘れる、シャツをズボンのようにはくといったさまざまな症状を呈し、社会生活に支障が生じた状態であり、「一度成熟した知的機能が、何らかの脳の障害によって広汎に継続的に低下した状態」（池田, 2010）と説明される。

ここでは、低下する・できなくなるといったネガティヴなイメージで捉えられることの多い認知症について、筆者が特別養護老人ホーム（以下、特養）で経験した事例を紹介しながら、獲得や発揮といった認知症のポジティヴな側面に着目していく。

1　認知症になっても、新しい人間関係が築かれる

まず、相手のことがわからなくなっても新たに人間関係が築かれるという、認知症になっても獲得される側面を紹介する。

【事例】アルツハイマー型認知症のAさん（80代の女性）は、筆者を近所の雑貨屋の息子、小学校や病院の先生、どこかで会ったことのある人など会うたびに異なる人物と認識していた。筆者がAさんと会い始めた頃、視線が合っても特にAさんから反応はなく、こちらから声をかければ応じてくれる状態であった。Aさんは「知らない男が話しかけてきた」とでもいうように、眉間にしわを寄せ、怪訝な表情で筆者を見てくることもあった。しかし、何度か会っていると、Aさんが筆者を見かけた際「あら、あんた久しぶりね」と笑いかけながら声をかけてくるなど、関わり方が変化していった。

Aさんが相手を会うたびに異なる人物と捉えることは、正確に人物を認識できないという認知症のネガティヴな側面であるといえる。しかし、特定の人物と関わっていくなかで次第に見知った人物へ声をかけるように関わり方を変化させていったことは、他者と新たな関係を築くことができるというポジティヴな側面として捉えることも可能である。

2　認知症症状の背後に、知的機能の保たれた面が機能していることもある

次に、知的機能が低下したことで生じると思われがちな認知症症状について、保たれた面も関連している事例を紹介する。

【事例】アルツハイマー型認知症のBさん（80代の女性）は、自分のいる場所が特養であると理解しておらず、施設内を歩きまわりながら今いる場所がどこか、なぜ自分がここにいるのか何度も尋ね、不安を訴えることが多かった。Bさんは、最終的に特養を病院や地域の集会所など自分の家ではない場所であると判断し、家に帰らなければならないと言いだして特養から出ていこうとすることもあった。筆者は、Bさんと一緒に施設内を歩きながら会話をするなどの関わりを行っていた。そのなかでBさんが今いる場所を病院や集会所と判断する理由を語ってくれることがあった。Bさんは、今いる場所に「いろいろな世代の知らない人（他の特養入居者や施設の職員）」がいるので病院や地域の集会所だと判断したと語ってくれた。

Bさんは、特養を学校などの現実と異なる場所と認識していた。今いる場所を正確に認識できないことは、誤認や見当識障害といった認知症のネガティヴな側面であるといえる。しかし、「いろいろな世代の知らない人がいる場所だから病院」と判断することは、過去経験に基づいて適切に推測を行っているというポジティヴな側面と捉えることも可能である。認知症によって今いる場所がわからないという状況の中で、環境に適応するために周囲を観察し、しっかりと推測できているという、保たれた知的機能が発揮された場面と捉えられる。

3　認知症高齢者のポジティヴな側面に着目する意義

ここまで、認知症をポジティヴな視点から捉えることが可能であると示してきた。最後に、認知症をポジティヴな視点から捉えることの意義について述べる。

認知症ケアの現場において、専門職をはじめとする周囲の人々が、認知症によって低下した面を正確に把握するだけでなく、認知症になっても低下せず保たれた機能や長所を把握すること、認知症症状を肯定的に評価できることも重要である。周囲の人々が、認知症高齢者の保たれている機能などを活かせるように関わることで認知症高齢者の生活の質の向上が期待できる。また、認知症高齢者を肯定的に評価できることは、介護などのケアに対する負担感の軽減、実際に関わる際の良好な態度に結びつくものと考えられる。

引用文献

池田 学（2010）. 認知症：専門医が語る診断・治療・ケア　中央公論新社

(図5-9の上の線)。文章のタイピングでは加齢の影響を受けなかったが，指示どおりに単純にキーを押すだけの課題で影響を受けたのはなぜだろうか。おそらくキーを押すという反応にはやはり，加齢による衰えがあるのだが，熟練したタイピストたちは普段のタイピングの際に，その衰えを補う能力を持っていると考えられる。

モスコヴィッチ（Moscovitch, 1982）は，高齢者の展望的記憶を調べるため，若者10名と高齢者10名に対し，2週間の間毎日，同じ時間に電話をかけるように教示した。その結果，若者は8名が少なくとも1回は電話のし忘れがあったのに対し，高齢者は1名が忘れたのみであった。その理由は，高齢者には「自分の記憶力は低下している」というメタ認知があったこと，そしてそれを補うために，電話のそばにメモを置くなどの何らかの工夫をしていたためであった。

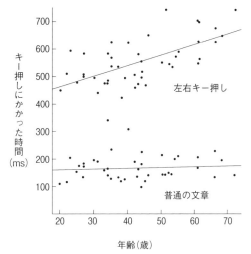

図5-9　タイピングにかかった時間（Salthouse, 1984）

以上のように，人は記憶と認知そのものが徐々に衰えていったとしても，衰えにくい記憶や認知能力で補ったり，知恵を使って工夫をするなどして，補うことができるのである。

引用文献

Baillargeon, R. (1986). Representing the existence and the location of hidden objects: Object permanence in 6- and 8-month-old infants. *Cognition, 23,* 21-41.

Baillargeon, R., & Graber, M. (1987). Where's the rabbit? 5.5-month-old infants' representation of the height of a hidden object. *Cognitive Development, 2,* 375-392.

Baron-Cohen, S., Leslie, A., & Frith, U. (1985). Does the autistic child have a "theory of mind"? *Cognition, 21,* 37-46.

Case, R. (1978). Piaget and beyond: Toward a developmentally based theory and technology of instruction. In R. Glaser (Ed.), *Advances in instructional psychology* (Vol. 1, pp.167-228.). Hillsdale, NJ: Lawrence Erlbaum.（ケイス，R. 吉田 甫（訳）（1984）．ピアジェを超えて——教科教育の基礎と技法——　サイエンス社）

DeCasper, A. J., & Fifer, W. P. (1980). Of human bonding: Newborns prefer their mothers' voices. *Science, 208,* 1174-1176.

DeCasper, A. J., & Spence, M. J. (1986). Prenatal maternal speech influences newborns' perception of speech sounds. *Infant Behavior and Development, 9,* 133-150.

Flavell, J. H., Friedrichs, A. G., & Hoyt, J. D. (1970). Developmental changes in memorization processes. *Cognitive Psychology, 1,* 324-340.

Hyland, D. T., & Ackerman, A. M. (1988). Reminiscence and autobiographical memory in the study of the personal past. *Journal of Gerontology: Gerontology: Psychological Sciences, 43,* 35-39.

Inhelder, B., & Piaget, J. (1955). *De la logique de l'enfant à la logique de l'adolescent.* Paris: Presses Universitaires de France.（A. Parsons & S. Milgram (Trans.) (1958). *The growth of logical thinking from childhood to adolescence: An essay on the construction of formal operational structures.* London: Routledge and Kegan Paul.）

Jansari, A., & Parkin, A. J. (1996). Things that go bump in your life: Explaining the reminiscence bump in autobiographical memory. *Psychology and Aging, 11,* 85-91.

Kail, R. (1988). Developmental functions for speeds of cognitive processes. *Journal of Experimental Child Psychology, 45,* 339-364.

Kellman, P. J., & Spelke, E. S. (1983). Perception of partly occluded objects in infancy. *Cognitive Psychology, 15,* 483-524.

Mäntylä, T., & Nilsson, L. G. (1997). Remembering to remember in adulthood: A population-based study on aging and prospective memory. *Aging, Neuropsychology, and Cognition, 4,* 81-92.

Moscovitch, M. (1982). A neuropsychological approach to perception and memory in normal and pathological aging. In F. I. M. Craik (Ed.), *Aging and cognitive processes.* New York: Plenum Press.

Nilsson, L. G. (2003). Memory function in normal aging. *Acta Neurologica Scandinavica, 107,* 7-13.

Nilsson, L. G., Bäckman, L., Erngrund, K., Nyberg, L., Adolfsson, R., Bucht, G., Karlsson, S., Widing, M., & Winblad, B. (1997). The Betula prospective cohort study: memory, health, and aging. *Aging, Neuropsychology, and Cognition,*

4, 1-32.

Pascual-Leone, J., & Baillargeon, R. (1994). Developmental measurement of mental attention. *International Journal of Behavioral Development, 17*, 161-200.

Piaget, J. (1949). *La psychologie de l'intelligence* (2e éd.). Paris: Armand Colin. (ピアジェ, J. 波多野 完治・滝沢 武久 (訳) (1967). 知能の心理学 みすず書房)

Piaget, J., & Inhelder, B. (1948). *La representation de l'espace chez l'enfant.* Paris: Presses Universitaires de France. (F. J. Langdon & J. L. Lunzer (Trans.) (1956). *The child's conception of space.* London: Routledge and Kegan Paul.)

Premack, D., & Woodruff, G. (1978). Does the chimpanzee have a theory of mind? *The Behavioral and Brain Science, 1,* 515-526.

Rubin, D. C., Rahhal, T. A., & Poon, L. W. (1998). Things learned in early adulthood are remembered best. *Memory & Cognition, 26,* 3-19.

Rubin, D. C., & Schulkind, M. D. (1997). The distribution of autobiographical memories across the lifespan. *Memory & Cognition, 25,* 859-866.

Rubin, D. C., Wetzler, S. E., & Nebes, R. D. (1986). Autobiographical memory across the adult lifespan. In D. C. Rubin (Ed.), *Autobiographical memory* (pp.202-221). Cambridge, NY: Cambridge University Press.

Salthouse, T. A. (1984). Effects of age and skill in typing. *Journal of Experimental Psychology: General, 113,* 345-371.

Salthouse, T. A. (1998). Independence of age-related influences on cognitive abilities across the life span. *Developmental Psychology, 34,* 851-864.

Salthouse, T. A. (2000). Aging and measures of processing speed. *Biological Psychology, 54,* 35-54.

Siegel, L. S. (1994). Working memory and reading: A life-span perspective. *International Journal of Behavioral Development, 17,* 109-124.

滝沢 武久・山内 光哉・落合 正行・芳賀 純 (1980). ピアジェ 知能の心理学 有斐閣

多鹿 秀継 (1996). 第8章 処理速度・容量と問題解決 波多野 誼余夫 (編) 認知心理学5 学習と発達 (pp.203-220) 東京大学出版会

Vygotsky, L. S. (ヴィゴツキー, L. S. 柴田 義松 (訳) (1962). 思考と言語 明治図書)

Yussen, S. R., & Levy, V. M. (1975). Developmental changes in predicting one's own span of short-term memory. *Journal of Experimental Psychology, 19,* 502-508.

第6章

知能・思考の生涯発達
▶▶▶目の前の課題を考え続ける

野澤祥子

　生まれてから死に至るまで，人が「考える」営みはどのように発達的変化を遂げていくのだろうか。本章では，心理学における知能・思考の捉え方と代表的な発達理論を紹介したのち，重要な日常的文脈と結び付けながら知能・思考の生涯発達過程を紐解いていく。

1　知能と思考：知能とは，思考とは

[1]　知能と思考の捉え方

知能とは，思考とは　　ウェクスラー（Wechsler, 1944）は，知能を「目的に沿って合理的に考え，効果的に環境に対応する総合的な能力」（藺牟田，2016 の訳による）と定義している。この定義では，知能を，目的的・合理的思考を基盤としながら，周囲の環境に効果的に対処する能力としている。

　より具体的には，知能はどのように捉えられてきたのだろうか。代表的なアプローチの一つは，知能を知能検査で測定しようとするものである。知能検査の結果は，知能指数（IQ）という指標によって示される。知能指数は，実際の年齢に対して，何歳相当の知能水準かを表すものである。一方で，知能がどのような構造をもっているのかについても検討されている。たとえば，キャッテル（Cattell, 1963）は，知能を流動性知能と結晶性知能に大別するモデルを提唱した。流動性知能とは，情報を速く正確に処理することに関わる能力であり，結晶性知能は，語彙や知識など経験とともに蓄積される能力である。結晶性知能は，老年期においても衰えず，維持される知能の側面として，知能の生涯発達を検討する際に有用な観点となっている。

　さらに，知能検査では捉えきれない側面を含め，知能をより包括的に捉えようとする新たな理論も提唱されている。たとえば，スタンバーグ（Sternberg, 1985）は，知能を分析的知能，創造的知能，実践的知能によって捉えている。分析的知能は，問題を捉え，計画を立て，分析することなどに関わる能力，創造的知能は，独創的な思考やデザインに関わる能力，実践的知能は経験的知識を適用・活用し，日常的問題を解決することに関わる能力である。スタンバーグは，従来の研究によって重視されてきた分析的知能に加え，創造的知能や実践的知能を適切に活用することの重要性を指摘している。

　このように知能はさまざまに捉えられ，老年期に至るまでの生涯発達を考えるうえでも有用な観点が提示されてきた。そうした人の知能の基盤となるのが思考の働きである。

　思考とは「考える」ことであり，考える働きやその過程のことを指す。そして，「考える」とは，外の世界の事物や事象を，頭の中で心的表象と呼ばれるイメージや言葉に変換し，それを用いて推論や問題解決を行う営みのことである（楠見，2014）。思考の代表的な発達理論として，ピアジェ（J. Piaget）とヴィゴツキー（L. S. Vygotsky）の理論がある。これらの理論は，子どもの思考の発達を考えるうえで，非常に重要な観点をもたらした。

[2] 思考の発達理論

1）ピアジェの理論　スイスの発達心理学者ピアジェにとって，子どもは環境からの刺激を受け身で待つ存在ではなく，生まれながらの探究者である。子どもは能動的に外界と関わることで，世界を理解するための枠組みを構築していく。ピアジェは，その過程を「シェマ」「同化」「調節」「均衡化」という概念によって説明しようとした。

「シェマ」とは，行動や認識の様式や枠組みである。たとえば，乳児は，唇に触れるものを吸おうとする反射（吸啜反射）をもって誕生する。この反射は，乳児がもつシェマとして捉えることができる。乳児はシェマによって外界に関わり，新たな情報を取り入れていく。これを「同化」と呼ぶ。たとえば，乳児は，手指やタオルをしゃぶる際に，初めは持って生まれた吸啜反射を適用する。一方，すでにあるシェマでは対応しきれない場合には，シェマを新しく変化させる。これを「調節」と呼ぶ。乳児が手指やタオルをしゃぶる際にも，次第に，それぞれのものに応じた吸い方を獲得する。さらに，同化と調節により，行動様式や認識を安定化しようとする過程が「均衡化」である。これらの過程を通じて認知的発達が進んでいく。

さらに，ピアジェは，子どもの認知構造の質的変化についての発達段階を提唱した。0歳から2歳ごろの時期を感覚運動期，2歳から7歳ごろの時期を前操作期，7歳から11歳ごろの時期を具体的操作期，11歳から15歳ごろの時期を形式的操作期と呼んでいる。それぞれの時期の特徴は，表6-1に示したとおりである。なお，ここでいう「操作」とは，実際の行為ではなく，頭の中の表象により内的に行われるものであり，端的にいえば，頭の中で考えるということである。

表6-1　ピアジェによる認知機能の発達段階

年齢	発達段階	特徴
0歳～2歳	感覚運動期	見る，聞く，触れるなどの感覚や，身体の運動を通じて外界を認識する
2歳～7歳	前操作期	感覚や身体運動だけでなく，頭の中のイメージ（表象）を使う。思考は直感的であり，最も目立つ特徴に引きずられて判断しやすい（中心化）
7歳～11歳	具体的操作期	具体物や事実に対しては，目立つ特徴にとらわれず，論理的思考が可能になる（脱中心化）
11歳～15歳	形式的操作期	仮説的・抽象的な状況に対しても論理的に考えられるようになり，帰納的推論や反省的思考（考えることについて考えること）も可能になる

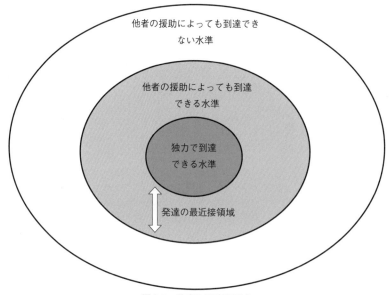

図6-1　発達の最近接領域

2）ヴィゴツキーの理論　　ピアジェは，子ども自らが能動的に環境に関わり知識を発見・形成する過程を理論化し，子どもの能動性に光を当てた。一方で，子どもは，孤独に生きる存在ではなく，周囲の他者と関わりながら生きる存在でもある。ヴィゴツキー（L. S. Vygotsky／邦訳, 1962）は，認知発達における，他者との共同行為や文化的実践の役割を重視した。ヴィゴツキーによれば，子どもは認知的スキルを，まずは社会的状況において学び，それを内化する。

　また，ヴィゴツキーは，共同行為を通した発達過程に関して「発達の最近接領域（zone of proximal development: ZPD）」（図6-1）という概念を提示している。発達の最近接領域とは，子どもが現時点において自力で到達できる水準と，よりスキルのある他者の援助を受けて到達できる水準との差のことである。ヴィゴツキーは，この発達の最近接領域において，学びが生じると考えた。子どもは，他者の援助を受けて可能となるスキルを徐々に内化し，自分でできる範囲を広げていく。このとき子どもは，文脈に埋め込まれた文化的実践や文化的価値を含めて内化するのである。

　以下に，発達において重要な文脈と結び付けながら思考の発達過程を見ていこう。

2　ごっこ遊びの中で発揮される思考：表象的思考の発達

　幼児は，お父さんやお母さん，お店屋さんやお医者さんなどになりきり，熱中して遊ぶ。こうしたふり遊びやごっこ遊びは，子どもが現実世界とは別の表象（イメージ）の世界をもつようになったことの証である（高橋, 1993）。ふり遊びやごっこ遊びの中で，子どもたちはどのように表象的思考を発揮していくのだろうか。

[1] 表象的思考と象徴的遊び

　子どもが1歳を過ぎるころから，空のコップを飲むふりや枕に頭を置いて眠るふりなど，ふり行為が見られるようになる。こうした初期のふり行為は，コップそのもの，あるいはコップそっくりの玩具といった，本物にきわめて近いものに誘発され，一瞬，演じられるものである（高橋, 1993）。頭の中の表象的思考が発達してくるのに伴い，ある物を表すのに別の物を象徴（シンボル）として使うことができるようになる。たとえば，長方形の積み木を電話や電車に見立てるなど，本物そっくりではなくてもふり行為が生じるようになる。さらに，料理をして，盛り付けをして，人形に食べさせるなど，あるテーマに沿いながら一連のふり行為が組み合わされていく。

　3歳ごろには，ままごとや学校ごっこ，お店屋さんごっこなど，複数の子どもがテーマやストーリーを共有するごっこ遊びが成立してくる。さらに4，5歳にかけて，テーマや役割分担を言葉で調整しながら，ごっこ遊びを展開するようになる。自分のイメージに加えて仲間のイメージを活用し（高橋, 1993），豊かな想像世界を共同で構築しながら，その面白さに熱中するのである。

[2] 空想と現実の区別

　想像の世界に没入して遊ぶ幼児は，想像と現実を区別しているのだろうか。実験では，幼児は想像と現実をはっきりと区別しているものの，その区別は揺らぎを含むことが示されている。

　たとえば，ハリスら（Harris et al., 1991）は，4歳と6歳の子どもたちに箱を提示して，ある子どもたちにはその中にウサギが入っていることを，ある子どもたちにはモンスターが入っていることを想像してもらった。子どもたちは，「箱の中のうさぎ（あるいはモンスター）は『うそっこ』で本物ではない」と容易に答えることができた。しかし，その後，実験者が数分その場を離れなければならないと伝えると，モンスターを想像した4歳児では，怖がって実験者に出ていかないようにお願いする子どもがいた。さらに，実験者が戻ってきてから，「本当にウサギ（あるいはモンスター）が箱の中にいると思ったか」を質問すると，4歳児と6歳児の半数がそれを認めた。

この実験から，子どもたちは，頭では想像と現実の違いをわかっているが，感情に引っ張られてしまいがちであることがわかる。その分，〈リアル〉な感情体験によってごっこの世界に没入し，その世界を真剣に生きることができるのではないだろうか。そして，子どもたちは，想像の世界で熱中して遊ぶことにより，限りない可能性を探究するのである（Gopnik, 2009／邦訳, 2010）。

3 周囲の世界を理解するための思考：素朴理論の発達

2，3歳ごろから幼児は，物事の理由を知りたがり「なぜ？」「どうして？」という質問を，時に執拗なほどに大人に投げかける。子どもは，ごく幼いうちから因果関係に関心をもち，周囲の世界がどのように働いているのかについて，子どもなりの直感的な概念（素朴理論）を形成していく。

[1] 因果関係と物理的世界の理解

乳児の認識を精緻に捉える実験法の開発により，早い時期から物理的世界の基本的性質についての理解を持つことがわかっている。

幼児期には，因果関係を理解し，物事の仕組みについて新たな可能性を思いつくこともできるようになる。ゴプニック（Gopnik, 2009／邦訳, 2010）は，スイッチのついた装置を3，4歳の子どもたちに提示した。装置を動かすには，スイッチを押すか，口で言うかを尋ねると，子どもたちは例外なく「スイッチを押す」と答えた。しかし，その後，実験者が装置に「動け」と言うと光がつくのを実演し，子どもたちに装置を止めるように頼むと，子どもたちは装置に「止まって」とお願いしたのである。ゴプニックは，新しい因果関係の知識（「動け」と言うと光がつく）によって，ありえないと思っていた「言葉がわかる装置」を思い描けるようになったのだと指摘している。

一方で，幼児期の判断は，見た目の特徴に基づくという特徴を持つ。ピアジェは，見た目が変化しても，量や数，重さなどは変化しないという「保存の法則」を理解しているかを検討している。図6-2のように，前操作期の子どもは，見かけの特徴によって判断し，見かけが変化すると量や数が変化したと答える。児童期にかけて保存の概念を獲得し，具体物や事実に対しては論理的な判断をすることが可能になる。そして，より安定的に物理的世界を認識できるようになるのである。

[2] 生物学的理解

幼児は，無生物に対しても「生きている」とラベルづけし，擬人化して説明しようとする。こうした思考をピアジェは「アニミズム」的であり，未熟な思考の状態であると捉えた。

しかし，幼児は，動物と植物を含んだ生物と無生物を区別することができる（稲垣・波多野, 2005）。たとえば，4歳児と5歳児は，動物と植物は時間が経つと成長する（大きさが増し，形態も変化する）と捉えているのに対し，人工物は時間がたっても変化しないと考える。また，「成長を止められるか」「自然に回復するか」といった生物現象を説明する際に，ウサギやチューリップに対しては擬人化を用いる子どもが多かったが，石に対して擬人化を用いた子どもはいなかった。

幼児は，物理的世界とは別に，生物に特有の因果推論を伴う素朴理論を構成していくという。そ

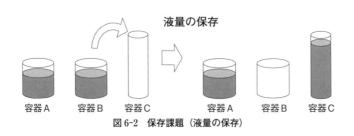

図6-2 保存課題（液量の保存）

コラム5
知的障害をもつ人に対する理解の視点と臨床発達支援

中島由宇

1 全人的な発達を捉える基本的視点

知的障害とは，古くから知られた認知発達障害である。身近であるはずのこの障害をもつ人について，しかし，私たちはいったいどれだけのことをわかっているのだろうか。日常生活において，彼らと私たちが接点をもつことは少ない。彼らとの限られた出会いで，彼らの一見〈よくわからない〉振る舞いを前にした私たちが，戸惑い不安になって，〈知的障害だからよくわからないことをするのだ〉といった安直な理由づけで済ませてしまうことも多いのではないか。

だが，そのように済ませてしまうのは，知的障害をもつ人について何も理解していないのと同じである。ジグラーとベネット＝ゲイツ (Zigler & Bennett-Gates, 1999／邦訳，2000) によれば，従来は，知的障害をもつ人のあらゆる特徴的な行動を認知欠陥のみに起因するものと考え，彼らの〈よくわからなさ〉を，知的障害をもたない人との認知的な質的差異から解明しようとしてきた。これに対して，認知発達速度の遅さと到達点の低さという量的な差として捉える立場が現れた。そして，認知的な相対差からだけでは知的障害の特徴を説明するのに限界があることから，おのずと，彼らの発達の諸領域の相互連関を全体として捉え，その特徴を見出そうとすることにもつながった。こうした全人的な視点は，一般に私たちが発達を捉える際の基本的視点に他ならない。あたりまえの全人的視点が，彼らに対してもようやく適用されはじめたということである。

2 過剰適応というあり方とその臨床発達支援

彼らへの支援として，私たちがまっさきに思い浮かべるのがスキルトレーニングであろう。実際，知的障害における支援は，スキルトレーニングによって彼らの〈適応〉を促すことにほとんど集中している。ここでいう〈適応〉はもっぱら外的適応を意味し，彼らの内的適応はないがしろにされがちである。

彼らは，早ければ乳児期前半からすでに，表出や反応が微弱であると指摘されている（石川ら，2002）。子から社会的報酬を受けとれないことによって，養育者や支援者が子の思いを推し量り応答するモチベーションは二次的に低減しやすく，情動的応答によってはぐくまれる存在感の源たる「真の自己」(Winnicott, 1965／邦訳，1977) の発達はつまずきやすいだろう。自己の存在感に乏しく，認知的障害もあり，いわば自他の〈わからなさ〉の中にあって不安の強い彼らは，トレーニングの指導に受身的に合わせて背伸びを続け，過剰適応傾向を強めやすいと考えられる。彼らが〈よくわからない〉ことで不安なのは何も私たちだけでなく，彼らこそ不安なのだ。彼らは一般人口より精神疾患の併存が多い (Zigler & Bennett-Gates, 1999／邦訳，2000) が，その背景にこうした情動発達および自己発達の課題が関わっている可能性もある。

彼らの思いにまなざしを向け，彼らとの情動交流を丁寧につむぎ，彼らの思いをともに発見する支援，すなわち彼らの自己をはぐくむ臨床発達支援が切実に求められる。〈よくわからない〉地点からともに一歩を踏み出し，彼らの思いを手ごたえをもって〈わかっていく〉ことは，彼らにも私たちにも大きな安心と喜びになるだろう。そのダイナミックな発達の相互連関のプロセスは，知的障害の枠内にとどまらない，貴重な臨床発達的知見をももたらすことだろう。知的障害についての未知の領域ははるかに広がり，創造的発見を待っている。

引用文献

石川 道子・辻井 正次・杉山 登志郎（編著）(2002). 可能性のある子どもたちの医学と心理学　ブレーン出版

Winnicott, D. W. (1965). *The maturational processes and the facilitating environment.* London: The Hogarth Press. (ウィニコット, D. W. 牛島 定信（訳）(1977). 情緒発達の精神分析理論　岩崎学術出版社)

Zigler, E., & Bennett-Gates, D. (1999). *Personality development in individuals with mental retardation.* New York, NY: Cambridge University Press. (ジグラー, E.・ベネット＝ゲイツ, D. 田中 道治（編訳）(2000). 知的障害者の人格発達　田研出版)

の際に，擬人化が効果的に働く可能性が指摘されている。馴染みの深い人間の身体過程の知識に基づいて，生物現象を類推的に理解することで，生物を理解する枠組みを発達させるのである（稲垣・波多野，2005）。

4 教室での学びの基盤となる思考:読み書き能力の発達

　子どもは学校で学び始める以前から,能動的な学び手である。萌芽的な読み書き能力や基本的な数概念も,幼児期の遊びや日常生活の中で獲得していく。さらに,小学校に通うようになると,学校教育を通じて読み書きや算数の能力を熟達させていく。こうした能力は,その後の学習の重要な基盤となるものである。

[1] 萌芽的読み書き活動

　多くの子どもたちは,小学校に入学する前から読むことや書くことについて家庭や園生活の中で日常的に学んでいく。本,雑誌や新聞,看板や製品名など子どもの周囲には文字があふれており,また,多くの子どもは大人と絵本を一緒に見る経験をしている。ベネッセ次世代育成研究所の家庭教育調査 (2012) によると,絵本の読み聞かせは,年少児では「ほとんど毎日」が 27.2%,「週に 3〜4 日」が 23.8%,「週に 1〜2 日」が 26.6%,「月に 1〜3 日」が 14.0% であり,「ほとんどない」は 8.1% であった。年長にかけて全体的に読み聞かせ頻度は減少するものの,多くの親が子どもに読み聞かせをしている。さらに,多くの園では絵本の読み聞かせが重視され,子どもが遊びの中で文字を書こうとする姿も見られる。

　こうした経験を通じ,子どもたちは,就学前から読み書きに関するスキル,知識,態度を身につけていく。これを萌芽的読み書き (emergent literacy) と呼ぶ。萌芽的読み書きには,文字に関する知識,文字と音の対応,読むことや書くことの模倣,読むことや書くことへの意欲などを含む (Whitehurst & Lonigan, 1998)。

　日本の子どもたちの年齢ごとの読字数調査によると,年長児の約 70% がほぼすべての平仮名を読むことができる (島村・三神, 1994)。

[2] 児童期における読みの発達

　多くの子どもが就学前に平仮名の読みを習得するが,小学校では時間をかけて基本的な平仮名の読み書きを学んでいく。平仮名の習得時期による読みのスピードの違いは 1 年生の間は大きいが,3 年生にはその差が解消する。つまり,就学前に平仮名がどの程度読めたかによる差は,小学校の学習を通じてなくなっていくのである。一方で,語彙力が高いほど読解力が高く,読解力の高さが次の時期の語彙力を高めるという影響過程は,1 年生から 5 年生まで一貫している (高橋, 2001)。

　子どもの本に含まれる語彙は,子どもとの会話よりも多様であり,語彙の重要な供給源であることが指摘されている (Montag, Jones, & Smith, 2015)。就学前の絵本の読み聞かせや,自律的な読み手になってからの読書習慣は,子どもの語彙を増やし,読解力の熟達を支える重要な活動であると考えられる。

5 課題に向かうための思考:自律的な課題解決の発達

　就学以降,与えられた課題に取り組む場面が格段に増える。子どもたちは,遊びや給食のことを考えずに(頭に浮かんだとしても,それを抑え,注意を切り替えて),授業や学習に集中することが求められる。子どもたちは,いかに自分の思考をコントロールして課題に向き合い,自律的に課題解決を導くことができるようになるのだろうか。

[1] 実行機能の発達

　実行機能とは,目標に向けて注意や行動を制御する能力(森口, 2012)であり,自分の行動をコ

コラム6
学び方を学ぶ：学習方略の獲得を支援する教育

深谷達史

教育心理学では、「学習方略」と呼ばれる、勉強の方法に関する研究が多くなされている。たとえば、関係のある情報同士を結びつける「精緻化」、自分が本当にわかったかどうかをチェックする「モニタリング」などが有効な方略として知られている（深谷, 2016）。私たちの生活のなかで新しいことを学ぶ必要がつねに存在することを考えると、効果的な学習方略を身につけることは学校教育の重要な目標であるといえる。

ところが、児童生徒の実態に目を向けてみると、必ずしもこの目標が達成されていないことが示唆される。たとえば、ある調査では、小学生（小学4年生から6年生）の40％、中学生（中学1年生と2年生）の55％もが「上手な勉強のやり方が分からない」という項目に対して「思うことがある」とチェックを付けたことが報告されている（ベネッセ教育総合研究所, 2014）。

一般には、発達が進むにつれ上手な学習のやり方を身につける学習者が増えると思われるが、この調査からは、むしろ、中学生になると勉強の仕方に困る生徒が多くなることがわかる。この変化の原因として、中学校への進学に伴い、学習内容が困難になったり部活動が始まったりするなど学習・生活面での変化があるほか、中学生の方が、他者との比較を通して自分の能力を客観的に捉えるようになるといった心理発達的な要因の影響も考えられる。

ともあれ、学年が上がるにつれて学習を自立的に進める必要性が高まるにもかかわらず、現状では、その必要性に対して十分な対応がなされていない実態がうかがえる。この課題に対して、学校の内外で、効果的な勉強の仕方を身につけさせる支援を行う必要があるだろう。

教育心理学では、勉強に困った学習者に対して、認知心理学の知見をもとに個別的な面談を行う「認知カウンセリング」と呼ばれる実践的研究活動が行われてきた（市川, 1993, 1998）。認知カウンセリングでは、学習者自身が自立的に学習を進められるよう学習方略の獲得に向けた支援を行うことが目指される。

たとえば、算数がわからなくて困っているという悩みは小学生から多く聞こえるが、児童の勉強のやり方を丁寧に見てみると、教科内容の知識を欠いているのはもちろんだが、間違えた問題に対して答えを写すだけで先に進んでしまうといった、学習方略上の問題を抱えていることも少なくない。認知カウンセリングでは、こうした学習者に対して、なぜ間違えたかを教訓として残すなど、より有効な学習方法を経験してもらい、自分の勉強方法を見直す機会が提供される。

また、より日常的な学習の機会である学校の授業を通じて、学習方略を獲得させることも目指されるべきであろう。市川伸一の提唱する「教えて考えさせる授業」では、教科内容の深い理解とともに、学習方略のような学ぶ力を育てることが目指されている（市川・植阪, 2016）。

たとえば、教えて考えさせる授業では、教師から説明された内容を児童生徒同士が説明し合う活動が設定されており、この活動を通じて「自分が本当にわかっているかを確かめるには、他の人に説明してみることが有効だ」といった学習方略への気づきを促すことが期待されている。実際、教えて考えさせる授業を軸とした授業改善に取り組んだ結果、児童の学習方略の使用が増加するとともに、学力調査の成績も向上したという実践事例が報告されている（深谷ら, 2017）。

このように、教育心理学では、学習にまつわる問題やその解決方策がさまざまに研究されている。教育に関心を持つ方は、ご自身でもどんな研究がなされているかをぜひ調べていただきたいと思う。

引用文献

ベネッセ教育総合研究所（2014）．小中学生の学びに関する実態調査報告書［2014］Retrieved from 〈http://berd.benesse.jp/shotouchutou/research/detail1.php?id=4574〉

深谷 達史（2016）．メタ認知の促進と育成——概念的理解のメカニズムと支援—— 北大路書房

深谷 達史・植阪 友理・太田 裕子・小泉 一弘・市川 伸一（2017）．知識の習得・活用および学習方略に焦点をあてた授業改善の取り組み——算数の「教えて考えさせる授業」を軸に—— 教育心理学研究, 65, 512-525.

市川 伸一（編）（1993）．学習を支える認知カウンセリング——心理学と教育の新たな接点—— ブレーン出版

市川 伸一（編）（1998）．認知カウンセリングから見た学習方法の相談と指導 ブレーン出版

市川 伸一・植阪 友理（編）（2016）．最新 教えて考えさせる授業 小学校——深い学びとメタ認知を促す授業プラン—— 図書文化

ントロールすることにつながる力である。その代表的な要素として，①ワーキングメモリ，②行動の抑制，③行動の切り替えといった基礎的情報処理能力が含まれる。

「ワーキングメモリ」は，必要な情報を一時的に保持しておきながら，必要に応じて情報を処理する能力である。「行動の抑制」は，関係のない刺激に対して反応することを抑制する能力である。「行動の切り替え」は，行動やルールを切り替える能力のことである。これらを調べる課題の例を表6-2に整理した。

いずれの課題に対しても，3歳から6歳にかけて著しく成績が向上する。幼児期には，するべき課題に向かうための基礎的能力である実行機能が急激に発達するのである。

[2] 方略の発達

幼児期以降，問題を解決するために子どもは，さまざまな方略を意図的に用いるようになる。方略は，子どもが自分で考える自律的な学習者になるために重要である。数えるために指を使う，記憶するために心の中で繰り返し言うといったことがその例として挙げられる。

年齢が上がるにつれて，課題解決の際により効果的・効率的な方略を使用するようになる。たとえば，幼児は，5＋3という問題に対して，「小さい数から順番に『1，2，3，4，5（一呼吸置いて）6，7，8』と数える」方略をよく用いるが，次第に「大きい数（ここでは5）を特定してから『6，7，8』と数える」というより洗練された方略を使用するようになる（Siegler, 1996）。

さらに，学習を効率的に進めるための方略は，学習方略と呼ばれる。学習方略は，認知方略，メタ認知方略，外的リソース方略に分類できる（村山，2007）。これらを表6-3に整理した。

学習方略を使用するためには，方略そのものや使い方を知り，有効性を認識することが必要である。そして，効率的・効果的な学習を自律的に進める際には，場面に応じて有効な学習方略を柔軟に使用することが役立つ（村山，2007）。どのような学習方略がどのように有効かを子ども自身が把握し，自覚的に柔軟な方略使用ができるようになるための支援が必要であろう。

表6-2 実行機能の課題例（森口，2012を参考に筆者作成）

実行機能の要素	課題名	内容
ワーキングメモリー	数字逆唱スパン課題	順番で数字を聞かせ（たとえば，「3，4，2」，逆の順番で言う（この場合「2，4，3」）ように求める。
行動の抑制	Go/NoGo課題	ある絵が貼ってある箱にはご褒美（ステッカーなど）が入っており，別の箱には何も入っていないと教えられた場合に，絵が貼ってある箱のみを開けることができるかを調べる。
行動の切り替え	DCCS課題	「黄色い車」と「緑の花」のカードを提示し，「緑の車」と「黄色い花」を子どもに渡す。第一段階では，ある次元によって分類させる（たとえば，色によって分類する場合は，緑の花と緑の車，黄色い車と黄色い花のグループに分けることが求められる）。第二段階では別の次元（たとえば，形）によって分類させることで，分類ルールの切り替えができるかを調べる。

表6-3 学習方略の例（村山，2007を参考に筆者作成）

学習方略	説明
認知方略	浅い処理の学習方略：繰り返し読んで暗記するなど，形態や音韻の処理による方略 深い方略の学習方略：既有知識と結び付け，意味を理解する方略
メタ認知方略	「わかっている」「わかっていない」といった自分の認知状態を把握し，それに基づいて学習方法を考える方略
外的リソース方略	図書館やインターネットで調べたり，他者に質問したりして，外的なリソースを活用する方法

6　自他の考えを吟味するための思考：論理的思考・批判的思考の発達

　思春期以降，自立へと向かう時期には，現代社会を生きていくうえで必要な思考を身につけていく必要がある。学校や社会の中で，学生，市民，職業人として出会う多種多様な課題に対し，自立的に情報を収集し，情報を批判的に検討し，論理的に判断する思考が必要とされる。

［1］論理的思考

　ピアジェは，児童後期から思春期にかけて形式的操作が発達するとした。形式的操作期には，具体的状況だけではなく，頭の中で抽象的な事柄について考えることができるようになる。また，未知の状況について仮説を立て，論理的に思考することが可能になる。たとえば，三段論法を理解したり，可能な組み合わせや比例関係を系統的に調べたりする。
　こうした能力の発達により，より抽象的な内容を学習することが可能になる。また，規則や善悪など道徳的な事柄についても抽象的なレベルで捉え，論理的に判断するようになる。

［2］批判的思考

　学問を学んだり，市民生活や職業生活を営んだりする際に重要な能力として注目されているのが，批判的思考である。批判的思考とは，論理的，分析的で，証拠に基づく偏りのない思考であり，自分の推論過程を意識的に吟味する反省的思考とされる（楠見，2015）。
　批判的思考の認知プロセスには，①情報の明確化（情報の構造と内容を明確にするために，問いを発する），②推論の土台の検討（情報源の信頼性と報告内容の評価），③推論（論理的矛盾のなさ，過度の一般化の回避，過去の経験からの類推，価値判断），④行動決定・問題解決（①から③に基づき結論を導き，創造的に問題を解決する）といった要素が含まれる（楠見，2015）。
　高校生から大学生，社会人へと成長していく過程で，アルバイトや一人暮らし，就職などの経験を通じて，親の保護から離れ，さまざまな面での自立を達成していく。また，現在，選挙権をもつのが18歳以上となるなど，若い世代が市民として主体的に社会参画することが一層求められている。こうした状況において，さまざまな情報源から提供される情報や自分の思考を多角的に吟味し，創造的な解決を導き行動するための批判的思考を育成することが重要だと考えられる。

7　職場・家庭で求められる思考：熟達化・柔軟な思考の発達

　学校を卒業すると，職業人として，家庭人としてさまざまな職業上の課題や日常的な課題に対処するための思考を，実践を通じて経験的に獲得していく。また，職場の人々や家族とのかかわりのなかで，物事を柔軟に捉え，対処していくための思考を身につけていく。

［1］熟達化と実践知

　職業人として，仕事場で経験を積み重ねていくなかでの熟達化を通じて，実践知を獲得していく。仕事場で直面する課題状況に対処するためには，教えられた知識だけではなく，仕事のコツなど言語化しにくい暗黙知が必要となる。仕事のうえで，熟達者になるためには，通常，10年以上の長期的な学習が必要である（楠見，2012）。
　ただし，熟達化や実践知獲得の速さや度合いは，誰もが同じではない。実践知獲得のために重要な要素として，経験から学習しようとする態度や，実践を振り返り見通しを持つための省察，批判的思考が挙げられる（楠見，2012）。一方で，実践知の獲得は，個人の力だけで成し遂げられるものではなく，職場の人々との関わりのなかで達成されるものでもある。

[2] 柔軟な思考

職場で人とかかわりながら働くうえで重要な要素の一つは，関係性や状況を柔軟に捉えられることである。社会人になった当初は，社会の現実に直面して戸惑いや不安を経験するが，さまざまな困難に立ち向かうなかで「視点の転換や視野の広がり」が生じ，一人前の職業人としての自信を獲得していくことが示されている（正木, 2017）。

一方，結婚をして家庭人となり，子どもを産み育てる親となる過程でも，思考の変化がもたらされる。「親になる」ことの成長・発達の次元として，「柔軟さ」「自己制御」「視野の広がり」「運命・信仰・伝統の受容」「生きがい・存在感」「自己の強さ」が見出されている（柏木・若松, 1994）。子どもは，自分の世話がなければ生きて行けず，自分の思いのままにはならない。子どもを世話し，育てることを通じて，強く柔軟な思考をもつ親としての自己が成長するのであろう。

8 老いとともに深まる思考：知恵の発達

老いに伴って心身の機能のさまざまな面が衰える一方で，豊富な人生経験により蓄積され維持される側面がある。また，老年期は，死を前に自分の人生を振り返りまとめていく時期であることが指摘されている。老いのなかでこそ深まっていく思考が「知恵」である。

[1] 知能の加齢変化

加齢に伴う知能の変化については，知能を流動性知能と結晶性知能に大別するキャッテル（Cattell, 1963）とホーン（Horn, 1982）のモデルにより検討されてきた。実証的な研究の結果，推論，記憶，作業速度といった情報処理の正確さと速さに関わる流動性知能は，成人期以降加齢に伴い低下するのに対し，語彙や知識など経験とともに蓄積される結晶性知能は，加齢に伴って上昇し，老年期においても維持されていることが示される（Salthouse, 2004）。知能には，老いによって衰退・喪失する側面だけでなく，経験を積み重ねることで蓄積され深まっていく側面があるのである。

[2] 知恵の発達

エリクソン（E. H. Erikson）は，老年期の発達課題を克服する過程を通じて生じる強さとして「知恵」を捉えた。エリクソンのいう知恵とは，過去の出来事を振り返り，精神のバランスを保ちながら，自分の人生を意味づけ統合していく心の働きである（Erikson & Erikson, 1997）。死を前に「自分の人生に悔いはない」「幸せな人生だった」と意味づけていく心の働きだといえる。この観点から知恵を捉えた実証研究では，日米の高齢者（65歳以上）が中年（36〜59歳）より知恵の得点が高いという結果を得ている（Takahashi & Overton, 2002）。

老いのなかで，心身の衰えや社会的つながりの喪失を経験しながらも，絶望に陥らずに，自らの過去や死に向き合っていくことで，「死そのものに向き合うなかでの，生そのものに対する聡明かつ超然とした関心」（Erikson & Erikson, 1997）という深い思考に到達していくのだと考えられる。

これまでみてきたように，人生のさまざまな局面において，課題に立ち向かい，他者との関わりや自己の生を充実させていくために思考は重要な役割を果たす。自ら思考する力を高めていくこと，自ら思考する力を育てていくことが求められるだろう。

引用文献

ベネッセ次世代育成研究所（2012）．幼児期から小学1年生の家庭教育調査 報告書［2012年］
Cattell, R. B. (1963). Theory of fluid and crystallized intelligence: A critical experiment. *Journal of educational psychology*, 54(1), 1.
Erikson, E. H., & Erikson, J. M. (1997). *The life cycle completed: Extended version with new chapters on the ninth stage*

of development by Joan M. Erikson. New York, NY: W.W. Norton.
Gopnik, A. (2009). *The philosophical baby: What children's minds tell us about truth, love, and the meaning of life*. New York, NY: Picador.（ゴプニック，A. 青木 玲（訳）(2010). 哲学する赤ちゃん　亜紀書房）
Harris, P. L., Brown, E., Marriott, C., Whittall, S., & Harmer, S. (1991). Monsters, ghosts and witches: Testing the limits of fantasy-reality distinction in young children. *British Journal of Developmental Psychology, 9*, 105-123.
Horn, J. L. (1982). The theory of fluid and crystallized intelligence in relation to concepts of cognitive psychology and aging in adulthood. In F. I. M. Craik & S. Trehub (Eds.), *Aging and cognitive processes*. Advances in the study of communication and affect (volume 8, pp.237-278). Boston, MA: Springer.
繭牟田 洋美 (2016). 高齢期　田島 元信・岩立 志津夫・長崎 勤（編）新・発達心理学ハンドブック（pp.314-323）　福村出版
稲垣 佳世子・波多野 誼余夫 (2005). 子どもの概念発達と変化：素朴生物学をめぐって　共立出版
柏木 恵子・若松 素子 (1994). 「親となる」ことによる人格発達：生涯発達的視点から親を研究する試み　発達心理学研究, 5, 72-83.
楠見 孝 (2012). 実践知の獲得：熟達化のメカニズム　金井 嘉宏・楠見 孝（編）実践知：エキスパートの知性（pp.33-57）　有斐閣
楠見 孝 (2014). 思考・推論と問題解決　誠信心理学辞典：新版（pp. 129-131）　誠信書房
楠見 孝 (2015). 心理学と批判的思考　楠見 孝・道田 泰司（編）批判的思考：21世紀を生きぬくリテラシーの基盤（pp.18-23）　新曜社
正木 澄江 (2017). 人は組織で働くことをどのように意味づけていくのか――働くことの意味づけプロセスとその促進要因　岡田 昌毅（編著）働くひとの生涯発達心理学：M-GTAによるキャリア研究（pp.25-52）　晃洋書房
Montag, J. L., Jones, M. N., & Smith, L. S. (2015). The words children hear: Picture books and the statistics for language learning. *Psychological Science, 26*, 1-8.
森口 祐介 (2012). わたしを律するわたし：子どもの抑制機能の発達　京都大学学術出版会
村山 航 (2007). 学習方略：子どもの自律的な学習を目指して　藤田 哲也（編著）絶対役立つ教育心理学：実践の理論，理論を実践（pp. 85-100）　ミネルヴァ書房
Siegler, R. S. (1996). *Emerging minds: The process of change in children's thinking*. New York, NY: Oxford University Press.
島村 直己・三神 廣子 (1994). 幼児の平仮名習得：国立国語研究所の1967年の調査との比較を通して　教育心理学研究, 42, 70-76.
Salthouse, T. A. (2004). What and when of cognitive aging. *Current Directions in Psychological Science, 13*, 140-144.
Sternberg, R. J. (1985). Implicit theories of intelligence, creativity, and wisdom. *Journal of Personality and Social Psychology, 49*(3), 607-627.
Takahashi, M., & Overton, W. F. (2002). Wisdom: A culturally inclusive developmental perspective. *International Journal of Behavioral Development, 26*, 269-277.
高橋 登 (2001). 学童期における読解能力の発達過程：1-5年生の縦断的な分析　教育心理学研究, 49, 1-10.
高橋 たまき (1993). 子どものふり遊びの世界　現実世界と想像世界の発達　ブレーン出版
Vygotsky, L. S.（ヴィゴツキー, L. S. 柴田 義松（訳）(1962). 思考と言語　明治図書）
Wechsler, D. (1944). *The measurement of adult intelligence* (3rd ed.). Baltimore, MD: Williams & Wilkins.
Whitehurst, G. J., & Lonigan, C. J. (1998). Child development and emergent literacy. *Child Development, 69*, 848-872.

第7章

言語・コミュニケーションの生涯発達
▶▶▶他者とつながり自己を表現し続ける

椿田貴史

1 言語獲得とその生物学的基礎についての概観

　言語・コミュニケーションの生涯発達を考察するにあたり，まず，本節で言語とコミュニケーションについての定義と言語発達に関する理論を紹介しよう。

　ここで考察の対象となる「言語」とは，私たちが所与の文化の中で日常使用している自然言語のことをいう。言語発達は，話すこと，聞くこと，読むこと，書くこと，コミュニケーションの中で言葉を理解することなど，多様な能力と言語運用に生じる量的・質的変化のことである。聴覚機能や脳その他に特別な障害がなければ，特定の文化の中で育つことで，およそ1歳前後で発話が始まる。人は生まれ育った文化の中で，その母国語を使うようになるが，本来はどの文化のどの言語でも獲得できる。現在では，言語を特定の規則性をもって話す準備状態が，生得的に備わっていると考えられている（無藤，1995）。これを言語学者ノーム・チョムスキー（A. N. Chomsky）は普遍文法と呼んだ。チョムスキーの理論に関する以下の記述が参考になる。

　　言語理論（あるいは「普遍文法」）とは，ぼくたちが生物学的な所与であると仮定できるもの，つまり人類という種の発生学的に決定された特性だ。子供は自分の理論を学びもしないのに，自分の言語を発達させていくさいにその理論を適用する（田中，1990，『チョムスキー』，p.57）
　　——中略——人間はみな，ひとしく言語の能力を与えられているということにとどまらない。その言語能力とは，単にことばを受け入れて身につける素質のようなものではなく，どのようにでもことばを作り出す装置であり，普遍文法を一つの臓器として内蔵して生まれてきているのである。この臓器はまた，言語獲得装置（language acquisition device），略してLADとも呼ばれる。だから人間の人間たるゆえんは，このLADを装備していることにほかならない（田中，1990，同上書，p.59）。

　一方，文字や文章の読み書きの能力は長期間の学習によって獲得される。しかし，その学習が困難な場合もある。たとえば，神経学的な要因から，学習を通じても，読み書きに困難を呈する障害（ディスレクシア）がある。書かれた言葉を正確に認識できなかったり，その言葉を音声にする際に困難であったり，さらに書き写したりする際に乱雑，稚拙になるなどの症状からなる（加藤，2016）。このような場合には正確なアセスメントと本人のニーズに即した支援が望まれる。

　言語・コミュニケーションに関連した有名な言語障害を2つ紹介しておこう。まずは，ブローカ失語と呼ばれる失語症である。筋道のある文章で流暢に話すことができなくなる，多くの語彙が思い出せなくなり，単純な言葉しか言えなくなる，文字を書く能力が損なわれるなどの言語障害が生

じるが，聴覚に入る言語の理解は良好である（山鳥，2011）。もう1つは，ウェルニッケ失語で「話し言葉の理解や発話時の言葉の選択に障害が現れる」（酒井，2002）。特に，重篤な場合，相手の話したことが理解できていないという自覚を欠く病態失認が観察される（山鳥，2011）。失語症と脳との関係についてのこれらの研究から，人間のさまざまな認知能力や知覚，運動機能が固有の部位に局在（特定の部分が特定の機能を担う役割分担）している，という考え方が生じた。言語機能と脳との関係，そして，言語機能が脳の発達とともにどのように発達するのかは，非常に専門的な分野となる。酒井（2002）は，人間はほかの動物に比べてきわめて未成熟な状態で誕生するが，脳についても同様に未成熟な状態なので，このような条件が幼児期のうちに言語を獲得するのに有利に働いているらしい，と指摘している。初期の神経生理学的状態とともに，初期の言語やコミュニケーションに関する経験が大切なのである。

2 コミュニケーションの発達概観

さて，次にコミュニケーションの発達について考察しよう。人が言語を話す場合，大抵は誰かとコミュニケーションを取っているとみなせる。しかし，コミュニケーションを定義する場合には，必ずしも言語コミュニケーションのみならず，感情的な交流や他者に向けた非言語的な表情，仕草（ノンバーバル・コミュニケーション）も含むことが多い。よって，コミュニケーションについては，定義を明確にするのが困難であるが，ここでは大まかに，「二人以上の人間が何らかの相互作用を行うこと」とみなす。先ほど，言語能力が生得的に備わっている点を指摘したが，実際には，人間同士の相互作用がなければ言語能力は発達しないだろう。そこで，相互作用を含めた言語発達について一般的な事項を簡単に紹介しよう。

新生児は言語を話すことができず，泣き声をあげる。しかし，後に検討するように，この時点ですでにコミュニケーションが始まっていると考えられる。その泣き声は，「ミルクが欲しい」「オムツが濡れている」などのメッセージとして養育者に受け止められるからである。しばらくすると「あー」「うー」などという「クーイング」と呼ばれる音声を発して，親との相互作用が活発となる。その後，1歳前後から「バブブバ」など幾つかの単純な音声が組み合わされた喃語が発せられるようになる。また，指差し行動は他の類人猿には見られない特徴とされ，生後9～10か月頃から観察されるようになる。その後，分節化された単純な一語文（「ママ」「パパ」）に始まり，やがて発話する語彙が大幅に増加する。さらに非常に複雑な文章を模倣したり発したりすることができるようになる。このような言語獲得に伴い，表情や仕草，ジェスチャーなどが増え，相互作用はより豊かになる。以上のように，一般的には，言語・コミュニケーションの発達は，さまざまな発話のための能力や表情，仕草，言葉の獲得過程として記述されることになる。こうした能力の獲得過程については，これまでに多くの紹介がなされている。たとえば，酒井（2002）は言語獲得について，出生児の初期段階から中間段階，最終段階，言語獲得の完成という4段階の流れを想定し，遺伝的要因は初期に最も強く影響し，その後弱くなる一方で，環境的要因（学習）の影響は初期に弱く，その後徐々に強くなる，という「言語獲得の多段階仮説」を提唱している。ここで学習とは，学校での勉強のみならず，親や周囲の人々との交流を含めた，さまざまな活動である（無藤，1995）。コミュニケーションは，相手があって成立するため，コミュニケーションの生涯発達という場合，相手のあり方や言動，環境との関わりも含めた「活動」から見えてくる発達ということになる。決して，ある発達段階に達してから，特定のコミュニケーションが自ずから（ひとりでに）成立する，というわけではない。

たとえば，発達心理学などでよく指摘される「共同注意」という行動がある（Scaif & Bruner, 1975）。これは指差し行動ができるようになって生じる相互作用で，ある外部の対象について，二人（たとえば母子）がともにその対象に注目することで成立する。生後9か月頃から可能となる共

同注意は，乳児一人の力では成り立たないことは明らかである。ベビーカーに乗っている乳児が，空に飛行機が飛んでいるのを見出した時などに「あ，あんなものが」と指さしをする。指さされた方向に母親が視線を向けて飛行機を見出す。その次に「飛行機だね，よく見つけたね」などと話す。ここで初めて「子ども－母親－飛行機」という三項関係が成立する。このように，コミュニケーションの発達は，一人ではなく，そばにケアをする誰かが存在して促進される。それも，ただそばにいるだけでは駄目で，養育者が情緒的応答性（emotional availability）（渡辺，1991）や子どもの情動に合わせようとする情動調律（久保，1995）を伴って，「相手とつながりたい」と思うことが必要である。

3 原初的なコミュニケーション

　言語・コミュニケーションの生涯発達の考察の出発点は胎生期である。この時期における言語・コミュニケーションとは，どのようなものだろうか。
　ある女性が妊娠しているとしよう。彼女は，時々，胎児に向かって「暑いねえ」だとか「そんなに蹴らないでよ」などと話しかけるだろう。こうした「言葉」は胎児にとってどのように受け止められているのだろうか。そうした語りかけの先に，言語を知覚する主体がかすかにでも存在しているのかどうか，正確にはわからない。何らかの神経学的な反応があるとしても，それがコミュニケーションと呼べるやりとりなのかは判然としないだろう。乳幼児研究の分野では，DOHaD（Developmental Origins of Health and Disease）仮説のように，胎内環境のあり方が発生や出生後の心身発達に長期的な影響を及ぼすということが指摘されている。こうした仮説を手掛かりに，母親の胎児への声かけが，言語・コミュニケーションの生涯発達にとり，重要な素地となっていると捉えることもできるだろう。では，具体的に，母親（あるいは家族などのメンバー）からの語りかけは言語・コミュニケーションの生涯発達にとって，どのような意味を持っているのだろうか。
　筆者が以前，勤務していた看護専門学校で母性看護学の先生から聞いたエピソードをヒントにしたい。その先生が産科に勤めていた時，ある母親の分娩直後に助産師が新生児に「ば～」と言うと，その新生児は「あ～」（正確な音はわからない）と応答してくれ，再び「ば～」というと「あ～」と応答し，このやりとりが数回繰り返されたのだそうである。これをコミュニケーションと取るべきかどうか，新生児の泣き声を「応答」と思い込んだのではないか，と聞いていた筆者は疑わしく思った。それと同時に，興味深く思ったのは，誕生して間もない乳児に対し，積極的にコミュニケーションをしようとする大人たちの姿である。
　私たちが新たなメンバーを迎える際，そのメンバーとコミュニケーションが成立するかどうか，未知数である。乳幼児の側にどれほど言語に対する反応能力や理解に対する準備性があるのかは，非常に専門的な問題である。ちなみに，言語音声の知覚については，興味深いことに，生後6か月から12か月までは，あらゆる文化の音声言語を聞く能力があり，その後特に母国語の子音を聞き取ることができるよう，神経学的に最適化されるようである（酒井，2002）。
　上の事例の場合，その誕生の場にいる大人たちは，新生児と何かのやりとりを楽しみたい，言葉や表情で相手とつながりたい，通じたいという気持ちを持って接している。そして，大人の側で，新生児とのつながりを感じたのだろう。したがって，ここでの「つながりの感覚」は原初的なコミュニケーションとして捉えることができる。これは，コミュニケーションの相互作用的な側面である。新生児の反応をコミュニケーションの要素としてすくい上げることができるかどうかは，大人の側の感受性や性格的問題も関わっているだろう。ここでの感受性を情緒的応答性と呼ぶ（渡辺，1991）。どうせ言葉など理解できないから，話すことなど無意味だ，と大人の側が考えていれば，豊かな相互作用は生じないだろう。乳児と「つながりたい」という思いが存在してこそ，こうした原初的なコミュニケーションが可能となる。言語発達のためのこのような「地均し」は，ジェロー

コラム7
聴覚障害とコミュニケーションと心理支援

広津侑実子

「聴覚障害のある人」に対してどのようなイメージをもっているだろうか。ドラマや映画などでは表情豊かに手話をしていたり，必死に声を出して社会や聴者との壁を乗り越えようとしたりする姿がしばしば描かれる（澁谷，1998）。しかし，実際には「聴覚障害のある人」を一括りにはできない。聴力に限ってもまったくきこえない状態からきこえにくいレベルまであるし，手話を第一言語として生きる人（「ろう者」）（木村，2007）も，補聴器や人工内耳を使い声で話す人もいる。生まれながらにきこえない人も，人生の中途できこえなくなる人もいる。また，盲ろうや発達障害など他の障害をもつ者もいる。加えて，ろう学校（特別支援学校）か一般学校でのインテグレーションかといった教育歴，家族にろう者や手話を使う人がいるかといった生活環境も異なる（聴覚障害のある子どものうち9割は聴者の親から生まれてくるといわれる）。ここでは書ききれないほど生き様は多様である。

聴覚障害のことを「コミュニケーション障害」だということがある。確かに，聴覚障害のある人々と聴者とのコミュニケーションには不具合が生じやすい。だが，この「障害」の原因を聴覚障害のある人の側に負わせすぎてはいないだろうか。たとえば，聴者が〈手話ができない〉がゆえに対話が成立しづらいのかもしれないし，ろう者のもつろう文化や価値観と聴者のそれとの間に摩擦やずれがあるのかもしれない。手話という言語や障害をもつ人々に寛容でない社会の問題と考えることもできよう。

現在，日本では，手話通訳者派遣制度の整備や全国各地での手話言語条例の制定，ろう学校での手話の活用，手話カフェの開業など，手話で生きる環境がつくられつつある。スマートフォンやパソコンでのテレビ電話が普及し，手話を日本語に翻訳するシステムも開発されている。国外に目を向けると，アメリカ・ワシントンDCにギャローデット大学がある。ここはアメリカ手話と書記英語を公用語とし，高度で専門的な教育もすべて手話で行われる。

では，聴覚障害のある人々への心理臨床を充実させるにはどうしたらいいだろうか。一つの解として，手話言語を有しピアでもある聴覚障害者・ろう者の心理専門職の養成や聴者が手話を習得することがある。同じ言語や文化をもっている人の力や安心感ははかり知れない。

筆者（聴者）は（ある程度）手話を使うことができ，聴覚障害のある人・子どもたちへの支援の現場に出たり研究を行ったりしてきた。しかし，時に相手の話す手話についていけず「ごめん，もう一回言って（手話って）」と何度もお願いしたり，彼らの感覚や文化を知らないことから話の意図をつかみそこねることがある。そんな時，多くの聴覚障害のある人は，筆者の焦りを察して，（「なんでわかってくれないの？」なんて気持ちはおくびにも出さずに）自然に手話のスピードや難易度をぐっと落とす。時には大事な言葉である手話から声や筆談・身振りにスイッチする。「いや，こんな話はどうでもいいや。そういえばね……」と筆者でもついていけるような話題に替えてくれることもある。小さな子どもでさえこのようなギアチェンジをすることがある。これらをさせてしまったことに気づいた時の情けなさや申し訳なさと言ったらない。

ここでは，聴者の側のつながらない・わからないという気持ちを示したが，同様に聴覚障害のある人々も〈つながらない〉という気持ちを日々抱いているのだろう。河﨑（2004）は，聴覚障害のある人がコミュニケーション不全や対人関係でのつまずきが積み重なり心理的不調に陥った事例を報告している。筆者の経験から照らすと，手話を使うことに加えて，両者の細かな関係性やろう者や聴覚障害のある人の思考の流れや癖，発達状況，社会の状況といったコミュニケーションに影響を与える種々の面に配慮することで，きっと〈つながった〉が増えていくのだと思う。そして，それを細やかに折り重ねていくことで聴覚障害のある人への心理臨床は充実していくのだろう。

さらに，聴覚障害のある人・ろう者と出会うとき，聴者は普段は（耳で）きき（音声で）話すことに対して無自覚であったことに気づき〈当たり前〉を問い直すこととなる。その作業は，聴覚障害のある人々への心理支援に役立つだけではなく，今の世界や環境を改善するきっかけにもなるのではないかなと思う。

引用文献

河﨑 佳子（2004）．きこえない子の心・ことば・家族——聴覚障害者カウンセリングの現場から　明石書店

木村 晴美（2007）．日本手話とろう文化——ろう者はストレンジャー　生活書院

澁谷 智子（1998）．マイノリティとしてのろう文化——聞こえないことをどう捉えるか　比較文学・文化論集, *15*, 25-34.

ム・ブルーナー（J. S. Bruner）の言葉を借りれば「言語獲得支援システム（language acquisition support system: LASS）」といえる。言語の獲得をサポートするシステムは，すでにその場で言語を用いてコミュニケーションしているメンバーの側で乳児と「つながりたい」という思いがあってこそ持続的に機能すると考えねばならない。

再び，胎児に語りかける母親に話を戻そう。この語りかけの意味とは，母親がわが子に対し，コミュニケーションの主体となるように環境準備をしている，ということである。言い換えると，この母親は子の誕生前から，コミュニケーションの場を形成しており，新生児はその場に生まれる。新生児の側から記述すると，そのような場は，母親の声だけではない，さまざまなざわめきに包まれていることだろう。繰り返される言葉やリズム，お話，歌，電話の音など，さまざまな音の混合である。そして，このようなざわめきのただ中に未成熟な主体がやってくる，という形式は，コミュニケーションの生涯を通じた発達の節目節目において繰り返される共通の形式なのではないだろうか。人が新たな環境でコミュニケーションの主体になる，ということは，このざわめきの中で，相互作用を通じて自らざわめく主体になることだ，とみなせる。子どもの誕生を待ちわびる家族，幼稚園，小学校から大学に至るまでの学校，会社やその他のコミュニティ，大小さまざまな集団や組織の中で，私たちは新たなコミュニケーションの主体としての誕生を繰り返す。やがて，新たな主体を迎える者としての機能も果たすようになる。その前提として，お互いに，あるいはどちらかの側に「つながりたい」という思いがなくてはならない。

次に，この「つながりたいという思い」について考察をしたい。

4 つながりのエネルギー

私たちが他者とコミュニケーションをするには，他者と何らかの形でつながることが必要である。そもそも，つながりたいという欲求がなければ，相互作用は生まれない。

神経心理学者の山鳥（2011）が興味深いことを述べている。彼は，先ほど挙げたブローカ失語は，日本語ならば日本語を話す際に特有のリズムや抑揚，アクセント（強勢）といった「音楽的な側面」（専門的にはプロソディという）が障害を被っていると説明し，続けて以下のような考察をしている。

> 会話を始めたり続けたりするには，ある種のエネルギーが必要です。——中略——ちょっと眠いときとか，何か別のことを考え始めたときとかには，会話に十分なエネルギーを動員できないことがあります。こんなとき，きちんと返事をしようとすると，かなりの努力，つまり心理的エネルギーが要求されます。そうなると，必要な単語だけをボソッと発するのがようやっと，ということになってしまいます（山鳥，2011, pp.92-93）。

このエネルギーを山鳥の前後の記述を参考にして説明しよう。まず，「ありがたい」など心の中に生じた「思い」（山鳥は「観念心像」としている）がある。その一方で，心の中には「ありがたい」を表現する発話のレパートリーの集合（「音韻塊心像」）がある。まず，最初の作業として，その時の「思い」をそれにふさわしい音韻塊心像と結び合わせる。そもそも音韻塊心像というものは，漠然としたイメージのようなものらしく，ここから発話に至るためには，言葉（「音節系列」）を一つひとつ選択し，分節化された言葉の構音の「運動記憶」を想起して結びつけるなどの一連の流れ作業が必要である。その際，エネルギーが不足していると，このプロセスが不完全となり「ありがとうございます」と言うべきところで「あ〜っす」といった分節化されていない発話が出てくるとのことである。さらにエネルギーが枯渇している場合には，他者に何かを話したい，伝えたいという思いが薄れ，私たちがここで考察している「つながり」が生じない，ということになる。要する

表7-1 発達段階とリビドーの体制化

段階	月・年齢	特徴
口唇期	誕生から18か月頃	唇の周辺にリビドーが集まる。乳首などの対象とのつながりを希求。
肛門期	18か月から3歳頃	大便の保持と排出。大便を通じて他者とつながる。
男根期	3歳から6歳頃	ペニスの有無（性差）を巡る興味関心や葛藤。エディプス・コンプレックス，去勢不安の時期。異性親とのつながりを希求。
潜伏期	6歳から12歳頃	性的な関心が顕在化しない。ギャングエイジ。同年代同性の友人とのつながり。
性器期	12歳以降	リビドーが性器を中心に体制化する。異性とのつながり。

に山鳥がいうエネルギーは，言語コミュニケーションをしようとするエネルギー，他者と言語・コミュニケーションを通じて「つながる」ためのエネルギーであるとみなせる。

では，このコミュニケーションや言語の発話のためのエネルギーは，何に由来し，どのように発達するのだろうか。神経心理学を離れて，精神分析学を手掛かりに考察しよう。ジグムント・フロイト（Freud, 1932／2011）は性的エネルギーを表す「リビドー」という言葉を使っている。これが，私たちが考察している「つながろうとする」エネルギーに近いのではないか，と筆者は考える。まず，心理学の教科書でよく登場するフロイトのリビドー論に触れておこう。

フロイトによれば，乳児が生まれてからしばらくの間，その身体の特定領域において，性的エネルギーであるリビドーが生じるのだそうだ。それは表7-1のように整理される。

フロイトの心理性的発達段階の最初期は「口唇期」と呼ばれ，吸啜（きゅうてつ）反射を中心とする運動によって乳首（精神分析では「対象」とも呼ばれる）とつながる。その次の段階は「肛門期」で，糞便の保持と排出という運動によって，養育者とのやりとりが生じる。糞便はある種の贈り物であると同時に，養育者をやきもきさせるものでもある。そして，男根期と呼ばれるステージがやってくる。この時期は，自己や他者についてペニスがあるのか，ないのか，という存在と不在の探求がなされる。やがて，性的エネルギーがしばし潜伏する時期（潜伏期）を経て，性器期と呼ばれる，性的に成熟した関係性が可能となるような発達段階に到達するとされる。

どの段階においても，授乳やトイレット・トレーニングなどの課題を巡って，他者（他者も「対象」と表現されることがある）とのつながりが希求される。そして，時には，発達に即した対象とのつながりを確立するという課題を十分に達成できず，発達的に遅れてその課題に取り組むこともある。

たとえば，ある少年は何度も自転車を盗まれ，そのたびに新しい自転車を親から買ってもらっているとすれば，その場合には保持と排出という，肛門期に特徴的な運動がいまだに続けられていると捉えることができる（ここでは，仮に自転車を購入する費用は親から与えられる栄養で自転車を糞便と解釈している）。こうしたリビドーの停滞を精神分析理論では「固着」と呼んでいる。両親は，自転車が盗まれるのは，自分たちが住んでいる地域の犯罪率の高さという社会的要因が影響しているかもしれない，自転車に鍵をかけたのか，なぜいつもどこかに置き忘れるのか，本当に盗まれているのか，新しい自転車はどのようなものがよいか，次に盗まれないようにするために何かできないだろうか，ひょっとしたらどこかで見つかるかもしれないから探そう，などと息子と話をするだろう。ここでは，自転車を巡って，息子と両親のコミュニケーションが生じている。

男根期については，『おへそはどこかなかえるくん』という絵本が参考になる。かえるのきょうだいが，子豚に「おへそがない」と指摘されて，おへそがどこに行ったのか，なぜおへそがなくなったのか，その理由を探求する物語である。ちょうど遊んでいるときに，雷が近くで落ちたため，子豚はかえるのへそが雷様に取られたのだと指摘する。以来，かえるのきょうだいは，さまざまな生き物について，へその有無を確かめようとする。へそとペニスという違いはあるものの，本質は男根期の葛藤と同じである。絵本では，特別な対象の有無についての不安を伴う問いが，新たなコ

ミュニケーションや人（絵本では動物だが）とのつながりの原動力となる様が生き生きとユーモラスに描かれている。

結論として，私たちの身体には，つながりを求めるエネルギーがあり，それは，発達に応じてさまざまな対象と結びつく。これが，コミュニケーションを生じさせる，といえる。もちろん，フロイトの述べた図式でコミュニケーションのすべてを論じることはできない。しかし，他者との結びつきを求めるエネルギーには，私たち自身の身体が関与しているということは，コミュニケーションの発達にとって重要である。ここでのエネルギーやつながりは発達心理学においてはアタッチメント（愛着）という観点からも捉えられる。第8章において詳細に紹介されているので参照されたい。

5 言語を越えたつながり

「他者とつながりたい」という思いはしばしば，言葉の壁を越えることがある。映画『寅次郎心の旅路』の一場面を例にして検討しよう。映画の中に，日本語しか話せない寅次郎とドイツ語を話す初老の女性とのこんなやりとりがある。場面はウィーンの観光スポットの公園である。

 寅次郎：いまの男ね，少し病気なの（と頭のそばで指を回す）。
 初老の女性：（ドイツ語で）お気の毒に。
 寅次郎：でもね，ここんとこ，すこ〜し，こう，ちょっと良くなってきたかな，うん。
 女性：（ドイツ語で）人生はつらいものよ。
 寅次郎：そう。世の中いろいろあるわね。おばさんもつれえことあんだろ。ん？おせんべい，食べる？
 女性：（会釈をしてせんべいを受け取る）

「いまの男」とは，鉄道自殺を試みるほど追い詰められた生真面目なサラリーマンの坂口である。寅次郎は半ば無理やり彼にウィーン（寅次郎はウィーンと聞いて湯布院と勘違いした）に連れてこられた。観光に興味のない寅次郎は公園で駄々をこねて，美術館に行こうという坂口の誘いを断り，二人が別れた折に上の会話が自然と発生したのである。もちろん，女性も寅次郎も，相手の言語を理解している，ということではないだろう。ほんの束の間，二人がつながろうとすることで，ほのぼのとしたドイツ語と日本語のコミュニケーションが生まれる。これはとても見ていて楽しいし，参加している本人たちはもっと楽しいに違いない。「つながりたい」という気持ちは，大人同士でも，このようなコミュニケーションを生み出す原動力となる。

つながりのあり方は，メッセージの交換や理解のみに限られない。言葉で整理されていない，感情的な部分でのつながりもさまざまにある。海外の人々が多く日本を訪れる今日では，文化理解や言語理解を必ずしも前提としない，その場その場での「つながり」を持とうとすることが重要である。これは，多くの日本人がかかえるコミュニケーションの生涯発達の課題といえるだろう。

言語を越えた（言語理解を前提としていない）つながりは子ども同士のほうが豊かに生じていると考えられる。筆者が2歳の娘と市民プールに行った際のことである。駐車場で娘を車から降ろし，彼女が一人でプールに向かって歩き出した時，ちょうど別の車から降ろされた同年代の男児と並んで歩く形になった。そして，二人が並んだ瞬間，偶然に二人の手が触れ合い，そのまま自然に手をつないで一緒に歩きだした。お互いに顔も見ず，もちろん，言葉を交わすこともなく，こうしたつながりが生まれるのは，興味深い。

ただし，言語が介在しない次元でのつながりは不安定で，一時的である。通じ合う，つながり合う対象は，自分に安心感や満足感を与えてくれるだろう。ところが，身体的な欲求やちょっとした

コラム 8
留学生支援の現場から

安　婷婷

　教育の国際化が進むなか，留学生支援の必要性が日本国内外で重視されつつある（大西，2017; Arthur, 2017）。留学生は異国異文化の中で生きる発達課題を抱える発達的な存在である。本コラムは留学生支援において忘れられがちな発達の視点について，留学生支援現場における筆者の体験から先行文献を踏まえつつ考察する。

　近年，留学の大衆化・若年化に伴い，20代前半の留学生が多く，なかには留学動機がはっきりしていない留学生も増えている。留学生にとって，留学は人生の1つの転機である。同時に，多くの留学生は青年期の発達段階にあり，自我同一性の確立において重要な時期にある。エリクソン（Erikson, 1959／邦訳，1973）はこの時期を，社会的な関係性や役割意識を通して，社会内部での自己の存在意義や目的を確認していき，自分の世界観・人生観を自分の実体験を踏まえて確立したり，イデオロギーを獲得することで再定義したりする時期として定義する。この時期に生じやすい同一性 対 同一性拡散などにまつわる問題は当然留学生も抱え，特に留学生の場合に考慮すべきなのは，彼らはこれまでの発達環境と異なる異文化環境の中で発達を遂げていく点である。

　留学生はこれまで慣れ親しんだ物理的・文化的環境を離れ，異なる環境に適応し，機能することが求められる。発達を，社会から求められる課題に適応するプロセスとして捉えると，留学生の発達はホスト国から求められる課題に適応するプロセスである。異文化環境に置かれると，言語はもちろん，コミュニケーションパターン，思考・行動パターンまで通用しなくなることがしばしばある。これまで母国で学習し，母国では通用してきた思考・行動パターンが新しい文化の中では機能しなくなるという体験は，留学生にとって困惑やショック，傷つきを伴い，自信をなくしてしまう体験でさえある。筆者が留学生支援の現場で出会う留学生のなかにも，異文化接触のなかで，コミュニケーションの失敗，対人関係のトラブル，差別体験などで自信を失ってしまい，抑うつなどのメンタルヘルスの問題を呈するケースも少なくない。このような体験によって，留学生は自信の感覚や自己価値が大きく揺さぶられ，これまで築いてきた自我同一性が崩壊の危機に直面することがある。石山（Ishiyama, 1995）は文化的逸脱体験（culture dislocation）は個人の自己確証（self-validation）の喪失を引き起こすと指摘している。環境が変わることは，自分はこういう人間であるという感覚を支えてくれるリソースの一部を喪失することであり，このことは自我同一性の崩壊の危機につながる可能性がある。留学生の支援は，彼らの自分探しや自信を取り戻すことを手助けすることであり，彼らの自我同一性の再構築を支援することである。それは決してホスト国の言語，コミュニケーションパターン，思考・行動パターンを一方的に教え込むことではなく，留学生の存在を認め，彼らの文化を尊重することから始まるのである。

　コミュニティ心理学では，個人の抱える問題・困難を環境との相互作用の結果として捉える。留学生支援においては，特にこの視点が重要である。留学生の発達は一方的にホスト国の社会から求められる課題に適応することではない。日本では，均一性・協調性が重視されているが，このことは日本人と異なる文化的背景を持つ留学生の存在を否定することにもなりかねない。井上（1997）は日本社会での適応的な行動ということに重点を置くあまり，留学生にとっての適応的行動の意味するものについての配慮が欠けてはならないと指摘している。教育の国際化が過度に量を重視するあまり，留学生の留学体験の質が疎かになり，既存の教育システムに留学生が適応していくことを期待する考え方自体に問題がある（Arthur, 2017）。日本でも，留学生受け入れの量に政策が傾いており，留学生がどのように留学生活を体験しているかという質に関する議論はまだまだ乏しい。これからの留学生支援は，彼らの留学生活の質を向上させるよう，彼らの発達を支援するとともに，彼らが発達を遂げる環境の変容を促進することが求められるであろう。

引用文献

Arthur, N. (2017). Supporting international students through strengthening their social resources. *Studies in Higher Education, 42*(5), 887-894.

Erikson, E. H. (1959). Identity and the life cycle: Selected papers. *Psychological Issues, 1*, 1-171. New York, NY: International Universities Press. （エリクソン, E. H. 小此木 啓吾（訳編）(1973). 自我同一性　誠信書房）

Ishiyama, I. (1995). Culturally dislocated clients: Self-validation and cultural conflict issues and counselling implications. *Canadian Journal of Counselling, 29*, 262-175.

井上 孝代（1997）．留学生の発達援助：不適応の実態と対応　多賀出版

大西 晶子（2016）．キャンパスの国際化と留学生相談　東京大学出版会

環境の変化によって，対象から離れなければならなくなる。児童精神分析家のメラニー・クライン（Klein, 1977／邦訳，1985）は，自分から離れた乳房が，乳児にとっては自分を否定，攻撃する対象として認識されると指摘した。そして，否定される前に対象を攻撃しようと試みる，妄想分裂的世界が展開される。そこに人間の攻撃性の発達的な起源があるとも考えられる。

子どもに限らず，いじめや人種差別は言語によっては明確にならないような，言語以前の見かけや雰囲気で発生している部分がある。社会心理学者のタジフェルら（Tajifel et al., 1971）は実験で内集団ひいき，外集団差別について興味深い事実を示した。差別感情は，自分と他人が異なる場所や集団に属している，という最小の条件を満たせば容易に生じる（この条件で成立する集団を最小条件集団と呼ぶ）。文化の違い，歴史認識の違いなどは，差別が生じるための必要条件ではない。あちらとこちらを分ける線が一つ引かれていれば，差別やいじめは生じるのである。

いじめでは，ある人物を集団から切断しようとする儀式やパフォーマンスが繰り返される。クラスでのいじめのターゲットになった時，私たちは自分から他者とつながろうとする試みを諦めてしまう。コミュニケーションのネットワークに入れてもらえないという状況の辛さは体験したものでないとわからない。しかし，このような状況であっても，他者を求める接続の試みをやめないようにしたい。イランから養母とともに来日し，日本での学校生活で激しいいじめを体験したサヘル・ローズさんは，あるインタヴューの中で「あなたのモールス信号は必ず届く。発信することを諦めないでほしい」と述べている。

6 自己の本心を表現することの困難

次に，コミュニケーションの生涯発達と青年期の発達的な危機との関連性について考察したい。やや話が込み入っているので，まずは，『男はつらいよ 私の寅さん』における次のようなやりとりを見てほしい。これは映画の最後の場面で，寅次郎が恋心を抱いた柳律子に，やんわりと振られる場面である。

　　律子：あたし……
　　寅次郎：え……
　　律子：とっても困ってるの。あたし，いままで，絵のことだけ考えて暮らしてきたし，これからもそんなふうにして生きていたいのよ。だから，女としては中途半端なの。お台所のこともできないし，子供だって，満足には育てられないだろうし。だけど，女だから，とっても嬉しいの，寅さんの気持ちは。あ，あたしだって，寅さんのこと，大好きなんだもん。だけど……やっぱり困るのよ。あたし，寅さんには，何もかも包み隠さず話せるいい友達で，これからもずっといてほしいの。
　　寅次郎：もういいよ。よくわかるよ，あんたの言うことは。
　　律子：そうかしら。あたし，話せば話すほど，自分が考えていることとは，違うこと言っているみたいな気がするんだけど。
　　寅次郎：だいじょぶだよ。そんなことないと思うよ……。だけどあんた（少し笑う）誤解しちゃってるよ。俺は，惚れたとか腫れたとか，そんなふうに，あんたのこと考えたことはないよ。今までず～っと友達だったし，これからだってそうだよ。
　　律子：ほんと。
　　寅次郎：ああ，ほんとだよ。

律子は，寅次郎になら何もかも包み隠さずに話すつもりであることを伝えながら，その直後に，下線部のように自分の本心がなかなか表現できていない違和感を伝えている。これは，自己の本心

を自身ですらわからないと示唆することで、傷つけないように相手を振る高等なテクニックであるようにも解釈できるが、ここでは、文字どおりの意味に取ることにしよう。すなわち、「言葉で表現した事柄」と「本当の気持ち」とのズレである。

筆者は大学の学生相談において、自分が友人と一緒に話しているときに、周囲の意見や考えに同調している自分に嫌悪感を抱く、と悩む学生の相談を何度も経験した。そうした学生は友人と楽しそうに談笑している最中でも、心の奥底で、自分の笑顔や発言は、自分の本心からのものなのかどうか確信が持てず「何かズレているように思う」と苦しむ。また、本当の自分は何を考えているのだろう、どう感じているのだろうと長い間、自問する。

これらの事例から、主に青年期以降は、他者とのコミュニケーションと同時に、自己自身の本当の気持ちを巡る悩みもかかえるといえる。ここでの悩みを整理しておこう。

①言語によって自己の内的状態を適切に表現できていない悩み
②自己の内的状態を自分で把握することが難しいという悩み

ヴィゴツキー（Vygotsky, 1986）は、周囲で聞こえている音声言語刺激を内面化して、それらが思考に用いられるというプロセスについて指摘した。これは、第3節において指摘したような、周囲の言語的な「ざわめき」が内面化されて、自身の思考において使われるようになるということだろう。しかし、青年期あたりから、①のような悩みが生じてくる。私たちの内面の思考は、どうやら意識的な思考のみならず、自分で把握困難な思考や感情（ここでは無意識と呼んでおく）も含まれている。そして、私たちの発する言葉はしばしば、無意識の領域をきちんと捉えてはいないようなのである。それでいて、ふとした瞬間に、思ってもいないような発言や思考が現れたりする。

②の悩みも①の悩みと密接に結びついている。そもそも、私たちは自分自身が何を考えているのかを把握できているだろうか。青年期には、自分は何をしたいのか、どうあるべきか、自分自身の大切にする価値観は何か、どう生きるのか、何を生きるのか、というアイデンティティの確立に悩む時期である（鑢, 1990）。自己の何たるかを言語を通じて表現し、社会的に承認してもらう、という作業は、就職活動などでは決定的に重要であろう。この課題は自分で自分の内面をきちんと認識するという自己認識、自己分析の課題なのだが、自己の本心についての探求過程で、人は自己認識の困難や矛盾に直面する。この困難は古来、多くの思想家や学者が取り組み、さまざまな仕方で表現してきた。古代ギリシャの格言「汝自身を知れ」では、自分の無知を認識することの難しさが表現されている。社会学では、ジョージ・ハーバート・ミード（Mead, 1934／邦訳, 1995）が自我について、主体的で予測の困難なⅠ（＝私）と他者と関わる中で形成されるmeとの裂け目について指摘している。ここでいうⅠとは、必ずしも社会的な適応性を持っているとは限らない、創造性や破壊性を秘めている（『コミュニケーションの社会学』）。精神科医の新宮（1995）は自分自身が確かに存在している、という基本的な事柄ですら、自分で確証できないとして、「自己言及の不完全性」について言及している。同じく精神科医の木村（1983）は、対象化困難な体験的次元としての主体的な「自己」と、それが事後的に対象化されて把握される「自分」との間にあるズレを想定して自己論を展開している。これらの理論はみな、人が自己認識をする過程で、断絶や裂け目、矛盾にぶつかってしまうことに触れている。自己の認識の困難が、こうした構造的な問題に由来するとすれば、重要な他者に自分の本心を知ってもらおうとする際に、どう表現するかという言語・コミュニケーションの悩みは、生涯発達の課題であると思われる。

7 慎みのコミュニケーション

自己の本心についての他者の口ごもりや戸惑いを前にして、私たちはどう反応したらよいか、と

いうコミュニケーション上の技法について少し考えてみたい。まず，寅次郎の場合を確認してみよう。自分の本当の気持ちはわからない，わからないまま，言葉の方が先に出てくる，言葉で伝えたことは，本心とはズレている。言葉と本心の裂け目に触れる心情吐露を律子がしている。このように自分の発言行為そのものにリンクした発言をメタ・コミュニケーションと呼ぼう。これはコミュニケーションをする人のメタ認知を表現している。メタ認知とは，自己の認知（「自分の気持ちがわからない」）についての認知（「わからない，ということを私は認知している」）のことである。コミュニケーションの生涯発達という視点から見ると，律子のように自己の本心や目の前の人間との関係性に関するメタ・コミュニケーションは，かなり成熟した段階で出現すると思われる。寅次郎にとっては，律子が何か別の気持ちがあることを伝えたこの場面は，二人の関係が一気に変化するチャンスであった。しかし，寅次郎は「大丈夫だよ」と相手に語りかけ，何を伝えたいかはもう伝わっているかのように振る舞う。これが寅次郎の応答の仕方である。互いに本心を言葉にしないで，何か余韻だけ響かせ，開きかけた相手の心に蓋をしてしまう。そうしてそのまま別れる，という場面が多いのは『男はつらいよ』シリーズの特徴である。何かが言われないままである，というのは，観ている私たちにやるせない気持ちを起こさせるが，コミュニケーションの発達という観点からすると，何か重要なことがわからない，伝えられない，という事態をどう考えればよいのだろうか。

社会学者の長谷と奥村（2009）は『コミュニケーションの社会学』において（律子が寅次郎に話したように）「なんでも話せる」，すなわち「いま仮に，自分の思っていることが100％相手に伝わるという状況を想定」し，そのような筒抜け状態が心地良いか，という挑発的な問いかけをしている。統合失調症における筒抜け体験とも考えられるこのような仮想的な状況を想像して私たちが気づくのは，伝わっていない，わからないからこそ，コミュニケーションが生まれる，ということである。要するに，コミュニケーションには，相手との距離やある程度の隠された部分が必要である，ということだ。

同書において紹介されている多数の理論のなかで，特にジンメル（G. Simmel）のコミュニケーション論は前節の①や②の悩みを持っている人にとっては参考になるだろう。ジンメルはドイツのユダヤ系社会学者・哲学者である。彼にとって，人と人とが良好な社交的関係を築くためには，適度な冷淡さや秘密，隠蔽といった要素が必要であり，どのようなことでも相手と共有したり，自分の立場や考えを丸々伝えようとすることは「他者といる魅力や喜びが消失」（前掲書，p.35）するような，「幼稚な状態」（同）なのである。北川（1997）は，人間関係に対するジンメルの考え方について以下のように要約している。

> したがって，必要なのは，関係における非対称性の意識であり，相互性における「実体」思考の断念である。つまり，関係を，「誰もがその人それ自体ではなく，他人向けの，あるいは世間向けのあり方においての存在である」という前提に立って理解することである。相互性のジンメル的な理解は，「わたしとあなた」の関係が命じる倫理的「慎み」の要請と結びついている（『ジンメル 生の形式』pp.184-185）。

こうした相互性に関するジンメルの考え方は，青年期以来のアイデンティティや自己の本心についての悩み，コミュニケーションの悩みに対しても，重要な示唆をもたらしてくれるように思われる。自己のアイデンティティや本心を簡単に理解し，言葉で語ることができないのであれば，他者に聞こえのよい言葉を無理に語る必要などない。聞く側の心得として，カウンセラーの河合（1970）は「待つこと」の重要性を述べている。「大丈夫だよ」と寅次郎のように優しく安心させるのもよい。悩む者が自分の納得する言葉を見出すまでには，長い時間がかかることもある。このような慎みや待ちの姿勢を聞く側が示してくれると，安心してつながり続けることができるだろう。

8 文章作成と主体

　ここで，少し考察の主題を変えよう。筆者が大学生であった1990年代は友人と長電話をすることが多かった。待ち合わせに遅れる際にも，さまざまな工夫（たとえば，固定の電話機にある留守番電話の録音を外出先の公衆電話から再生させる機能など）をして，連絡を取り合っていた。今思えば，日常的な連絡の多くは口頭で済ませていた。スマートフォンが普及した現在は様相が異なる。電話での連絡よりもSNSやショートメッセージを中心としたメッセージのやりとりが多いのではないだろうか。

　書かれた言語のことを書記言語という。今日では，書記言語が友人，家族同士のコミュニケーションの中に，かつてないほど入り込んでいる。最後に，青年期以降の文章作成に関する環境的側面について考察したい。特に，筆者が勤務しているのは大学であるため，大学生との関わりのなかで感じることを考察したい。

　現在，大学生の多くがコンピュータ・デバイスを利用して文章を書いている。大学生の間で，メールは就職活動や教員に対して用いるもの，SNSは友人や先輩など比較的水平の関係で用いるもの，という棲み分けができている。ただし，教員でも，メールではなく，SNSを通じて学生と連絡を取り合うケースも多くなったようである。

　メールであれ，SNSであれ，文章作成時に用いられる日本語の変換ソフトは，その変換精度が飛躍的に向上している。最近では端末がネットワークにつながっていることも多いため，文字変換がネットワーク上で処理され，端末に反映される場合もある。こうした技術革新は，文章単位でのより正確な変換を可能とした。以前，ワープロソフトでよく見られた変換ミスという言葉は，今後，死語になるかもしれない。

　ここで着目したいのは，コンピュータを使う場合，変換ミスや漢字の誤りという概念そのものが，文章作成者の意識から薄らいでゆくのではないか，という点である。一方，手書きであれば，正しい漢字を書いているのかどうか，辞書の類で確認することが多いように思われる。そこには「誤る主体」がより強く想定されているからである。

　「誤る主体」の例を挙げよう。筆者が心理学の教員になって20年近くになるが，その間，学生の手書きのコメント用紙やテストの答案で「精神」を「精心」，「講義」を「講議」と書く誤りはなくならない。これらの漢字の誤りは，基礎学力の問題であるかもしれないが，最近では，学生の主体的な反応がよく現れているのではないか，と感じるようになった。心についての話題なので「精心」，講義は教員が話してばかりなので「講議」と書きたくなるのだろう，と味わうように読んでいる。あるいは，「認知的不協和」と書くべきところで「認知〜〜説」などと書かれている。書き手の勉強不足や苦手な部分がよく現れている。さらに，薄い文字であったり，非常に小さくて読みにくかったりすると，自信のなさが現れているように感じる。

　コンピュータ・デバイスを用いて文字を書くのであれば，自分の書いた漢字や送り仮名が正しいのかどうかを確認する煩わしさはない。さらに，テンプレートや文章作成のためのアシスト機能を用いれば，時候の挨拶まで適切に挿入してくれる。大きさや色，フォントなども特殊な設定をしなければ，皆似たり寄ったりである。このように，コンピュータ・デバイスによる文章作成は，書き手の主体的な反応や表情を目に見える形で伝えにくい側面がある，と問題提起できる。

9 文章作成とアイデンティティ

　日本語を入力する際の予測変換システムの発展には目を見張るものがある。文字を一つ入れると，候補として言葉をいくつも表示してくれる。そしてその候補は使用者の言葉の入力履歴を反映し，

さらに，選択の結果がソフトウェアにフィードバックされ再学習される。このような予測変換システムは，効率的にメールやメッセージが作成できるので便利である。筆者は，このシステムによって，文章を作成する際の私たちの認知構造がかなり変わってしまったのではないか，と考える。たとえば，携帯電話によってメールを作成する場合を考えてみよう。出だしこそ何か自分で考えなければならないが，予測変換システムが言葉の候補を表示してくれるので，途中からは，あらかじめ何を書くかを「思考」して決めておかなくても，とりあえず目についた言葉を選択し，自由連想的に文章をつなげる，ということも可能となる。もちろん，そうして作成された文章が，相手にどのように受け止められるかは別問題だが，とりあえず文章を作成することはできる。

　ここで考えたいのは，そのようにして書かれた文章は必ずしも，われわれの思考空間に内在していたものを表してはないかもしれない，という可能性である。私が受け取ったメッセージは，書き手の思考そのものではなく，候補として表示された言葉が何らかの偶然から選択されてでき上がったものに過ぎないのかもしれない。画面上に候補として表示される言葉は，主体の側で努力して並べているのではない。デバイスの使用状況に応じて，並べられているのだろう。また，同じ変換ソフトを使う多くのユーザーが，たとえば，「東京」の後に「オリンピック」という特定の言葉を続けることが多いために，候補として「オリンピック」「2020」……という言葉が表示されているのかもしれない。したがって，私がデバイスで作成する文章は，私の思考の内部にある言葉の連鎖とともに，デバイスの高度なテクノロジーが準備した言葉の連鎖も活用されて作成されると考えてよい。この意味で，予測変換ソフトを用いた文章作成において，アイデンティティの問題が改めて問い直されることになる。自己表現ということを大切にしたい人は文章作成において，「私が入力した文章は自分らしい表現だろうか」「そもそも私は何を考えていたのか，自分らしさとは何か」という，先に述べた①と②と同様の問いに直面する。

　さらに，私たちはいつまで技術革新に適応できるか，という問題がある。コンピュータやスマートフォンを用いているのは主に青年期以降である。テキストを用いたコミュニケーションが多くなっている現代では，青年期以降，使用するデバイスが備えている変換ソフトの仕様変更やアップデート，あるいはハードウェアや通信環境の変化といった技術革新にその都度，適応する必要がある。読者の中には，青年期にコンピュータに親しんでいなかった親の世代とSNSその他でメッセージのやりとりをする機会が増えている人も多いだろう。特に高齢者の場合，テキスト入力に苦労するケースが多いと聞く。やっとの思いで入力方法を体得しても，ソフトウェアのアップデートにより使い慣れたインターフェースが変更されたり，子どもにカスタマイズしてもらった入力方法がちょっとした操作ミスで変更されたりするなどして，文章作成に困難をきたすケースもある。技術革新への適応も，言語・コミュニケーションの生涯発達における大きな課題である。こうした技術革新とそれに伴う環境変化によって，青年期になって悩み始めた課題について，新たな形で悩むということは，言語・コミュニケーションの生涯発達を考えるうえで重要なトピックであると思われる。

　今後も文章作成の環境にさまざまな技術革新がもたらされるだろう。しかし，どのような環境変化が訪れようとも，主体性の根拠であるような自らの物語（心理学ではナラティヴ＝narrative などと呼ばれている），あるいは内的な声（voice）に耳を傾け，自分の考えや思いを身近な他者に伝えたい，他者とつながりたい，という気持ちは失わないようにしたいものである。

引用文献

Bruner, J. S. (1983). *Child's talk: Learning to use language.* New York, NY: W. W. Norton.
Freud, S.（1932, 1937）*Neue Folge der Vorlesungen zur Einführung in die Psychoanalyse; Die endliche und die unendliche Analyse.*（フロイト, S. 道籏 泰三・福田 覚・渡邉 俊之（訳）(2011). 続・精神分析入門講義／終わりのある分析とない分析（1932-37年）　フロイト全集21　岩波書店）
加藤 醇子（編著）(2016). ディスレクシア入門　「読み書きのLD」の子どもたちを支援する　日本評論社
田中 克彦 (1990). チョムスキー　同時代ライブラリー29　岩波書店

Descartes, R. (1637). *Discours de la méthode.* (デカルト, R. 谷川 多佳子（訳）(1997). 方法序説　岩波書店)
河合 隼雄 (1970). カウンセリングの実際問題　誠信書房
木村 敏 (1983). 自分ということ　第三文明社
北川 東子 (1997). ジンメル 生の形式　講談社
Klein, M. (1977). *Envy and gratitude and other works 1946-1963* (The writing of Melanie Klein, Vol.Ⅲ.) New York, NY: Delta Dell.（クライン, M. 小此木 啓吾・岩崎 徹也（編訳）(1985). 妄想的・分裂的世界：1946-1955（メラニー・クライン著作集4　誠信書房)
久保 ゆかり (1995). 4 情動の発生と自己の成長　現代心理学入門 2　発達心理学　岩波書店
Mead, G. H. (1934). *Mind, self, and society: From the standpoint of a social behaviorist.* Chicago, IL: The University of Chicago Press. (ミード, G. H. 川村 望（訳）(1995). 精神・自我・社会　人間の科学社
無藤 隆 (1995). 1 乳児の知的世界　現代心理学入門 2　発達心理学　岩波書店
長谷 正人・奥村 隆（編）(2009). コミュニケーションの社会学　有斐閣
酒井 邦嘉 (2002). 言語の脳科学　中央公論新社
さくら ともこ (1988). おへそはどこかなかえるくん　PHP 研究所
Scaif, M., & Bruner, J. S. (1975). The capacity for joint visual attention in the infant. *Nature, 253*(24), 265-266.
新宮 一成 (1995). ラカンの精神分析　講談社
Tajifel, H., Flament, C., Billig, M. G., & Bundy, R. P. (1971). Social categorization and intergroup behavior. *European Journal of Social Psychology, 1,* 149-178.
鑪 幹八郎 (1990). アイデンティティの心理学　講談社
Vygotsky, L. S. (1986). *Thought and language.* Cambridge, MA: The MIT Press.
渡辺 久子 (1991). 胎児・乳児期Ⅰ 乳幼児の心の芽生え　小川 捷之（編）心理臨床入門Ⅱ　臨床発達心理学の基礎　山王出版
山鳥 重 (2011). 言葉と脳と心　講談社

コラム 9
コミュニケーションスタイルの深化と成長

丸山 明

　一般に日本人は言語的コミュニケーションが苦手と言われている。西欧を含む諸外国の親子に比べて，日本人の親は子どもに向けて表情やしぐさなどの非言語的なメッセージを絶えず送っており，子どもも親の顔色やしぐさをつねに気にしている。こうした親子の非言語的コミュニケーションに慣れた子どもの中には，学校集団に入っても同じコミュニケーションスタイルを維持しようとする人がいる。小学校の間はそのやり方でもうまくいくかもしれない。なぜなら，幼少期から遊んでいた友達同士であれば，あえて自己アピールしなくても，すでに周りに認められているからである。しかし，私立中学や高校進学後は，初めて出会う仲間が大半を占めるため，以前と同じやり方が通用しなくなることがある。同じ日本人同士なら大丈夫と高を括れるほどに問題は単純ではない。なぜなら，同じ日本人でも言語的自己アピールを積極的に行う子どももいるからである。

　同じスタートラインに立ち，一斉に自己アピールを始めた場合，積極的・言語的に自己アピールする子どもと，受動的・非言語的に自己アピールする子どもとの間でコミュニケーション効率に差が出ることは明らかである。この差は教室内での不適応状況を生み出すきっかけにもなりえるため，単にコミュニケーションスタイルの違いというだけでは片づけられない。

　受動的・非言語的自己アピールをする子どもにはある共通点が見られる。彼らのコミュニケーションは自分主導の〈一人称〉からよりも，むしろ相手主導の〈二人称〉から始まるのである。自分主導で積極的に言語的自己アピールができない人でも，偶然であれ，近くに非言語的コミュニケーションができる相手が一人でもいれば，その相手とのコミュニケーションを通じて，徐々に周りの人たちに言語的なアピールができるようになりやすい。しかし，そういう相手が近くにいなければ，コミュニケーションは行き詰まってしまうこともありえるだろう。Cさんが不登校になったのもそんな理由からだった。

　Cさんは二人称タイプの高校生であった。Cさんは高校一年まで毎日楽しく登校していたが，中学から一緒だった親しい友達と高校二年で別々のクラスになったのを機に，クラスで友達を作ることができなくなってしまった。今までは幼なじみの友達と何となくわかり合えていたのだが，その友達がいなくなってみると，そもそも自分が何を人に伝えたいのかがよくわからなくなってしまった。そのことに気づいてみると，Cさんは教室の中で自分が何者なのかがわからなくなり，教室にいることが怖くなったのであった。しかし，しばらく別室登校を続けるうちに，Cさんは高校卒業後のことを考えるようになり始めた。そして，自分の進路を自分で明確に語れるようになるにつれて，教室に入ることが怖くなくなっていった。

　教室内ではCさんのような二人称タイプは，自己主張が強い一人称タイプに圧倒されてしまいがちである。一人称タイプには悪気がなくても，それが原因で二人称タイプが教室に居づらくなり，不登校になってしまうこともある。そうかと言って一人称タイプが良い適応を見せるわけでもない。高校まではグループのリーダー格でいられたとしても，大学，社会人になると，職場での人間関係や異性との関係などで本人が（あるいは周りが）悩むことになる。自己主張が弱いよりは強い方が社会で成功する可能性は高まるかもしれないが，一人称タイプのままの自己主張をし続ければ，周りに「自己中心的な人」と見られてしまい，結果的に自分の主張が通らなくなることもある。一人称タイプは，攻撃力は高くても防御力は低い人が多いため，自分の主張が通らない環境の中ではストレスで潰れてしまいやすい。

　クラスの中には自分と相手との関係を客観的に見ることができる〈三人称〉タイプもいるが，このタイプが理想的というわけでもない。一人称タイプや二人称タイプよりも対人関係で問題を起こしにくくはあるが，日和見主義ともいえるため，本当に自分がどうしたいのかがわからなくなり，アイデンティティを確立しにくいこともある。

　性格は人生を通じて大きく変化することはないと言われるが，それはコミュニケーションタイプにも当てはまる。しかし，二人称タイプのCさんが自分の人生を自分主導で（一人称的に）語れるようになったことを思い出してみたい。それぞれのタイプが成長するにつれて，たとえば一人称タイプは相手の意見に耳を傾けられるようになり，三人称タイプは自分の考えや相手の意見に踏み込んでコミュニケーションが取れるようになったりするものである。このように3つのコミュニケーションスタイルは各自の中でバランス良く共存しながら深化していくことになるのだが，こうした深化（進化）はコミュニケーションスタイルのみならず，各自の人間的な成長とも軌を一にしているのである。

第8章
親密性の生涯発達
▶▶▶大切な他者とつながり続ける

猿渡知子

1 親密性とは

[1] 定　義

　人は根源的に，誰かとつながりたいという思いをもつ。生涯を通じて，他者との間につながりを形成し，維持し，深め，そのなかで自分という存在を認識し，よりよく知り，確かなものとしていく。人生のその時々において，大切な他者とつながることは，その人の生きる営みそのものでもあり，生きることのさまざまな側面を支えるものでもある。

　親密性とは明確な概念ではなく，他者との親しいつながりという辞書的な意味を核にして，研究の対象や目的によってさまざまな定義がなされている。本章では，生涯にわたる親密性の発達変化を扱う。そのため，親密性について，人生の段階ごとに見られる親密なあり方や，つながりをもつ両者の関係のあり方によらない，ある程度広い定義をする必要がある。そこで，ここではポジティヴな感情を伴う人とのつながり，およびつながりの一定の継続性の2つを要素として，「互いに相手とつながること自体にうれしい，楽しいといったポジティヴな感情をもつ関わりが，ある程度の期間継続している状態」を親密性と呼ぶことにする。そして，人生においてどのような対象が「大切な他者」となり，その他者とつながり続けるために何が必要か，またつながり続けることで何がもたらされるのかを，発達的な視点で考察する。

　なお，エリクソン（E. H. Erikson）の心理社会的発達理論は，人生を8つの発達段階に分け，第6段階の成人前期の発達課題を親密性としている。エリクソンは，第5段階の青年期の発達課題であるアイデンティティが達成されていることが親密性の獲得の条件であるとし，親密性を「自分を失っているのではないか，という不安なしに自分のアイデンティティと他者のアイデンティティを融合できること」と定義している（Erikson, 1959／邦訳, 1973）。エリクソンの親密性は本章の定義よりも限定的であり，乳児期から青年期に至る発達段階で自己の確立を遂げてきた人が，自分に対する確かな感覚を保ちつつ他者とのつながりの中に自分を位置づけるという，発達の新たな局面におけるテーマと捉えることができる。

[2] 親密性とアタッチメント

　親密性の他に，他者とのつながりに関する重要な概念として，アタッチメントがある。この概念を提唱したボウルビィ（Bowlby, 1969／邦訳, 1982）は，アタッチメントを，人が危険やその可能性のある状況で，恐れや不安を強く感じた時に，特定の誰かに〈くっつく〉ことによって安心しようとする行動の傾向であるとしている。

　親密性が喜びや楽しさといったポジティヴな情動を本質的に伴うものであるのに対して，アタッチメントは，恐れや不安といったネガティヴな情動に結びついており，こうした情動を低減させよ

うとするものである。その結果としてポジティヴな情動がもたらされるかもしれないが、それはアタッチメントというつながりの概念の本質ではない。また、親密性は人と人のつながりの状態を指すが、ボウルビィのいうアタッチメントは、他者とつながることによって危険を回避し生き残るための行動システムである（MacDonald, 1992）。

アタッチメントに関する文献や研究の中には、アタッチメントに親密性の意味合いを含んで論じていると考えられるものも多いが、本章では上記のように親密性とアタッチメントを異なる概念として捉えることとする。

なお、親密性とアタッチメントは、他者とのつながりを求めるという点で共通しており、両者は密接に関わっている。親密性にしてもアタッチメントにしても、自分と異なる存在とのつながりを安定して求め、形成し維持するためには、「いつでも守ってくれる／守りたいと思ってくれる」他者への信頼感と「大切にされ価値ある存在である」自分への信頼感、すなわち基本的信頼がその土台となる。また、安定したアタッチメントのタイプをもっているほど親密な関係を築きやすい傾向があり（Shaver & Hazan, 1987; キン, 2011）、反対に新たな親密な関係を築くことがアタッチメントのタイプを好ましい方向に変化させ得る（遠藤, 2007）というように、双方向に影響を及ぼし合う。

2　初めての「大切な他者」：養育者に守られるつながり

［1］親密性の芽生え

人は身体機能が非常に未熟な状態で誕生する。他者に守られ与えられなければ生きていくことができない。一方で、赤ちゃんは人とつながるための力を生まれつき備えている。

新生児を対象とした実験によると、他の模様や図形よりも人の顔のイラストを好んで見る傾向があり、また他の音よりも人の声を好み、その中でも高い声、抑揚のあるゆったりした声を好む傾向がある（Werker & Tees, 1984）。さらに、生後間もなくから、自発的微笑（外部からの刺激に関係なく表出されるほほ笑みに似た表情）や新生児模倣（他者の顔の動きの模倣）が見られる。また、赤ちゃんの顔や体の丸い形状に対して、人は無条件に「かわいい」と感じる。赤ちゃんが養育者の顔や声に注意を向け、また養育者が赤ちゃんの様子に惹きつけられ関わりたいという思いをもたせるような赤ちゃんのもって生まれた力は、互いにつながり合う関係が生まれるために大きな役割を果たしている。

赤ちゃんは、自分の表情や発声や仕草といった情緒的なサインに養育者が適切に応答し（情緒的応答）、自分を丸ごと受け入れて欲求を満たし不安を解消してくれる経験を繰り返すなかで、養育者を他の人と区別し信頼感と親しみを感じるようになる。生後2か月頃には意識的に相手にほほ笑む社会的微笑が見られ、生後3か月頃からは特に養育者を選んでほほ笑むようになる。この頃には、快・不快の2方向であった情動が分化し、喜びの感情が芽生える。養育者を人生で初めての大切な他者（significant others）と認識し、養育者と関わることや養育者がいること自体を喜ぶようになる。また、赤ちゃんの行動を引き起こしている心の状態を養育者が感じとり、表情や身ぶりで反映して伝えることで、赤ちゃんは自分の内的な状態に気づくようになる。スターン（Stern, 1985／邦訳, 1989）は、こうした情緒的な交流のありようを情動調律と呼び、生後7〜9か月頃から可能になるとした。情動調律によって、赤ちゃんは自分の行動の背後に心があること、また他者の行動の背後にもその人の心があることを知り、心と心が寄り添い、通じ合う感覚を得られるようになる。これはアタッチメントや親密性の発達において重要な体験である。日々応答され守られる細やかな関わりを通して、安心感と喜びを伴う文字どおり親しく密なつながりを養育者との間に形成し、深めていくのである。

コラム 10
自閉症スペクトラムと親密性

猿渡知子

　精神疾患の診断・統計マニュアル第5版（DSM-5）（American Psychiatric Association, 2013/2014）において，自閉症スペクトラム（以下ASD）は「社会的コミュニケーションおよび相互的関係性における持続的障害」と「興味関心の限定および反復的なこだわり行動・常同行動」が診断の基準とされている。前者の基準に示されているように，ASDは他者と関わり通じ合うことに困難を抱える障害であるから，ASDの特性をもつ人にとって，親密性は獲得しにくい発達の側面の一つであるといえる。

　ASDの特性があると，視覚的に決まった形をとらないものを捉えるのが苦手なことが多い。気持ち，考え，話し言葉といった見えないものは，文字どおり〈つかみどころがない〉のであろう。相手の目や顔は見えるものであるが，「目線」が何を考えてどこに注がれているか，「表情」がどのような情動を示しているかはわかりにくい。また，見えないものを人と人との間で通わせる感覚はなおつかみにくく，自分の心の動きを相手に〈届ける〉という意識をもちにくい。

　ASDの特性をもつ子ども（以下「子ども」）は，親の声や表情から自分に向けられた思いを感じ取ることが難しく，親の自分への関心や慈しみに対して親が期待するような応答を示さないことが多い。子どもによっては，体に触れられたり抱かれたりする身体的な関わり合いは，予測不能な刺激を与えられるという不安な経験であり，わが子を愛し守りたい親の接触に拒否を示すこともある。こうした子どもの様子に対して，親は「自分が伝わらない」「この子がわからない」と感じ，戸惑い，傷つき，自信を失い，疲れていく。親子ともに，相手に自分の思いを〈やり〉，相手の思いを受け〈とる〉，すなわち〈やりとり〉をする感覚がつかめない状態になる。ASDは，その特性から二次的に関係障害を生じやすい（小林・鯨岡，2005）。

　子どもには，相手への関心や感情が「ない」のではなく，「わからない」のである。自分にも相手にも，何か内側で動くものがあることに，子どもは気づいている。ASDでない子どもよりも，むしろその気づきは敏感かもしれない。ただ，その動くものが何であるのか，どうしたらよいのかがわからず，自分の意図や情動を表現できなかったり，相手のまなざしや関わりに戸惑い避けたりする。「わからなさ」は不安を生む。

　親子の不安の悪循環を断ち，親密な関係の形成へと導くには，子どもの感じ方やものごとの理解の仕方の特徴に配慮する必要がある。子どもが人とつながり合うという苦手なことに目を向ける余裕をもてるよう，子どもの特性に応じて安心できる環境を用意する。具体的には，その子どもが怖いと感じること，たとえば見通しのもてなさや苦手な感覚刺激などを取り除き，子どもをおびやかさないようにする。また，子どもにとって周りの状況や相手からのはたらきかけがわかりやすいように，環境を整えたり関わり方を工夫したりすることも，子どもが安心するために重要である。

　そうした配慮をしたうえで，親子のつながりを育てるものは，本章で述べたのと同様に，親が子どもの思いを細やかに受け取り，応答し，守る関わりの積み重ねである。その積み重ねは，通常の場合よりも長い時間を要するかもしれない。また，親のそうした関わりに対する子どもの反応は，通常とは違う独特の形で現れるかもしれない。しかし，子どもにASDの傾向があってもなくても，親密性のはぐくまれ方そのものに変わりはない。

　ASDの特性をもつ子どもとその親の支援に携わっていると，親子のつながりが，互いへの新たな気づきと戸惑いと，それを踏まえた互いの関わり方の修正を繰り返して築かれていく過程に寄り添うことになる。子どもが親とのつながりの感覚をつかむのは容易でない場合も多いが，ひとたびその感覚が得られると，つながりを信頼し，大切に思う気持ちはとても強い。目に見えるものを頼りに生きている子どもが，形ないものを感じとったとき，それが当たり前に思える者にははかり知れない重みをもつのであろう。この変化はまた，子どもが表現するすべを知らずに内にもっている世界が，他者とのつながりのなかで光を得ることにもなる。親はもちろん，他の立場であっても，子どもと心の交流がもてた感覚が言葉では表せない感動を伴う所以である。

引用文献

American Psychiatric Association (2013). *Diagnostic and statistical manual of mental disorders. Fifth Edition: DSM-5.* Washington, D.C.: American Psychiatric Association.（日本精神神経学会（日本語版用語監修）高橋 三郎・大野 裕（監訳）染矢 俊幸・神庭 重信・尾崎 紀夫・三村 將・村井 俊哉（訳）(2014). DSM-5 精神疾患の診断・統計マニュアル　医学書院）

小林 隆児・鯨岡 峻（2005）．自閉症の関係発達臨床　日本評論社

[2] 守られるなかで自他を知る

　赤ちゃんは，主たる養育者（多くは母親）だけでなく，自分を世話する他の家族や保育者がいれば，それらの人々との間にも親密な関係を築いていく。

　人生の初期の親密な関係は，身体的に密な関わりを伴うこと，保護されるという非対等のつながりであることに特徴がある。こうした関係のなかで，養育者がいつでも守ってくれる安心感と，自分がはたらきかければ応えてもらえるという自信が育まれる。いつでも守り応えてくれると信じられる養育者は，赤ちゃんが不安や失敗に直面したときに安心を得るために戻ることのできる〈安全基地〉となる。養育者をアタッチメントの基地として，赤ちゃんは発達に不可欠な活動である探索行動を行い，また幼児期には家庭の外へと世界を広げて新たな他者との関わりに踏み出すことができるのである。

　なお，エインズワースら（Ainsworth et al., 1978）は，アタッチメントの個人差を捉えることを目的として，ストレンジ・シチュエーション法という実験方法を考案した。これは，赤ちゃんにとって新奇の場，見知らぬ人との対面，養育者との分離といったストレスのかかる状況を設定し，赤ちゃんが養育者にどのように振る舞い，アタッチメントの基地としてどのように利用するかを観察するものである。その結果，アタッチメントの質についてAタイプ（回避型），Bタイプ（安定型），Cタイプ（アンビヴァレント型）の3つの類型を見出した。その後メインとソロモン（Main & Solomon, 1990）が分類を再検討し，新たにDタイプ（無秩序・無方向型）の類型化を提唱している。Aタイプは，養育者との分離時にあまり混乱を示さず，再会時にもあまり喜ぶ様子を見せない。Bタイプは，養育者との分離時に混乱を示すが，再会するとすぐに落ち着きを取り戻し，喜んで養育者に身体接触を求める。Cタイプは，分離時に混乱を示すのはBタイプと同様であるが，再会しても容易に落ち着かず，養育者に接近を求める一方で怒って攻撃するなどの抵抗を示す。これらの3つのタイプがそれぞれに一貫した方法で養育者をアタッチメントの基地として利用しようとしているのに対して，Dタイプは本来両立しない行動を同時に示す特徴があり，行動に一貫性が見られない。

　エインズワースらは，赤ちゃんのアタッチメントのタイプと，赤ちゃんが発するサインに対する養育者の敏感さ（sensitivity）との関連について検討を行った。その結果，Aタイプの赤ちゃんの養育者は拒絶的な反応が多く，Bタイプの赤ちゃんの養育者は一貫性のある情緒的応答が多く，Cタイプの赤ちゃんの養育者は反応の仕方の一貫性が低い傾向が見られた。その後の研究では，赤ちゃんの気質や子育てに関する文化的背景も，アタッチメントのタイプを規定する要因となることが指摘されている。

　また，スルーフ（Sroufe, 1996）は歩行開始期（1〜3歳頃）を，養育者とつながりつつ自律性を獲得していく時期であるとしている。子どもは1歳を過ぎると何事も「自分が」「自分で」と自律の欲求を示し，自己主張が現れ強まっていく。子どもと養育者の思いが対立し葛藤することを繰り返して，子どもは徐々に養育者が自分とは異なる意図をもつ存在であることに気づき，自分の思いを調整して対立を解消し，つながりの修復をしようとするようになる。このような他者理解の芽生えと，自分を主張しつつ相手との関係を調整する経験は，次の親密性の段階として対等なつながりである友人関係を形成し維持していくための重要な準備であるといえる。

3　親しい友人関係の形成：対等な他者とのつながり

[1] 仲良し関係の成立：自ら選んでつながる

　3歳頃には，多くの子どもが集団の保育や幼児教育の場に参加する。家庭の外で子どもたちがともに過ごすなかで仲間関係が生じ，そのなかでも特定の子ども同士が互いを「大切な存在」と認識し親しい関係を築いていく。この親密な関係は，養育者とのつながりとは2つの点で質が異なる。

1つは，子ども自身が相手を選ぶことによって関係が成立する自発性という点である。もう1つは，同等の立場で関わり合う対等性という点である。

幼児期には，子ども同士が互いを関わりたい相手として選択すると「仲良し」関係が生まれる。関心や行動が共通していることが，「仲良し」になるための大切な要素になる。好きな遊び，コミュニケーションのとり方，行動の仕方などで気が合えば，好んで相互に関わり，楽しさを共有するようになる。そうした存在がいてくれることがうれしく，その場かぎりの関わりでなく「明日も遊びたい」「いつも一緒にいたい」とつながり続けることを望むようになる。

しかし関わりが増えると，一方が一緒にやりたいことを他方はやりたくなかったり，同じおもちゃを互いに譲れなかったりといった対立が生じ，いざこざが起きる。それによってつながりが不安定になり，親密な関係が維持できないこともある。つながりを保ち続けるには，他者理解や関係調整の力が必要である。養育者は子どもの発達に合わせてわかりやすい表現や調整方法の提案をしてくれるのに対して，子ども同士の関係では，互いを理解したりほころびたつながりを修正するすべを見出したりすることははるかに難しい。そうしたときに，周りの子どもたちが二人をつなぐ関わりをしたり（高櫻，2007），二人が状況を理解し相手の気持ちに気づけるよう，またいざこざ終結後に二人が関係を維持できるように保育者が援助したりすることで（水津・松本，2015），二人の間の親密性が保たれ深まっていく。いざこざの経験と周囲の援助を得ながらの解決を繰り返すことで，自己意識，相手の気持ちや場の状況の理解，他者と関わるスキル，情動のコントロールといった力が育まれ，徐々に自力で親密な関係の形成，維持，深化を図っていけるようになるのである。

［2］支え合う親友関係：類似性によってつながる

同年齢他者との親しい関係の形成は幼児期に始まるが，この時期は親密性やアタッチメントの主たる対象は養育者である。小学校に入学すると，子どもは多くの時間を友人とともに過ごすようになり，友人との関係を深めていく。ハザンとツァイフマン（Hazan & Zeifman, 1994）によると，アタッチメントの4つの要素である「近接欲求」「安全な避難所」「分離への抵抗」「安全基地」の主たる対象は，児童期から青年期にかけて徐々に養育者から友人へ，そして恋人へと移行していく。移行の時期は要素により異なるが，近接欲求は児童期の半ばに養育者から友人へと移行するという。親密性も同様の過程をたどると考えられ，児童期の後期になると特定の友人と強い共感でつながり合うようになる（Sullivan, 1953）。同年代の同性，そして考え方や関心や性格が（本人たちの意識として）類似している子どもの間に形成され始めるこうした親友関係（chumship）は，その後，青年期前期（思春期）まで続く。

この時期，子どもは身体的には大人と同等またはそれ以上に成長する。養育者から分離し自立する欲求が高まるが，現実には頼らなければ生きていくことができない。自立と依存の葛藤のなかで，「自分とは何か」というアイデンティティへの問いが生まれるが，独力でこの問いと向き合うには精神的に未熟である。こうした不安定な時期に，親友関係は大きな役割を果たす。すなわち，養育者の庇護から脱する不安を和らげたり，自分がどのような人間であるかを確かめたりするために，自分と同じ悩みや考え方をもつ親友の存在は支えとなり，また自分を投影したり同一視したりする対象となる（宮下，1995）。

幼児期から児童期前期にかけての親密な関係は，物や行動の共有によるつながりであったが，児童期後期から青年期前期（思春期）にかけての親友関係において重要な要素は内面の類似性である。自立に向かう不安定さを乗り越えるために深くつながって支え合う〈同志〉は，互いが似た存在であるという安心感とわかりやすさのもとで自分を開示し，共有し，確認し，アイデンティティを見出していく。そしてその過程で，互いに異なる部分も少なからずあることに気づく。そのことに驚いたり，不安や不信を感じたり，ときには受け入れられずに関係が破綻したりする経験を重ねて，自分と他者は異なる存在であることを理解していくのである。

[3] 高め合う親密な関係：異質性を受け入れてつながる

上記のように，親友との密なつながりのなかで類似性から異質性を見出していく過程を経て，自分も他者も対等な固有の人格をもつことがわかるようになり，青年期後期には乳児期以降少しずつ進んできた自他の理解が著しく深まる。同時に，それまでの混沌とした不安定さを脱して，自分という存在を徐々に描けるようになってくる。すなわち，エリクソンがこの時期の発達課題とするアイデンティティの確立へと向かう。

こうした発達に伴い，親密性の質に変化が生じる。自分と他者をそれぞれの人格をもつ者として捉えられると，人はみな異なる存在であるという異質性を前提として関わることが可能になる。そして，親密な関係を形成する意義は，類似性をよりどころとして互いのありようを照らし合い確認することから，異質性を重視して互いのありようを補い合い発展させることへとシフトしていく。自分にとって興味深い領域で相手が異質な要素をもち，相手にとっても自分がそうした存在であり，互いによりよく知り関わることで高め合えることが重要になってくる。サリヴァン（Sullivan, 1953／邦訳, 1990）は，青年期前期には「自分と非常に類似している者を求める」が，青年期後期には「大きな意味で自分と非常に異なっている者を求める」ようになるという。松下と吉田（2007）は，「自分の中に見いだしにくい異質なものを，second self である親友の中に見いだしていくことで，異質なものと関わっていけるチャンスを自らに発掘し，自己理解の枠組みの可能性を広げていくことにもつながると考えられる」としている。

また，親密な関係の維持についても変化が起きる。類似性をよりどころとするつながりは，互いを知る過程で自分たちが同じでない面に気づくと，それがつながりの危機に直結する。一方で，異質性を受け入れるつながりでは，相手の新たな面や変化への気づきはむしろ新しい魅力を秘めた発見であり，そうした発見を得ることが関係を維持するモチベーションの一つにもなる。発達変化していく自分と相手の姿を全体として受け入れ，理解を進められるようになることで，それまでにはなかった親密な関係の維持と深まりが可能になるのである。

4 恋愛：異性との親密なつながり

[1] 自分と相手を知る努力：恋人とつながり続けるために

上記のように，青年期後期には異質性を前提として，また異質性に惹かれて他者と親密な関係を形成するようになる。青年期に多くの人が興味をもつ異質性が，性の違いである。身体面での性的な成熟とあいまって，異性に関心をもち，親密に関わることを望み，恋愛関係を築いていく。

恋愛関係における愛情について，スタンバーグ（Sternberg, 1986）は「愛情の三角理論」を提唱している。この理論では，愛情を「親密性」「情熱」「コミットメント」の3つの要素からなると捉える。ここでの「親密性」とは親しみと結びつきの感覚であり，本章の定義とほぼ同様の内容である。「情熱」とは性的な魅力や欲求に関するものであり，「コミットメント」とは互いに関与し続ける決意である。「情熱」の要素は恋愛関係の初期に強く，その後徐々に低下する傾向がある。一方，「親密性」と「コミットメント」は恋愛関係の継続に伴って強まる傾向があるという（Sternberg, 1986; 金政・大坊, 2003）。一方，愛情の三角理論を参考に「親密性」「情熱性」「コミットメント」「性欲性」の4つの要素を設定した川名（2016）は，「男性では男女関係を維持するのに大きな役割を演じているのが，性欲性と情熱性であるのに対して，女性では親密性である」と性別による違いを指摘している。

恋愛関係の初期には，性的欲求やその達成が，相手と親密につながる目的の大きな部分を占める傾向がある。しかし，身体的なつながりだけでは関係は維持できない。相手の内面を尊重し，二人の今とこれからの関係性に関心をもち，コミュニケーションをとって共有し，不一致な部分での譲歩や相手から期待される役割の遂行といった，つながり続けるための努力を行わなくてはならない。

スタンバーグの「親密性」や「コミットメント」は，こうした努力が積み重ねられることで得られる感覚であると考えられる。また，川名（2016）の指摘は男女の異質性の一つといえる。自分が望むものを自覚し，相手が自分とは違うものを望んでいることをわかったうえで，内面の結びつきを重視する女性の気持ちを男性が受けとめ，身体的な結びつきを重視する男性の気持ちを女性が受けとめるという，自分とは違う相手のありようへの理解と尊重が，二人がつながり続けるために必要なのであろう。

[2] アイデンティティと恋愛関係

恋愛が親密性の重要な位置を占めるようになる青年期は，アイデンティティの確立に向けた発達も進む時期である。また，エリクソンの心理社会的発達理論によれば，恋愛関係を含む親密性は成人前期の発達課題であり，その達成は青年期におけるアイデンティティの確立が条件であるとされている。こうしたことから，恋愛関係とアイデンティティの関連についてはこれまでに多くの考察や研究がなされている。

アイデンティティが未達成の青年期の恋愛関係を，エリクソン（1950／邦訳，1977）はアイデンティティの達成に向けた努力として捉え，大野（1995）は「アイデンティティのための恋愛」という概念を示している。この時期の恋愛関係は未成熟であるが，前項で述べたように関係を維持する努力は自分を知り，相手を知る作業でもあり，そのことがアイデンティティの確立に通じると考えられる。

一方でエリクソンは，成人前期の発達課題である親密性を獲得するにはアイデンティティが確立されている必要があるとしている。第1節 [1] で述べたように，エリクソンは親密性を「自分を失っているのではないか，という不安なしに自分のアイデンティティと他者のアイデンティティを融合できること」と定義している。人が自分の存在の全体をもって密に関わり合えば，自分のありようを相手にさらけ出したり，相手のありように深く立ち入ったりすることになる。つながりを継続するには，自分に対する認識や信念やそこから発する行動をつねに貫くわけにはいかず，自己犠牲や妥協が要求される場面が生じる。確立したはずのアイデンティティが試され，揺らぐこともあるだろう。その揺らぎに耐えられるアイデンティティの確かさが，成熟した親密な関係を形成し維持するためには必要なのである。

このように，恋愛関係とアイデンティティとの関連は，どちらか一方が他方を導くという一方向のものではない。恋愛関係を通じてアイデンティティの確かさが増し，そのうえにより成熟した恋愛関係が築かれ，そのなかでさらにアイデンティティが補完され豊かになり，さらに成熟した恋愛関係が可能になるというように，恋愛関係とアイデンティティは循環的に深め合う発達をし得ると考えられる。

[3] アタッチメントと恋愛関係

前項で述べたような好循環が実現されるかどうかは，アイデンティティと恋愛の関係性の内容による。その内容に重要な影響を及ぼすのは，自分と他者に対する基本的信頼やアタッチメントの質であろう。これらの要素は人生の初期の親密な関係，すなわち養育者との関係のなかで育まれるものであり，その後の自分に対する認識のしかたや他者との関係のもち方の基礎となり，発達に伴う変化が比較的少ないとされている（清水，1999; Bowlby, 1980; Waters et al., 2000）。したがって，人生の初期に基本的信頼が獲得されなかったり，安定したアタッチメントが形成されなかったりした場合は，アイデンティティや対人関係が不安定で否定的になりやすく，アイデンティティと恋愛関係の好ましい共発達が困難になる傾向があると考えられる。

しかし，人生の初期の心理的発達に困難があった人がすべて，その後も基本的信頼や安定したアタッチメントを獲得できないわけではない。アタッチメントの変化を促す要因としては，それまで

コラム 11
生殖から考える夫婦関係の発達

菅沼真樹

　筆者は，産婦人科医療現場で，生殖医療（不妊治療）を求めて来院する 20 代から 40 代の女性や夫婦を主な対象とした心理臨床に携わってきた。一般にこの年代は，結婚をして夫婦関係を築き，それに続いて親という新たな立場で親子関係を築いていく時期とされる。すなわち，夫婦関係と親子関係という生涯発達過程における主要な 2 つの関係性を構築していく発達段階といえる。この発達段階を，子どもがほしい，親になりたいと切実に願いながら葛藤する成人たちの姿を通して，親密な他者との関係性の発達について考えてみたい。なお，生殖は，夫婦，家族，男性（夫），同性カップル，単身者などの視点からも考えるべき問題ではあるが，本稿では既婚女性の視点を中心に考えていくこととする。

　なぜ子どもがほしいのか——この問いに対する不妊当事者たちのこたえは，実に複雑で多様である。「優しい夫だからこそ，父親にしてあげたいのです」「決して無神経に『孫はまだか』などとは聞いてこない義父母だからこそ，孫の顔を見せてあげられないことが申し訳ないのです」といった順調な夫婦関係，家族関係構築のうえに子どもの誕生を望む当事者は多い。

　その一方で，「もう夫には何も期待していません。だからこそ，子どもだけはどうしてもほしいのです。もしこのまま子どもがいなかったら，私はこれからどうやって生きていけばよいのかわかりません」と訴える女性たちと出会うことも，実際の現場では少なくない。良好な夫婦関係が築かれたうえにこそ子どもの誕生を願うべきであるといった「正論」からすれば，子どもを望む動機としてはあまりに不純であると思われるかもしれない。

　しかし，このように切実に訴える当事者を前に，筆者は「正論」をもって対することには躊躇を覚える。というのも，生殖には年齢の限界という身体的制約が大きく存在するからである。子どもを産むか産まないかは，夫婦関係がすっかり改善されてから考えましょう，生まれてくる子どもに依存しなくても生きていけるだけの自己が確立されてから考えましょうと言ったところで，身体的限界は夫婦関係の発達や個人的な心理発達を待ってはくれない。心理社会的課題の達成を待っていたら，すでに生殖可能年齢を超えていたということも大いにありうる。また，親となるに十分な夫婦関係や個人の成熟とはいかなるものか，その問い自体が非常に難解なものなのではないだろうか。

　もう 1 つの身体的（生物的）制約として，妊娠には男女の協力が不可欠である。そのため，関係性の発達は諦めて個人の発達だけは遂げたい（夫婦関係は諦めても，母親になるという夢だけは叶えたい）と考えたとしても，関係性の問題を完全には回避できない。自身の人生のなかで，親として経験する親子関係を生きることを望むならば，夫婦間で一定の合意を得る必要がある。それは，この夫（妻）とともに子どもという新しい生命を迎えて育んでいこうとする夫婦共通の意思である。たとえ今は決して愛情に満ちた夫婦関係とはいえないとしても，夫婦がお互いを（さしあたりだとしても）よしとして受け入れ合わなければ，生殖医療においてたびたび求められる同意書への署名は整わない。その夫婦が（ぎりぎりのところだとしても）足並みを揃えられるか否かが，その後の夫婦関係の発達においても重要な分岐点となるように思われる。生殖可能年齢の限界を目前にした焦りや悲しみをいっこうに夫に理解してもらえない，いわばひとり相撲のような状態に陥った女性たちの深刻な孤独に，筆者は何度も出会ってきた。

　こうした成人たちの姿は，先の「正論」に立てば「妥協」と感じられるかもしれない。しかし，筆者には，生殖可能年齢の限界という身体領域の発達と夫婦関係の構築という関係性領域の発達との間に一定の折り合いをつけることで，親として子どもとの関係性を築くというさらに一歩先の発達へと歩を進めようとする姿にも感じられる。矛盾を抱えながらも他者との関わりのなかで生涯発達過程を生き抜こうとする 1 つの適応の姿とみることはできないだろうか。

の人生の経験とは大きく質が異なる出来事や対人関係が考えられる（数井・遠藤，2005）。その 1 つが，恋愛や結婚といった異性との親密な関係である。ロイスマンら（Roisman et al., 2002）の調査によると，幼少期に不安定型だったアタッチメントが青年期には安定型に分類された人は，恋愛関係の質がその他の人と比べて同等かそれ以上に良好であった。また，クロウェルら（Crowell et al., 2002）の研究によると，結婚後にアタッチメントの質が変化したケースの多くが不安定型から安定型への移行であった。ツァイフマンら（Zeifman & Hazan, 2000）は，恋愛関係の相手がアタッチメントの対象になるには，乳幼児期の養育者に対するアタッチメントの形成と同様の過程を経る

としている。恋愛関係を築くことは，大切な他者とのつながりを紡ぎなおす作業なのかもしれない。異性との親密性は，人生の初期に安定したアタッチメントを形成できなかった人が人生を好ましい方向へ大きく変える機能をもち得るものであるといえる。

5 夫婦関係：家族としてつながる

[1] 夫婦という関係の特徴

夫婦関係は，恋愛関係と同様に性的要素を含む。しかし恋愛関係の延長上に夫婦関係を捉える見方は十分ではない。

夫婦関係が恋愛関係とは異なる点として，法律に基づいて認められた社会的な結びつきであること，生涯にわたる結びつきを前提とした関係であること，経済共同体であること，社会の最小単位の家族として夫と妻の二者の他に子どもや親を含む関係となり得ること，こうした関係のあり方に関して法的な権利や義務を伴うことが挙げられる。恋愛関係は専ら二人の情緒的な結びつきだけで成立し維持される。夫婦関係も「両性の合意のみに基いて成立」（日本国憲法第24条）するのであるから情緒的なつながりは重要であるが，それだけでなく上記のようにいろいろな意味合いを含んで成り立つものである。

夫婦関係を全体的に評価する指標に，夫婦関係満足度がある。上記のような夫婦関係の特徴から，夫婦関係満足度に影響する要因には愛情，コミュニケーション，情緒的サポート，経済状況などさまざまなものがある。永井（2011）は，パネル調査のデータを用いた分析により，妻の夫婦関係満足度は結婚生活の経過に伴ってほぼ一貫して低下すること，満足度の低下は特に結婚初期に著しいことを報告している。海外の縦断研究でも同様の結果が示されている（e.g. Van Laningham et al., 2001）。

夫婦としての生活は，性格，価値観，行動の仕方などすべてを互いにさらけ出し，知っていくことである。結婚初期や子どもの誕生によって新たな関係性や役割が生じる時期は，特にそうした気づきが多く，そのなかには受容しにくいと感じるものもあるかもしれない。ちなみに，平成28年度に離婚した約226,000組のうち，同居期間5年未満が約68,000組で最も多く，約3割を占めている。

夫婦関係満足度の低下は，理想や期待を多分に抱いていた結婚当初から，現実を知り向き合っていく過程である程度必然的に生じるものであるともいえる。相手のありようの現実，さらに家計や子育てなど日々の生活の現実やさまざまなライフイベントにも向き合わなければならない夫婦の関係は，第1節［1］で親密性の定義とした「互いに相手とつながること自体にうれしい，楽しいといったポジティヴな感情」だけでは継続できない。また，子どもが生まれることによる役割意識の変化を調査した小野寺（2013）によると，男性は「社会に関わる自分」の割合が大きくなる一方で「夫としての自分」の割合が小さくなり，女性は「母としての自分」の割合が大きくなる一方で「妻としての自分」の割合が小さくなるという。これは，夫婦が直接つながるよりは，家族という枠組みのなかで家計を支える者と子どもを育てる者として間接的につながる方が優位になるという関係性の変化を示しているといえる。

夫婦というものに対する多少の失望やあきらめや関係性の変化を経て，それでもやはり互いに大切な存在としてつながり続けるために必要なことは何であろうか。

[2] 夫婦のつながりを支えるもの

夫婦がつながり続ける理由を説明するものとして，結婚コミットメントという概念がある。中高年期夫婦を対象にした伊藤・相良（2015）は，配偶者が自分を理解し受容してくれるかけがえのない存在であるとする「人格的コミットメント」，結婚を継続する方が離婚するよりは利益が得られ

たり便利であるとする「諦め・機能的コミットメント」，道徳や責任や社会的規範の点から結婚を維持すべきとする「規範的コミットメント」の3つを見出している。「人格的コミットメント」は親密性にもっとも近い概念であり，夫婦関係満足度に大きく寄与すると考えられるが，長い夫婦生活のなかで二人の情緒的な結びつきが弱まる時期もある。そうしたときに，機能的，社会的な結びつきが夫婦をつなぎ止めるといえる。

　もちろん，情緒的なつながりが密に保たれるに越したことはない。しかし，前項で述べたように夫婦関係はそれ以外にいろいろな意味合いを含んで成り立つものである。相手に肯定的な思いを抱けないときに他の理由でつながり続けようとするのは，長期にわたる関係を維持するうえで必要なことである。また，そうした他の理由が存在すること，特に経済的・社会的に生活が安定していることが非常に重要といえる。

　夫婦とは不思議な関係である。相手に日々抱く気持ちのなかでネガティヴなものが占める割合は，全体的な傾向としては他の親密な関係に比べてはるかに多いであろう。配偶者の文句や不満ばかり言って，建前でなく本音でそう考えているのだろうと思われるが，周りから見て関係はそれなりに悪くはないと感じられる夫婦というのもよくある。ドメスティック・バイオレンスや強い不信感など夫婦関係を維持することが心身の健康を損なうような場合を除いて，愛情といえるほどの感情が意識されていなくても，〈仕方なく〉結婚に踏みとどまっているだけでも，ともに生活する年月自体が，夫婦にしかない広い意味での「親密性」を育み得るのではないか。夫婦として過ごした歴史の積み重ねによって，意識はされなくても配偶者が安心感のよりどころや他の人には置き換えられない〈特別〉な存在となっていくことも多いのではないか。それがまたその先の夫婦をつないでいくのだろう。情熱的な思いを向ける対象から空気のような存在へと変わっていくことも，夫婦関係における親密性の発達と捉えることができるかもしれない。

　夫婦の間にそのような「親密性」が成り立ち維持されるためには，根本の部分で自分と相手を固有の人格をもつ存在として尊重する目線を互いにもっていることが必要なのだろうと思われる。夫婦が職業人として多忙な時期や子育て期には，そうした目線を表立って意識したり行動に表したりすることは少なくなるかもしれない。しかし，退職後や子どもの自立後に再び夫婦が直接向き合い，その先の人生を他ならぬこの人と生きていこうと思うか否か。関係の底辺を支える相手への思いをもちつづけてきたかどうかが，その局面で問われるのだろう。

[3] 夫婦のつながりの質を支えるもの

　前項で，夫婦のつながりを支えるものは情緒的な結びつきだけではないこと，夫婦の親密性は意識下の感覚も含めて広い意味で捉え得るのではないかということを述べた。しかしやはり，つながりの質は重要であり，その評価として夫婦関係に満足していることは主要な指標となる。満足度の著しい低下は結婚の破綻にもつながる。夫婦関係満足度を高める要因は何であろうか。

　夫婦として過ごす長い年月の間には，さまざまなライフイベントや夫婦を取り巻く社会的環境の変化がある。夫婦関係満足度に影響する要因も，ライフステージによって変わってくると考えられる。たとえば，永井（2011）は，妻の夫婦関係満足度を高める要因が，結婚初期には夫の平日・休日の家事育児時間，結婚生活後半では夫の年収と休日の家事育児時間であることを報告している。また，伊藤・相良（2012）によると，夫の夫婦関係満足度に影響を与える要因は，夫の定年退職前には性交頻度と収入満足度であったが，退職後には夫婦の会話時間，妻との共同活動，収入満足度であった。

　このように，夫婦関係満足度には人生の各段階でさまざまな要因が関与するが，そのなかでも夫婦のコミュニケーションは一貫して大きな影響をもつ要因とされている（e.g. 伊藤・相良・池田, 2007; 石盛ら, 2017）。ただ，これらの研究でも示唆されているように，コミュニケーションが夫婦の満足感をもたらすためには，ただ自分が話したいときに話したいことを伝えればいいというもの

コラム12
なぜ，やらないの？

石井朋子

1 できるようになったのに

　筆者は地域の子育て支援センターで，子どもと親に寄り添いながら，その親子らしい関わりや育ちを手助けする仕事をしている。そのなかで，親たちから時々こんな話を聞くことがある。
　「ようやく，自分で靴をはけるようになったのに，最近全然自分ではこうとしないんです」。
　「ちっとも一人で歩こうとしなくって，抱っこ，抱っこと道を歩くときはずっと抱っこです。なのに公園に行くと，一人で勝手にどんどん走っていってしまうんです」。
　親は，「一人でできる」ようになるために，いっしょうけんめいさまざまなことを教える。そしてようやくできるようになってきたというのに，ある時期の子どもたちは，できるはずなのにやらなくなり，「やって，やって」とせがむようになる。親たちのなかには，このような子どもの変化が理解できず，「やれるはずでしょう」と叱る人もいれば，「甘やかしすぎたのだろうか」と自分の育て方を責める人もいる。なぜこのようなことが起きてくるのだろうか。

2 甘えることで感じる安心感

　親が話すように，何かができるようになった後，まるで逆戻りするかのように，できることをやらなくなる子どもはよくいる。さまざまな子どもを見ていると，やらないことには，どの子にもその子なりの理由があるように感じる。がんばってできるようになったけれど，その後は何となく気が向かなくなった子ども。できるようにはなったが，まだまだ難しいので，あまりやりたくない子ども。できるようになるまでは，周りはいっしょうけんめい励ましてくれたのに，次第にほめられることも少なくなり，やらないことで気を引きたくなった子どもも，いるかもしれない。このようにさまざまな理由が思いつくが，やろうとしなくなった子どもたちが表現していることは，みんな「親へ甘えたい」という気持ちのようだ。
　私たちの社会では，「できることは自分でする」ということが，普段は求められている。一方で，病気になったり，心が弱ったりしているときには，できることでも誰かに手伝ってもらうこともある。「できないことを手伝ってもらう」こととは異なり，「できることでも，手伝ってもらう」ことには，一種〈特別な〉甘える気持ちが底に潜んでいるのではないだろうか。そして甘えを受け入れてもらえると，自分が受け入れられているという安心感も生まれてくる。つまり子どもたちは，自分でできることだからこそ，ちょっと甘えてみたいのである。親の心に余裕があるときならば，「しょうがないなあ」と言いつつ，甘えを受け入れ手伝ってあげることも，人の成長においては大切ではないだろうか。
　親のなかには，「甘やかしていると，いつまでたっても一人でやろうとしない」と心配になる人もいる。だが甘えることで感じる安心感を十分味わい，時期がくれば，子どもはやがて一人でやるようになっていく。また幼少期にこのような経験をしたならば，つらいときや苦しいときに，人に甘えることで感じる安心感を思い出し，手伝ってほしいと頼むことができるように思う。そして他者に甘えられる人は，自分が他者から助けてほしいと求められたときに，他者の甘えを自然に受けとめて対応する力も，備わっているのではないだろうか。

ではない。ハーヴェイら（Harvey & Omarzu, 1997）は，親密な関係において長期的に互いが満足感を得るうえで「気遣い（minding）」がきわめて重要であり，気遣いを「自己開示」「関係を円滑にすることを目的とする行動」「関係の中での互いの努力を認めること」としている。夫婦が肯定的な思いをもってつながり続けるには，共有し認め合いよりよい関係にしていこうとする意識が双方にあることが必要であり，そうした意識の表れとしてのコミュニケーションでなくてはならないのである。

6　親になる：守る立場でのつながり

[1] 親子という関係の特徴

　子どもが生まれると，人は親という立場で子どもとの関係を築いていくことになる。親の子どもとのつながりは，自分が守り子どもが守られるという非対等な関係であり，また子どもが誕生から著しく発達変化していく過程に長く寄り添うため関係性の変容が大きいという特徴をもつ。

全面的に保護と世話を必要とする状態で生まれてくる子どもを，心身ともに健やかに，自ら判断し行動できるまでに守り育てるのは大変なことである。特に乳幼児期の子どもをもつ親は子育てに負担を感じることも多い。また，子どもが生まれることは，「親としての自分」の誕生でもある。親になると，新たな「自分」の側面に対してアイデンティティを形成し，それまでのアイデンティティと統合していくことが必要になる。これはそれまでの親自身の育ちを問い直されることでもあり，葛藤と試行錯誤を伴う作業である。親としてさまざまな壁を乗り越えていかなくてはならないなかで，子どもとの親密な関係はどのように築かれていくのだろうか。

［2］一体感のなかでの親密性の深まり

　第2節［1］で述べたように，子どもは自分が快い状態にあるように親が世話をし，自分の発信に対して応答的に関わってくれる経験の積み重ねによって，親に対する親しみを深めていく。親も同様に，子どもが自分のはたらきかけにほほえんだり声を出したりするようになると，子どもを一層いとおしく感じ親としての自信も育つ。また，生後6か月頃までは親子がきわめて密着した状態にあり，互いが同一化して感じられるような一体感のなかでつながっている。この頃までは，直接に触れ合う密な関わりと情緒的なコミュニケーションの積み重ねによって親子の親密性が深まっていく。

　生後数か月は，ひんぱんな授乳やおむつ替えだけでも体への負担が大きく，家事やきょうだい児の世話が加わればなおさらである。また，初めての子どもを育てる親は，不慣れな育児に不安や戸惑いを強く感じやすい。生後3か月から6か月頃に子どもの生活リズムが安定し，育児にも慣れてくるまでは，親が親として適応していく最初の試練ともいえる。この時期に親の敏感さや応答性が低いと，ポジティヴな感情をもってつながり合うことは難しい。親の負担感が過度に大きい状態では，敏感さや応答性が発揮されにくい。したがって，配偶者や他の親族による育児の分担や情緒的サポートが重要となる。

［3］物理的な自立に向かう子どもとのつながり

　生後半年を過ぎると，子どもは自力で移動することができるようになり，親子の密着の度合いが下がっていく。運動面の発達によって子どもの行動の範囲やバリエーションが広がり，認知的な発達もあいまって意図する力が発達し，自我が芽生える。1歳頃には親のはたらきかけに「いや」を表現するようになり，親にとって「子どもが思い通りにならない」経験が増えていく。子どもの自己主張は，2歳頃をピークにますます強くなる。「イヤイヤ期」とも呼ばれる反抗期である。反抗期の子どもは，自分でものごとをコントロールしたい思いと同時に，実際に親から離れることへの不安もかかえている（Mahler et al., 1975／邦訳, 1981）。子どもが強い反発と依存の両方を見せるこの時期は，自分で考え行動することを始めた子どもに，基本的な行動の良し悪しや気持ちの適切な表し方を伝えていかなければならない時期でもある。親の子どもへの対応は，危険な行動を制限する，攻撃的な行動を叱る，過度の甘えを拒否するといった否定的なものが増えていく。親子が対立してともに負の感情を示すことが多くなり，親の子どもへの否定的な感情はこの頃にもっとも大きくなる傾向がある（加藤・津田, 2001; 倉林ほか, 2005）。

　しかし，親が子どもに否定的な感情をもつことが直ちに，親子の関係性が好ましくないことを意味するものではない。坂上（2003）は，こうした感情はどの親にも当然生じるものであり，それは肯定的な育児感情と並んで，子どもとの間に対等な関係を築いていくうえで必要だとしている。親は，子どもの発達変化に寄り添うなかで，1歳の後半には子どもを人格をもった一つの主体として捉えるようになる（菅野ら, 2009）。子どもの主張に対して，より幼かったころのように全面的に受け入れたり，単になだめたりするのではなく，子どもを自分と対等な主体と認めるようになったからこそ，そして子どもの発達に応じて親としての責任をもって教え導こうとするからこそ，主張し

合い対立する構図が生まれるのである。このような関わりは，それによって否定的な感情が引き起こされるものであっても，親が子どもを大切な存在として守り育てる一環として捉えることができる。もちろん，それがしつけという名の虐待や，あまりに親の気分に左右されるものであってはならないし，否定的な感情があまりに強い場合は親の精神的健康や親子の関係性を損なう恐れがある。そうしたことがなく，親子の全体的な関係の中で安定したアタッチメントが形成されているのであれば，否定的感情を伴う個々のエピソードも含めて，広い意味で親密な関係を築けているといえるのではないだろうか。

[4] 精神的な自立に向かう子どもとのつながり

上記のように，子どもが親との一体感から分離していく過程を「第一の分離‐個体化」という（Mahler et al., 1975／邦訳, 1981）。この過程で生じる前項のような親子の葛藤は，子どもの理解や情動のコントロールの力が伸びることによって2歳頃をピークに徐々に落ち着き，幼児期後半には親子がそれぞれの考えに折り合いをつけて目標を共有する関係が成り立つようになる。さらに，子どもは親の直接的な助けを次第に必要としなくなり，また親と離れて他者とともに過ごす時間が増えるが，精神的にはいまだに親を頼り，安心のよりどころとしている（Hazan & Zeifman, 1994）。

思春期に入る頃から，子どもは「第二の分離‐個体化」期を迎え，親への依存に疑問や反発を感じるようになる（Blos, 1967）。精神的な依存と自立の間で揺れる子どもと親は再び葛藤の時期に入る。子どもがそれまでの親との関係を拒否することに，親は戸惑い悩む。配偶者や祖父母や学校の担任と話し合ったり，親自身の思春期を振り返ったりして，子どもの行動や心情を理解しようとする。子どもが親に守られる関係から脱したいと感じていることに気づき，それが子どもの発達のうえで重要なことなのだと察し，心配しながらも「手を出さずに見守る」「判断を子どもに任せる」など親としての役割を変化させていく。第二の分離‐個体化は，親と子どもがともに試行錯誤しながら互いの距離をはかり，子どもの精神的自立に向けて関係のあり方を築き直す過程であるといえる。

[5] 離れていく子どもとつながり続ける

2つの分離‐個体化の時期は，子どもが自立を模索する意識と行動が大きく現れる節目であるが，これらの時期に限らず，子どもはつねに依存から自立に向かって発達変化している。それに伴って，親は少しずつ子どもから手を放し，守る立ち位置を変化させていく。子育ての目標は子どもの自立であり，それには子どもの発達に応じた親離れ，子離れが不可欠である。これを実現するには，親自身が確かなアイデンティティをもっていることが重要である。本節［1］で述べたように，子育てを通じてアイデンティティの再構築をすること，あるいはそれまで不確かだったアイデンティティをつくり上げていくことが必要になる。それは親にとって大きな試練であるが，子どもとの関係のなかで「生き直す」可能性を得ることでもある。

わが子を大切に守り育て，子どもが健やかに育ちゆけば，そのつながりに徐々に距離が生じる。親子の関係はそうした逆説的な性質をもつものであるが，距離が生じるとは関係が希薄になるということではない。子どもが自立して親のもとから離れていっても，親は信頼と少しの心配をもって子どもの幸せを願い続ける。その願いは子どもの人生を底辺で支える力となる。離れても生涯続く親子の深い絆である。

[6] 孫とのつながり

祖父母と孫との関係も，世代の異なる者の間のつながりである。祖父母は親と同様に孫を守る立場であると同時に，無条件に愛情を注げる孫は祖父母にとって大きな支えになり得る存在でもある。エリクソンら（1986／邦訳, 1997）は，「高齢者が孫と関わることは自分の生命が途絶えても，精神が次世代に引き継がれる信頼を形成し，そのことが死への不安を和らげる」としている。橋本

(2012) では，自分の命が孫に引き継がれていくという感覚を強く持っているほど精神的な健康の状態が良い傾向が示されており，上記のエリクソンらの論を裏付ける結果となっている。

　もっとも，祖父母と孫の関係性は，居住距離や祖父母とその子ども（孫の親）との関係性などさまざまな要因の影響を受けるため多様である。孫と一緒にいると疲れると感じたり，孫の養育に関わることが重荷であったり，ほとんど交流がなく互いがあまり意識されていない場合もある。孫に対する感情や孫との関係は，つねに肯定的なものであるとは限らない（小松ら，2010）。

　しかしやはり，自分が生きてきたことの一つの証であり成果であるともいえる孫は，これまでの人生を振り返り，子どもとの関係を見つめ直し，残された時間の生き方と来るべき死について考える契機となり，前向きな見方をもたらしてくれる可能性のある存在である。孫との関係は，単に祖父母 - 孫の二者のつながりにとどまらず，祖父母を改めてその人生とつなぎ直し，人生の統合を支える力となり得るものであるといえる。

7 親密な他者との離別：つながりの内在化

　人は年を重ねると，大切な人を亡くすということが避けがたいものとなってくる。大切な人の亡き後，その人との間に築いてきた親密な関係はどのような意味をもつのだろうか。

　亡き親とのつながりは，親がこの世に残る自分に託した思いを引き受け，親の願いに背かない生き方をするべく，引き続きその人の人生を支えていくだろう。亡き親友とのつながりは，自分が自分であることをともに確かめ合った存在としてその人のなかになお生き続け，その人が揺らいだときに自分を確認するよりどころとなったり，親友の分も生きる役割を感じることが生きる力になったりするかもしれない。亡き配偶者とのつながりは，『つみきのいえ』（加藤・平田，2008）のようにともに積み重ねてきた大切な思い出のうえに生きる，孤独ではない確かな足元を感じさせてくれるかもしれない。

　死によって分かたれても，人生において築いてきた親密な関係はその人のなかに内在化し，宙に漂わず孤独にさいなまれることなく残りの人生を地に足をつけて生きていくための支えとなる。また，この世に残された人のなかに大切な人との関係が生き続けることは，亡き人をこの世につないでいるともいえる。大切な人との絆は失われることなく，生と死を超えて続いていくものなのであろう。

引用・参考文献

Ainsworth, M. D. S., Blehar, M. C., Waters, E., & Wall, S. (1978). *Patterns of attachment: A psychological study of the strange situation.* Hillsdale, NJ: Lawrence Erlbaum.

Blos, P. (1967). The second individuation process of adolescence. *The psychoanalytic Study of the Child, 22,* 162-186.

Bowlby, J. (1980). By ethology out of psycho-analysis: An experiment in interbreeding. *Animal Behaviour, 28,* 649-656.

Crowell, J. A., Treboux, D., & Waters, E. (2002). Stability of attachment representations: The transition to marriage. *Developmental Psychology, 38*(4), 467-479.

遠藤 利彦（2007）．アタッチメント理論とその実証研究を俯瞰する　数井 みゆき・遠藤 利彦（編著）アタッチメントと臨床領域　ミネルヴァ書房

Erikson, E. H. (1950). *Childhood and society.* New York, NY: W. W. Norton.（エリクソン，E. H. 仁科 弥生（訳）(1977). 幼児期と社会 1　みすず書房）

Erikson, E. H. (1959). *Identity and the life cycle.* New York, NY: International Universities Press.（エリクソン，E. H. 小此木 啓吾（訳）(1973). 自我同一性――アイデンティティとライフ・サイクル　誠信書房）

Erikson, E. H., Erikson, J. M., & Kivnick, H. Q. (1986). *Vital involvement in old age.* New York, NY: W. W. Norton.（エリクソン，E. H.・エリクソン，J. M.・キヴニック，H. Q. 朝長正徳・朝長梨枝子（訳）(1997). 老年期――生き生きしたかかわりあい　みすず書房）

Evans, R. I. (1967). *Dialogue with Erik Erikson.* New York, NY: Harper & Row.（エヴァンス，R. I. 岡堂 哲雄・中園 正身（訳）(1981). エリクソンは語る　新曜社）

Harvey, J. H., & Omarzu, J. (1997). Minding the close relationship. *Personality and Social Psychology Review, 1,* 224-240.

橋本 翼（2012）．高齢者の心理的，精神的健康状態における孫の及ぼす影響——孫‐祖父母関係評価尺度を用いた検討—— 山形保健医療研究, 15, 21-32.

Hazan, C., & Zeifman, D. (1994). Sex and the psychological tether. In K. Bartholomew & D. Perlman (Eds.), *Advances in personal relationships, Vol. 5. Attachment processes in adulthood* (pp.151-178). London: Jessica Kingsley Publishers.

石盛 真徳・小杉 考司・清水 裕士・藤澤 隆史・渡邊 太・武藤 杏里（2017）．マルチレベル構造方程式モデリングによる夫婦ペアデータへのアプローチ——中年期の夫婦関係のあり方が夫婦関係満足度，家族の安定性，および主観的幸福感に及ぼす影響 実験社会心理学研究, 56(2), 153-164.

伊藤 裕子・相良 順子（2012）．定年後の夫婦関係と心理的健康との関連：現役世代との比較から 家族心理学研究, 26, 1-12.

伊藤 裕子・相良 順子（2015）．結婚コミットメント尺度の作成——中高年期夫婦を対象に 心理学研究, 86(1), 42-48.

伊藤 裕子・相良 順子・池田 政子（2007）．夫婦のコミュニケーションが関係満足度に及ぼす影響——自己開示を中心に—— 文京学院大学人間学部研究紀要, 9(1), 1-15.

金政 祐司・大坊 郁夫（2003）．愛情の三角理論における3つの要素と親密な異性関係 感情心理学研究, 10, 11-24.

加藤 久仁生・平田 研也（2008）．つみきのいえ 白泉社

加藤 道代・津田 千鶴（2001）．育児初期の母親における養育意識・行動の縦断的変化 小児保健研究, 60, 780-786.

川名 好裕（2016）．男女関係の進展による心理的魅力要因の変化 立正大学心理学研究所紀要, 14, 3-12.

数井 みゆき・遠藤 利彦（2005）．アタッチメント——生涯にわたる絆 ミネルヴァ書房

小松 紗代子・斎藤 民・甲斐 一郎（2010）．孫の育児に参加する祖父母の精神的健康に関する文献的考察 日本公衆衛生雑誌, 57(11), 1005-1014.

キン イクン（2011）．青年期の愛着行動特徴と漸成発達の親密性の達成との関連 立教大学心理学研究, 53, 17-28.

倉林 しのぶ・太田 晶子・松岡 治子・常盤 洋子・竹内 一夫（2005）．乳幼児健診に来所した母親のメンタルヘルスに及ぼす因子の検討——対象児の年齢との関連—— 日本女性心身医学会雑誌, 10(3), 181-186.

LeCuyer-Maus, E. A., & Houck, G. M. (2002). Mother-toddler interaction and the development of self-regulation in a limit-setting context. *Journal of Pediatric Nursing*, 17, 184-200.

レギァスティ, M. 大藪 泰（訳）（2014）．乳児の対人感覚の発達——心の理論を導くもの—— 新曜社（Legerstee, M. T. (2005). *Infants' sense of people: Precursors to a theory of mind*. New York, NY: Cambridge University Press.）

MacDonald, K. (1992). Warmth as a developmental construct: An evolutionary analysis. *Child Development*, 63, 753-773.

Mahler, M. S., Pine, F., & Bergman, A. (1975). *The psychological birth of the human infant*. New York, NY: Basic Books.（マーラー, M. S.・パイン, F.・バーグマン, A. 高橋 雅士・織田 正美・浜畑 紀（訳）（1981）．乳幼児の心理的誕生——母子共生と個体化 黎明書房）

Main, M., & Solomon, J. (1990). Procedures for identifying infants as disorganized/disoriented during the Ainsworth Strange Situation. In M. T. Greenberg, D. Cicchetti & E. M. Cummings (Eds.), *Attachment in the preschool years: Theory, research, and intervention* (pp.121-160). Chicago, IL: The University of Chicago Press.

宮下 一博（1995）．青年期の同世代関係 落合 良行・楠見 孝（編）自己への問い直し——青年期 講座生涯発達心理学第4巻（pp.155-184）．金子書房

永井 暁子（2011）．結婚生活の経過による妻の夫婦関係満足度の変化 社会福祉, 52, 123-131.

大野 久（1995）．青年期の自己意識と生き方 落合 良行・楠見 孝（編）自己への問い直し——青年期 講座生涯発達心理学第4巻（pp.89-123）．金子書房

小野寺 敦子（2013）．家族・親子に関する基礎研究と実践活動とのインターフェース 発達心理学研究, 24, 474-483.

Roisman, G. I., Padrón, E., Sroufe, L. A., & Egeland, B. (2002). Earned-secure attachment status in retrospect and prospect. *Child Development*, 73(4), 1204-1219.

坂上 裕子（2003）．歩行開始期における，子どもの反抗・自己主張に対する母親の対応：子どもの月齢，出生順位，発達的変化との関連 帝京大学心理学紀要, 7, 59-78.

Shaver, P., & Hazan, C. (1987). Being lonely, falling in love: Perspectives from attachment theory. Special Issue: Loneliness: Theory, research, and applications. *Journal of Social Behavior and Personality*, 2, 105-124.

清水 弘司（1999）．幼児期の母子分離型と青年期の自己像：連続性と転機の検討 発達心理学研究, 10, 1-10.

Sroufe, L. A. (1996). *Emotional development: The organization of emotional life in the early years*. New York, NY: Cambridge University Press.

Stern, D. N. (1985). The interpersonal world of the infant: A view from psychoanalysis and developmental psychology. New York, NY: Basic Books.（スターン, D. N. 小此木 啓吾・丸太 俊彦（監訳）神庭 靖子・神庭 重信（訳）（1989）．乳児の対人世界——理論編—— 岩崎学術出版社）

Sternberg, R. J. (1986). A triangular theory of love. *Psychological Review*, 93, 119-135.

Sullivan, H. S. (1953). *The interpersonal theory of psychiatry*. New York, NY: W. W. Norton（サリヴァン, H. S. 中井 久夫・宮崎 隆吉・高木 敬三・鑪 幹八郎（訳）（1990）．精神医学は対人関係論である みすず書房）

菅野 幸恵・岡本 依子・青木 弥生・石川 あゆち・亀井 美弥子・川田 学・東海林 麗香・高橋 千枝・八木下 暁子（2009）．母親は子どもへの不快感情をどのように説明するか：第1子誕生後2年間の縦断研究から 発達心理学研究,

20(1), 74-85.
水津 幸恵・松本 博雄（2015）．幼児間のいざこざにおける保育者の介入行動――気持ちを和ませる介入行動に着目して―― 保育学研究, *53*(3), 273-283.
高櫻 綾子（2007）．3歳児における親密性の形成過程についての事例的検討 保育学研究, *45*(1), 23-33.
上田 敏見・谷口 勝英（1984）．対人魅力形成に及ぼす態度・人格の類似性の効果 奈良教育大学紀要, *33*(1), 203-210.
Van Laningham, J., Johnson, D. R., & Amato, P. (2001). Marital happiness, marital duration and the U-shaped curve: Evidence from a five-wave panel study. *Social Forces, 79*, 1313-1341.
Waters, E., Merrick, S. K., Treboux, D., Crowell, J. A., & Albersheim, L. (2000). Attachment security from infancy to early adulthood: A 20-year longitudinal study. *Child Development, 71*, 684-689.
Werker J. F., & Tees, R. C. (1984). Cross-language speech perception: Evidence for perceptual reorganization during the first year of life. *Infant Behavior and Development, 7*, 49-63.
Youniss, J. (1980). *Parents and peers in social development: A Sullivan-Piaget perspective*. Chicago, IL: University of Chicago Press.
Zeifman, D., & Hazan, C. (2000). A process model of adult attachment formation. In W. Ickes & S. Duck (Eds.), *The social psychology of personal relationships* (pp.37-54). New York, NY : Wiley.

コラム13
虐待という環境から発達を考える

小倉加奈子

1　子ども虐待の影響

筆者が勤めている病院には，毎日のように子どもの受診を希望する保護者から電話がかかってくる。その中では，学校へ行けないとか，ほかの子を叩いてしまうとか，授業中に教室からいなくなるとか，イライラしていて気持ちの切り替えが難しいとか，さまざまな内容が語られるが，会って詳しく話を聞くと，その子が以前虐待を受けていた（あるいは現在も受けている）ということがある。このようなことは子どもに限らず，大人からの相談にも当てはまる。「眠れなくて」，「仕事のミスが多くて」，「ネガティヴな考え方をしてしまうので」と内容はさまざまであるが，実は親からの暴力や暴言を受けていたり，子どもの頃温かい関わりをほとんど与えられていなかったりすることがある。

虐待は心身の成長発達に深く影響を与えることが明らかになっており，たとえば身体の面からいえば，養育者からの愛情が十分に与えられない環境で育った子どもたちは，成長ホルモンの分泌が少なくなるため低身長や低体重になること，暴力や暴言を日常的に受けている子どもたちの脳は，その一部が萎縮あるいは変形すること（友田，2011）がわかっている。心や振る舞いに現れる影響としては，怒りっぽくなったり，ぼんやりして集中できなかったり，自分に自信が持てなかったり，人間関係で安心感を持てなかったりする。気持ちや要求を表現したり，あるいは我慢したりすることがうまくできない場合も多く，癇癪や暴力，非行や自傷行為などが見られることもある。

2　虐待という環境への適応

前項で述べた特徴は注意欠陥多動性障害や自閉症スペクトラム障害などの発達障害の特徴の一部と一見よく似ているため，発達障害と診断されることもある。子ども虐待と発達障害の関係を指摘した杉山（2007）は，「（虐待も）発達の一つの形であるし，生活に障害が出ることも多いという点でほとんど区別はできない」と述べている。すなわち，虐待を受けてきた子どもたちは，虐待環境に適応する形で発達してきたといえる。

虐待環境に適応するというのはどういうことか，虐待を日常的に受けている子どもたちの生活をイメージすると少しわかりやすいかもしれない。いつ大人の表情が変わって怒鳴りだすかわからない，もしかしたら突然殴られるかもしれない，あるいはまたいつものように自分が何か失敗し叱られるかもしれない（暴力や暴言を受けるのは自分がいけないからだと考える子どもも多い）。たとえばこのように，日常的に暴力や暴言にさらされている子どもたちは，いつも体を緊張させ気を張っているようになる。脳内ではつねに危険信号が鳴り響いている。だから彼らは，いつもピリピリしていて，落ち着くことができない子どもに見える。つねに顔色をうかがってしまい，相手の言うことに過剰に従ってしまう子もいる。ある例では，「他人にどんなに褒められても，その言葉を信じられません」と話した50代の女性が，その後のセラピーで，「母はいつも自分を褒めてくれたけど，いきなり殴りかかってくる人でもあったので，〈褒め言葉は信用できない〉と思ってしまったんだと思います」と語ってくれたことがあった。このことは，子どもの頃に与えられた環境で生きていくために何とか適応してきた結果，その後，その人の生活に支障が生じることを示している。すなわち，虐待環境を脱し，ひどく傷つけられることがなくなった後でも，身につけた適応スキル（いつでも心身を緊張させておく，他人の言葉を信用しないなど）を手放すことは本人にとってはとても怖いことであるため，そのあとも同じやり方で対応しているのである。

このように考えると，虐待によって傷ついた人の回復の道筋も見えてくるだろう。実際に，虐待を受けた人たちの治療・支援では，あたたかい愛情を感じられる環境を経験すること，獲得した適応スキルを少しずつ取り替えていくことが行われる。

人間の発達を理解しようとするとき，このように，〈その人それぞれの環境への適応〉を発達と見る視点が不可欠ではないだろうか。そうすることで，一人ひとりの振る舞いの理由や気持ちに少し近づくことができるだろう。

引用・参考文献

友田 明美（2011）．いやされない傷――児童虐待と傷ついていく脳　診断と治療社

杉山 登志夫（2007）．子ども虐待という第四の発達障害　学研プラス

第9章

社会関係の生涯発達
▶▶▶社会と関わり続ける

武藤世良

1 はじめに

　私たちは生涯を通して社会と関わり続ける。社会関係（social relations）とは，私たちが出会うあらゆる人との関係のことを指す言葉である。心理学では，身近な親子関係やきょうだい・家族・親戚関係，友人関係あるいは友情（friendships），仲間関係（peer relations），恋愛関係（romantic relationships）が社会関係の典型として扱われ，多くの研究者の検討対象となってきた。すなわち，社会関係は，今まさにあなたが日々経験している人間関係の1つひとつそのものである。

　特に近年では，友人関係や友情に関する実証的研究が増えてきている（Hojjat & Moyer, 2017）。そこで，本章でも代表的な社会関係として，2者間の友人関係やそれを取り巻くより広い集団としての仲間関係の生涯発達について主に扱うこととする。また，日本社会の特徴の1つともいえるタテ関係（中根, 1967）における生涯発達についても概観を試みることとする。本章を読み進めることで，あなたが「社会と関わり続ける」とはどのようなことかについて，考えを深めていただければ幸いである。なお，親子関係や恋愛関係の生涯発達については，第8章（親密性の生涯発達）に詳細に記述されているため，本章では友人関係や仲間関係との関連や違いを指摘するに留めることとする。

2 友人関係の生涯発達：本当に類は友を呼び，朱に交われば赤くなるのか？

　「類は友を呼ぶ」，「朱に交われば赤くなる」，「友情は喜びを二倍にし，悲しみを半分にする」など，友人関係や友情に関わる諺や格言は世界中に多くある。こうした古来の知恵の結晶ともいえる諺や格言は，友人関係について古くから人々が関心を寄せてきたことを物語っており，友人関係の重要な特徴や発達的影響を示唆している。しかしながら，実際のところ，こうした諺や格言の1つひとつは，果たしてどれほど妥当なものといえるのだろうか。心理学の面白さは，さまざまな人を対象にさまざまな方法でデータをとって実証的検討を積み重ねることで，この問いに答えることができるというところにもあるだろう。本節と次節では，上記の3つの諺の妥当性についてもふれながら，友人関係の生涯発達や機能について考えてみたい。

[1] 友人関係とは何か

　その前にまず，そもそも友人関係とは何かについて整理しておこう。友人関係は私たちが幼い頃から日々，経験しうるものであるが，"The psychology of friendship（友人関係の心理学）"（Hojjat & Moyer, 2017）と題された近年の学術書においても，友人関係（friendships）を定義し，さらにはその定義の合意を得ることは研究者にとって困難な営みであることが記されている。たとえば同

書でローリンズ（Rawlins, 2017）は，友人関係は①自発的なものであり，②個人的な関係性であり，③感情的な絆であり，④相互的な関係性であり，⑤平等な関係性に向かう傾向があるという5つの典型的な特徴を挙げている。一方で，ウルザスら（Wrzus et al., 2017）は，友人関係は自発的で，互恵性に基づくインフォーマルな仲間関係であり，ポジティヴな（すなわち，気持ちのよいものと知覚される）性質を持ち，通常は性欲を伴わないものであるとし，血縁関係や法的拘束のある家族関係や，性欲を伴う恋愛関係とは区別している。

　両者の定義は，友人関係が自発的で，個人的でインフォーマルなものであり，感情的な性質を持つという点では似ている（なお，英語の"friendship"には感情が伴うという上記の研究者の指摘のように，"friendship"は「友情」と訳される場合も多い。本章では文脈に応じて，「友人関係」と「友情」の双方を"friendship"の訳語として用いることとする）。しかし，ローリンズが友人関係の相互性（mutuality）を重要な特徴の1つとして主張する（すなわち，お互いに友人であると思っている場合が友人関係であり，一方から他方への片思い的な友人関係は"would-be friendship（自称友人関係）"に過ぎないと捉えている）のに対して，ウルザスらは，他の文献（Wrzus & Neyer, 2016）で，一方的に友人と思っている場合でも，発達にとっては重要である可能性があり，また，多くの研究では自己報告の指標しか用いておらず，その友人関係が本当に相互的なものなのか研究者が判断できないという現実的な問題から，相互性を友人関係の定義の基準から外している。

　こうした友人関係の定義に関する見解の違いは，私たちが日常の友人関係について考えるうえでも興味深い。たとえば，あなたは動物や自分の大事なペットとの間に友情が成立するかという問題を考えたときに，ペットとの友情は飼い主のペットの擬人化や心の理論といった，心理的投影のメカニズムによって多分に支えられており（McConnell et al., 2017），ペット自身は飼い主のことを別に友人と思っているわけではなく，そもそもそのように思えるような認知的能力を持たないかもしれないと指摘されたら，どう思うだろうか。この友情の相互性の問題は，今後ますます開発がさかんになるであろうロボットとの友情にもあてはまるかもしれない。こうした友人関係あるいは友情の定義の問題は，ぜひご自身でも考えていただきたい。ちなみに，研究対象者となる子どもや大人自身に友情や親友とは何かについて考えてもらい，その意味や理解の典型的特徴や，概念的発達を探る研究も多くなされている（e.g., Rubin et al., 2015）。

　先に紹介したウルザスらはさらに，友人関係の重要な2次元として，情動的親密さ（emotional closeness）と支援の互恵性（reciprocity of support）を挙げている（Wrzus & Neyer, 2016; Wrzus et al., 2017）。情動的親密さは，主にはその関係性において愛情や喜び，感謝など，さまざまなポジティヴ情動を経験することである。また，友人関係における支援の互恵性は，行った支援が将来異なる手段でお返しされる可能性がある（たとえば，友人の悩みを聞いてあげたら，後日その友人からお礼にお菓子をもらう，など）という点で，単純なしっぺ返し戦略（tit-for-tat behavior：相手の行動に対して，即座に同じ行動で応報すること）を超えたものとされている。

　さて，このような特徴を持つ友人関係はどのように生涯発達を遂げるのだろうか。友人関係の発達は，恋愛関係と同様に，①関係性の特徴が年齢とともにどのように変化するのかという，関係性の発達的変化と，②ある特定の関係性がどのように始まり，維持され，時に解消され終わりを迎えるのかという，関係性内の発達の2つに分けて考えることができる（Furman & Rose, 2015）。さらに，これら友人関係の発達は多くの場合，個人の他の側面の発達と相互規定的に（時間の進行に伴い，友人関係の発達と個人の他の側面が互いに）影響を与え合い，共発達（co-development）を遂げる（e.g., Furman & Rose, 2015; Rubin et al., 2015; Wrzus & Neyer, 2016; Wrzus et al., 2017）。以降，ファーマンとローズ（Furman & Rose, 2015）の区別に従い，友人との関係性の発達的変化と関係性内の発達を分けて論じ，さらには主に前者に関して，友人関係と個人の他の心理的側面の相互規定的影響や共発達に関わる知見を概観することとする。

[2] 関係性の発達的変化

友人関係の発達的変化に関しては，児童期前期には子どもどうしが単に近くにいること（proximity）や遊びが重要であり，児童期中期には互いの援助や何かを共有する活動が重要であり，青年期では親密性や自己開示が重要であることが理論的にも実証的にも支持されてきた（Furman & Rose, 2015）。特に近年では，青年期や成人期前期がその前後の発達期に比べて，大きな友人関係ネットワークを持ち，友人関係に重きを置いていることが示されている（Wrzus et al., 2017）。ウルザスら（Wrzus & Neyer, 2016; Wrzus et al., 2017）は，友人関係の量的な変化（友人の数の変化）と質的な変化の双方をレヴューしている。ここではその知見を紹介しよう。

1）友人の数の変化
ウルザスらの個人の社会的ネットワークの大きさに関するメタ分析（Wrzus et al., 2013）では，①全体的な社会的ネットワーク（家族，友人，職場の同僚，知人，その他の関わりのある人々を含む）は成人期前期まで増大し，その後はだんだんと減少すること，②個人的なネットワーク（主に家族と友人）と友人関係ネットワーク（友人）は成人期を通して減少すること，③家族ネットワークは青年期から高齢期まで安定した大きさであること，④職場の同僚や隣人といった他のネットワークは特定の年齢の時期にしか重要にならないことが示されている。

ウルザスらは，友人の数が成人期前期に増え，以降は減少するというこの標準的な発達軌跡に関して，主には社会情動的選択性理論（socioemotional selectivity theory: Carstensen, 1995）を基に，標準的なライフイベントが影響していると解釈している（Wrzus et al., 2017）。社会情動的選択性理論では，人が生きていくために重要となる社会的目標は複数あり，人生を通して共通するものの，ライフサイクルの段階によって強調され優先される目標が異なると考える。具体的には，高齢になるほど残りの人生が限られていると知覚されやすいため，今ここでの即時的欲求を満たすために自身の情動を制御し，また自身の情動に素直に従うことが重要となる。一方で，高齢になるほど将来の成長のために必要となる情報の収集・獲得や，気の合わないかもしれない見知らぬ人々と時間を犠牲にしてまで付き合いたいという欲求が減少すると仮定されている（Carstensen, 1995）。すなわち，ウルザスらの解釈（Wrzus et al., 2017）では，成人期前期には，通常は大学や職場など新しい環境に置かれるために，多くの人が新しい友人を得る。また，結婚すると，配偶者の友人との間に新しい友情が芽生えることもある。こうした変化はこれまで築いてきた社会関係や友情を失わせる可能性もあるが，概して既存の友人関係の損失よりも新しい友人関係の獲得のほうが量的に上回るため，全体的には友人の数は増加する。しかし，成人期中期以降になると，新しい情報を獲得しようという目標は相対的に弱まり，仲の良い友人などの身近な関係性に焦点化するようになり，快適な相互作用を通してのみ自身の情動制御目標を満たそうとするようになる。さらに，仕事と家庭が自由に使える時間や資源を制限するため（これはいわゆるワークライフバランスの問題である），友人を厳選して特に仲の良い友人とだけ付き合うようになるかもしれない。その結果，友人の数は減少するものの，残りの親しい友人との関わりの量は増加する。特に，親になることは友人関係ネットワークの減少と関連することが指摘されている（Wrzus et al., 2013）。

2）友人関係の質の変化
友人関係の質の変化においては，先に紹介した情動的親密さと支援の互恵性の概念が重要となる（Wrzus & Neyer, 2016; Wrzus et al., 2017）。青年期には児童期に比べて友人関係やその情動的親密さの重要性が増大し，友人は親に代わってさまざまな悩みや秘密の相談相手となりやすくなる。青年期前期には，親は友人よりも道具的支援（たとえば，問題解決の糸口となるような手段や情報の提供）や情動的支援（たとえば，慰めや励まし）を行うが，友人からの支援もだんだんと増え，青年期後期には少なくとも情動的支援に関しては友人が親を上回るようになる。成人期前期には，情動的親密さに加えて，友人は実践的な支援も提供し，互恵性の規範の下に，長期的な支援のやり取りが行われるようになる。また，友人は主に相談相手やアタッチメント対象，余暇活動の遊び仲間となり，友人関係は性欲と（相手と自分だけの閉じた関係である）排他性以外の点では恋愛関係と似てくる。したがって，成人期前期において恋愛関係が中心となり，

長期の恋愛関係に入った際には，友人は励ましなどの情動的資源の提供先として相対的に重要でなくなってくる（Wrzus & Neyer, 2016）。このように，結婚したり親になったりすると，友人の数だけでなく友人関係の質も変化し，友人の重要性が低下する。一方で，独身者にとっては，友人や親友は遊び仲間や秘密の開示，励ましなどの情動的欲求や，アドバイスや物質的な支援にとって最も重要な存在である。つまり，独身者にとっては友人が，配偶者が満たすような情動的・支援的機能を満たしてくれる（Wrzus et al., 2017）。

成人期後期には，特に仲の良い友人関係が維持されるようになるため，友人への情動的親密さが平均的に増大し，ポジティヴ感情の増加などの情動的目標（Carstensen, 1995）が達成されやすくなる。一方で，高齢化に伴う病気や障害のため，支援が互いにやり取りされないことも増えてくるかもしれない。高齢の成人は，ふだんは社会関係において互恵性の維持を目指しているものの，こうした明確な理由があるなら，親密な友人関係ではその不公平を受け入れることもできる（Wrzus & Neyer, 2016）。

[3] 友人関係とパーソナリティの共発達：友人関係における選択と社会化

ここまでをまとめると，友人の数が成人期前期に増えるのは，標準的な人生移行に関連している。また，友人との情動的親密さや支援は独身者で最も強まる傾向があり，誰かと真面目な恋愛関係になったり親になったりすると，友人関係の重要性や質は平均的には低下する傾向がある（Wrzus et al., 2017）。しかし，人の発達を考えるうえでは，こうした標準的な軌跡だけでなく，個人差も考えなくてはならないだろう。すなわち，友人関係の質が発達を通じて向上する人も，安定している人も，悪化する人もいるかもしれない（Wrzus & Neyer, 2016）。これらの個人差を説明する要因の1つが，友人関係に関与する個人のパーソナリティである（パーソナリティについて詳しくは，第10章を参照されたい）。パーソナリティの特徴は友人関係の量にも質にも影響を与える。ウルザスら（Wrzus et al., 2017）によれば，さまざまなパーソナリティ特性の中では，Big Fiveの外向性と調和性，また特性的な自尊感情が最も強く友人の数や友人関係の質に影響を及ぼすらしい。たとえば，より外向的な人や自尊感情の高い人は，自信のある振る舞いや微笑など，魅力的に映る行動をしやすいために，他者から好かれやすく，友人が増えやすいことが指摘されている。また，ウルザスらは，近年の縦断的研究をレヴューし，パーソナリティの特徴が友人関係の発達にも影響を与えることを示している（Wrzus & Neyer, 2016; Wrzus et al., 2017）。関係性の質に関していえば，たとえば，外向性の高さがその後の友人との接触頻度や友人関係の重要性，親密さを増大させる一方で，開放性の高さが友人との接触頻度を減少させることや，自尊感情の高さが友人関係の不安感を減少させる一方で，神経症傾向の高さが友人関係の不安感を増大させることなどが示されている（Wrzus et al., 2017）。こうした友人関係の選択と維持に関わるパーソナリティの効果は選択効果（selection effects）とも呼ばれる（Wrzus & Neyer, 2016）。

一方で，友人関係の経験もパーソナリティの発達に影響を与える。たとえば，ドイツ人を対象とした縦断的調査では，17歳時点の同性の一番の親友から知覚される支援が，23歳時点の外向性の増大を説明した一方で，17歳時点の同性の一番の親友との葛藤は，23歳時点の外向性と自尊感情の減少を説明した（Sturaro et al., 2008）。また，成人期前期における友人関係での葛藤の増大や，不安感の高さは神経症傾向を高めることも示されている（Mund & Neyer, 2014）。こうした友人関係での経験を通して生じる個人のパーソナリティの変化は社会化効果（socialization effects）とも呼ばれる（Wrzus & Neyer, 2016）。

興味深いことに，ウルザスとネイヤー（Wrzus & Neyer, 2016）は，こうした友人関係における選択効果と社会化効果が，友人関係とパーソナリティの共発達に重要な役割を果たす可能性を指摘し，さらにはどの発達時期にどの程度，親子・家族関係や恋愛関係といった，他の社会関係と比べて，友人関係の選択と社会化の効果が大きくなるかまでをも考察している。

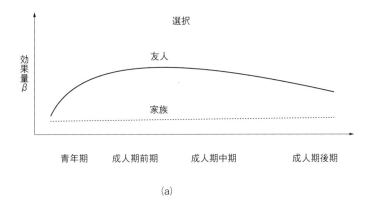

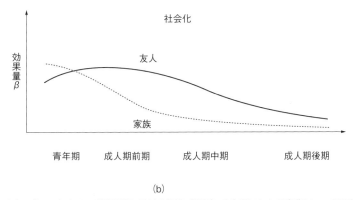

図 9-1(a) パーソナリティが関係性に及ぼす効果（選択）の生涯にわたる変化についての仮説
(b) 関係性がパーソナリティに及ぼす効果（社会化）の生涯にわたる変化についての仮説
（Wrzus & Neyer, 2016, Figure 1 を改変）

注）効果量 β は，標準化した回帰係数（Wrzus & Neyer, 2016）

図 9-1 を見てみよう。ウルザスとネイヤー（Wrzus & Neyer, 2016）の友人関係とパーソナリティ（このレヴューでは，主に Big Five が対象とされている：Big Five について詳しくは，第 10 章）の縦断的研究のレヴューの結論によれば，友人関係の選択効果は青年期に増大し，成人期前期にピークを迎え，成人期中期にいくぶん減少し，以降も安定して減少を続けるらしい。一方で，友人関係の社会化効果は，親の社会化効果と同様に，青年期は中程度の大きさであり，成人期前期以降は小さい効果から無視できるほどの効果の大きさに減少していくようである。成人期に友人関係の社会化効果が見られないことの説明としては，この時期には恋人のほうが友人よりも社会化のうえで重要である可能性や，関係性とパーソナリティを測定する際に方法論的問題がある可能性が指摘されている。たとえば，特定の友人関係における短期間の経験は，誠実性のような高次の永続的なパーソナリティ次元に影響を与えるには小さすぎ，代わりに目標達成追求（goal-striving）のような，より狭いパーソナリティの下位ファセットであれば影響を与えられ，その影響がゆくゆくは上位のパーソナリティ特性の変化にも般化される可能性が指摘されている（Wrzus & Neyer, 2016）。

[4] 関係性内の発達

友人関係はどのように始まり，維持され，解消されるのだろうか。まず，友人選択や友人関係の開始においては，関係形成「前」の相手との類似性が重要な要因の 1 つとなっている（Rubin et al., 2015）。先ほどの選択効果とも関連するが，ここで「類は友を呼ぶ」という諺が一定の妥当性を持っていることが指摘できる。従来の対人魅力の研究（e.g., Byrne et al., 1968）においても，自分と相

手との類似性が相手の魅力を高めることが膨大な研究により支持されてきた（類似性‐対人魅力仮説）。これまで，たとえば仲間からの被害（victimization）や人気，攻撃行動，非行，抑うつ，薬物使用の程度などが，その後友人になった青年どうしの間で似ていることが示されている（Rubin et al., 2015）。この「類」にあたる2者間の類似性は，同類性（homophily）とも呼ばれ，たとえば児童期前期から青年期にかけて，異なる人種，民族よりも，同じ人種，民族の仲間との間に友人関係が形成されやすいことが示されている（Furman & Rose, 2015）。ウルザスら（Wrzus et al., 2017）も友人関係形成におけるパーソナリティ特性や態度，興味・関心の類似性の重要性を指摘している。しかし，ウルザスらは，パーソナリティ特性の類似性の「知覚」が後の友人関係形成を予測する一方で，パーソナリティ特性や態度，興味・関心の「実際の」類似性が後の友人関係形成を予測するかに関しては知見が一貫していないことも指摘し，類似性の「知覚」と「実際」には一定の乖離がある可能性を示唆している。

いったん友人関係が形成されると，多くの場合，安定して相手と友人で居続ける。友人関係の安定性は，一般に年齢が上がるとともに増大する。しかし，青年期前期の学校内での友人関係に関しては，年度始めから終わりまで1年続く友人関係は約半分に留まることが複数の研究で示されている（Rubin et al., 2015）。これについては，年齢が上がるとともに友人関係が排他的となるため，解消されてしまう友人関係があることや，思春期に近づくと興味や関心が急速に変化するため，友人の選択も変化するという2つの要因が指摘されている（Rubin et al., 2015）。一方で，友人関係が不安定な青年と比べて，安定した友人関係を持てている青年は，その友人と活動の選択や，非行といった行動的側面だけでなく，自尊感情や達成動機といった内的属性が互いによく似ていることも

コラム14
社会性に関する発達

石井佑可子

ここでは社会性の表れの1つとして社会的スキルを取り上げる。そして，反社会的傾向との関わりに着目するため，非行少年らの社会的スキルについて述べる。

1 社会的スキルとその発達

社会的スキルの定義は幅広く統一見解が難しいが，「学習によって得られる，対人関係開始や対人反応などの行動であり，社会的強化を最大化するもの」と考えられている（Merrell & Gimpel, 2014など）。そのため，社会的スキルはその高低がコミュニケーションの巧拙を左右し，スキルを高く有することは種々の適応につながると想定されている。

社会的スキルの獲得は，社会認知能力や情緒的側面が発達し，対人関係が複雑になるに伴って進んでいくため，青年期になると行使される社会的スキルが複雑かつ高度になるとされている（Merrell & Gimpel, 2014）。石井（2014）では，青年期中・後期になるにつれ，従来の研究で扱われてきた主張や親和などといった「望ましい」表出スタイルのスキル（対人的接近スキル）だけではなく，主に害悪になりえる相手とうまく距離をとるための回避や欺瞞を駆使したスキル（対人的距離化スキル）も巧みに扱えるようになることがわかっている。

2 社会的スキルと非行傾向

さて，社会的スキルは非行傾向とどのような関わりがあるのだろうか。一般的に，非行少年らはコミュニケーション上の問題を抱えていることが多く，社会的スキルが不足しているといわれている（e.g. Freedman et al., 1978; Gaffney & McFall, 1981）。したがって，彼らに対する矯正教育では社会的スキルの向上を狙ったプログラムが多く実施されており，メタ分析によってさまざまな処遇を比較した研究では，スキル強化トレーニングが再犯防止に最も効果的であったと報告されている（Lipsey, 2009）。

しかし一方で，非行少年を対象としたスキルトレーニングの効果は低〜中程度にとどまり，トレーニング以外の場面や時間が経過した後では効果がみられなくなるという指摘もある（Merrell & Gimpel, 2014）。メレルとギンペル（Merrell & Gimpel, 2014）は，非行少年らに対人関係上の困難さがあることは認めているものの，彼らの問題の特徴に応じた介入をしなければ効果が期待できないと主張している。

では，非行少年の社会的スキルにはどのような特徴があるのだろうか。磯部ら（2004）によると，非行少年らは，同級生との関わりにおいては社会的スキルの実行が低い一方で，より親和性を感じる遊び仲間に対しては社会的スキルを十分に発揮すること

示されている (Hafen et al., 2011)。これは，先に見た社会化効果が安定した友人関係においてよく働いた結果とみなせ，「朱に交われば赤くなる」という諺が一定の妥当性を持っていることの証左ともいえるだろう。

また，友人関係の解消や終結に関する研究は少ないものの，同性の親友関係に関しては，完全解消 (complete dissolutions：完全に友人でなくなる場合) と，格下げ解消 (downgrade dissolutions：単なる「良い」友人の一人に成り下がる場合) を分けた検討がなされている (Bowker, 2011)。ボウカー (Bowker, 2011) は，約11-12歳の青年期前期の子どもが，親友との間で格下げ解消を完全解消よりも多く経験し，また，女子のほうが男子よりも両者の解消経験が多かったことを示している。さらに，格下げ解消を経験し，現在親友がいない青年は，格下げ解消を経験したが現在新たな親友がいる青年に比べて，孤独感が強かったことも示している。

友人関係は自発的な関係であるがゆえに，このように脆弱な側面も持つ。そのため，良好な関係を維持するには何らかの行動や努力が必要となる。オズワルドら (Oswald et al., 2004) は，因子分析により，友人関係を維持する鍵となる4つの行動をまとめている。1つ目は，ポジティヴィティ (positivity) であり，相手に感謝したり，一緒にいるときに元気よく振る舞ったりするなど，関係性が報酬となるような行動であり，互いのメッセージに返事をしないなど，友人関係にネガティヴな影響を与える行動をしないことも含む。2つ目は，支持 (supportiveness) であり，友人を認め支持し，応援するような行動である。3つ目は，開放性 (openness) であり，個人的な考えなどの自己開示や会話を含む。4つ目は，相互作用 (interaction) であり，友人と一緒に何かをする行動である。オズワルド (Ozwald, 2017) は，過去の自身の研究や他の研究をレヴューし，これら4つの維持行動が，親しい友人や軽い付き合いの友人よりも，一番の親友との間で多く行われているこ

が明らかになっている。すなわち，非行少年らは単に社会的スキルが不足しているわけではないことがうかがえる。同様の調査で石井・新堂 (2011) は，社会的スキルを，前項で挙げた対人的接近スキルと対人的距離化スキルの両面から測定し，軽度非行少年と一般高校生を比較した。その結果，非行少年らは接近スキルが一般高校生よりも有意に高かったのに対し，距離化スキルは著しく低いことがわかった。ここからは，意見や親しみを表明してやりとりを (必要以上に) 維持し続けることはできるが，(自分にとってあまり良くない) 対人関係状況から抜け出すことは苦手，という人物像が浮かび上がってくる。こうした対人行動スタイルは，9章本文で触れられている逸脱訓練の要因になっているとも考えられる。

以上のような結果に鑑みると，測定上の高い社会的スキルがそのまま適応的といえない場合もあることがわかるだろう。また，反社会的行動を起こす少年に対して，(特に従来型の) 社会的スキルの向上のみをもって矯正教育にあたろうとする試みは的外れになることが危惧される。教育や介入においては社会的スキルを型どおりにただ身につけさせることが重要なのではなく，どのような相手に，どのような種類のスキルで対峙するかまでをも考慮して，その獲得や行使を導くことが必要になるといえよう。

引用文献

Freedman, B. J., Rosenthal, L., Donahoe Jr, C. P., Schlundt, D. G., & McFall, R. M. (1978). A social-behavioral analysis of skill deficits in delinquent and nondelinquent adolescent boys. *Journal of Consulting and Cinical Psychology, 46*, 1448-1462.

Gaffney, L., & McFall, R. (1981). A comparison of social skills in delinquent and nondelinquent adolescent girls. *Journal of Consulting and Clinical Psychology, 49*, 959-967.

石井 佑可子 (2014). 青年期における社会的スキルの発達的変遷：メタ認知・対人的距離化スキルの機能から 藤女子大学文学部紀要, 51, 75-96.

石井 佑可子・新堂 研一 (2011). 在宅非行少年における社会的スキルの様相——メタ認知，対人的距離化スキルの観点から 臨床心理学, 11, 65-76.

磯部 美良・堀江 健太郎・前田 健一 (2004). 非行少年と一般少年における社会的スキルと親和動機の関係 カウンセリング研究, 37, 15-22.

Lipsey, M. W. (2009). The primary factors that characterize effective interventions with juvenile offenders: A meta-analytic overview. *Victims and Offenders, 4*, 124-147.

Merrell, K. W., & Gimpel, G. (2014). *Social skills of children and adolescents: Conceptualization, assessment, treatment*. Hove, East Sussex, UK: Psychology Press.

とを示している。また，自己開示やポジティヴィティ，支持，相互作用は，たとえば既存の親友関係が損なわれやすい高校から大学への移行期においても高校時代の親友関係の維持を予測することが示されている（Oswald & Clark, 2003）。特定の2者間において友人関係がいかに始まり，維持され，解消されるのかに着目した研究は少ないため（Furman & Rose, 2015），今後も研究の展開が待たれる。

3 友人関係の機能と帰結：友情は本当に喜びを二倍にし，悲しみを半分にするのか？

　友人関係は生涯を通して個人の心身の健康や適応，well-beingに深く関わる。エルドレーとデイ（Erdley & Day, 2017）は，友人関係の機能として，楽しい活動を一緒に過ごすことを意味するコンパニオンシップ（companionship）や，道具的援助（instrumental aid），信頼できる同盟（reliable alliance），世話（nurturance），友人として選ばれることによる自身の価値の増大（enhancement of worth），愛情（affection），自己開示に関わる親密性（intimacy）といったさまざまなものを個人にもたらし，児童期・青年期を通じて社会情緒的適応を促進するとしている。また，早期の友人関係は，後の恋愛関係や夫婦関係，自身の子どもとの関係のプロトタイプ（社会関係とは典型的にはこのようなものである，という一種のスクリプト）にもなる（Rubin et al., 2015）。
　また，友人関係の機能で強調されるものには性差があることも一貫して報告されている（Erdley & Day, 2017; Furman & Rose, 2015）。女子は男子よりも同性の友人関係において情動的支援や親密性，愛情を重視し，自己開示を多く行い，友人関係によって自己を定義しやすい。男子は女子よりも（しばしば競争的性質を伴う）共同活動を行いやすい（Furman & Rose, 2015; Hojjat et al., 2017）。こうした性差は小学校高学年までには現れ，青年期により強調されるようになる（Erdley & Day, 2017）。
　さて，こうした友人関係の機能に関する有名な諺として，「友情は喜びを二倍にし，悲しみを半分にする」というものがある。実際に，多くの研究で，良好な友人関係にある子どもや成人は自尊感情が高く身体的・精神的に健康であり，学業や仕事で良い成績やパフォーマンスを収め，孤独感や抑うつ，不安が低く，仲間からいじめなどの被害を受ける可能性が低く，疾病率や死亡率も低いなど，概して友人関係が生涯発達にポジティヴな帰結をもたらすことは実証的にも揺るがないところではある（Erdley & Day, 2017; Furman & Rose, 2015; Holt-Lunstad, 2017; Perlman, 2017; Rubin et al., 2015）。しかし，少なくともここで引用した研究者のすべてが，時に友人関係がネガティヴな帰結をもたらすことも同時に指摘している。
　選択効果と社会化効果の話を思い出そう。私たちは，子どもの頃から概して自分に似た人を友人に選びやすく，その友人関係の中でさらに互いに似てくる傾向がある（すなわち，類は友を呼びやすく，朱に交われば赤くなりやすい）。若者の友人どうしの類似性は，性別や人種，民族に留まらず，行動スタイル（攻撃や他者からの撤退など），学業達成，内在化（internalizing）問題（抑うつや不安など），外在化（externalizing）問題（非行や反社会的行動など），人気，社会的情報処理（social information processing：相手の行動の意図や考えの読み取り方），宗教性，体重，身体活動傾向など多岐にわたる（Rubin et al., 2015）。つまり，自分や相手がどのような特徴を持っているかで，友人関係の帰結や発達に与える影響は大きく左右される。
　こうした友人関係のダークサイドや両刃の剣性を表す現象として特に注目されているものとして，たとえば逸脱訓練や抑うつ伝染が挙げられる（Erdley & Day, 2017; Furman & Rose, 2015; Rubin et al., 2015）。逸脱訓練（deviancy training: Dishion et al., 1996）とは，反社会的行動傾向のある者どうしが友人になることで（選択），ルールを逸脱する行動を笑いなどによって称賛し奨励し模倣し合った結果，互いの反社会的行動傾向がさらにエスカレートすることである（社会化）。逸脱訓練研究はもともと，一般的に女子よりも反社会的行動傾向の高い男子を対象に検討がなされたが

(Dishion et al., 1996)，近年では縦断的研究により児童期・青年期の男女ともに生じる現象であることが確かめられている（Snyder et al., 2012)。

また，抑うつ伝染（depressive contagion）とは，抑うつ傾向の高い者と友人になることで，社会化効果により自身の抑うつ傾向が高まることである（Giletta et al., 2011, 2012)。抑うつ傾向の高い者どうしは友人になりやすいという選択効果も複数の研究で示されているものの（Furman & Rose, 2015)，抑うつ伝染は定義上，社会化効果が問題にされる現象である。興味深いことに，抑うつ伝染は青年期の女子の同性の親友関係においてよく生じ，男子では生じにくいことが示されている（Giletta et al., 2011, 2012)。これは，一般に女子が男子よりも同性の友人関係で親密であり自己開示をよく行うことや，男子よりも抑うつ傾向が高いことが影響しているようである。また，女子の抑うつ伝染をもたらすプロセスとして，自己不全感を持ちネガティヴに考えやすい抑うつ者に特有に見られる，過剰な安心やネガティヴ・フィードバックを求める行動や，共反芻（co-rumination: Rose, 2002）の影響が指摘されている（Erdley & Day, 2017; Furman & Rose, 2015)。共反芻は，たとえば自分の恋人の曖昧な態度が関係性を終わらせたいのかどうなのかたびたび友人に相談するといった，個人的な問題について2者間で過剰に繰り返し話し合ったり思い返したり，その問題の原因や結果を推測したりする，ネガティヴな気持ちで特徴づけられる構成概念としてローズ（Rose, 2002）により定義されており，ポジティヴで親密な友人関係をもたらすが，同時に抑うつや不安も高める現象であることが示されている。ただし，共反芻が抑うつを高める効果は，女子において見られやすく，男子において見られにくいようである（Erdley & Day, 2017; Furman & Rose, 2015)。

以上の実証的知見を踏まえると，かの有名な諺は，（考えてみれば至極当たり前のようにも思われるが，)「友情は喜びを二倍にすることもあるが，悲しみを二倍にすることもある」と書き換えたほうがよいのかもしれない。また，感情の伴う濃密な関係だからこそ，時に友人どうしのルールを逸脱するような行動や挑発，裏切りが起きて関係性が悪化し，相手との関係そのものがストレスを与えるものになったり，悩みの種になったりすることもよくある（Hojjat et al., 2017; Holt-Lunstad, 2017)。こうした友人関係の負の側面の助長を防ぐには，友人関係以外の親子関係や教師との関係など，他の大人や仲間との関係が重要となってくると考えられる。たとえば逸脱訓練に関しては，親の上手なしつけが子どもの反社会的行動の増大に一定の緩衝効果を持ったことが示されている（Snyder et al., 2012)。

なお，友人関係に関する研究は，これまで同性の友人関係について検討したものが圧倒的に多かったが，近年では異性の友人関係についての研究の蓄積もなされ始めている（Furman & Rose, 2015; Rubin et al., 2015)。異性の友人を持つ子どもは青年期を通じて増え（Rubin et al., 2015)，異性の友人を持つことで，異性との相互作用が楽になるような，ジェンダー（社会文化的な性）によらない中性的な対人スタイルを身につけられる可能性も示唆されている（Furman & Rose, 2015)。しかし，LGBT（レズビアン，ゲイ，バイセクシュアル，トランスジェンダーの頭文字をとった総称）や他の性的マイノリティの人々への注目や理解が深まる昨今では，モンスール（Monsour, 2017）が指摘するように，こうした「同性」や「異性」の友人関係といった考え方そのものに疑問符がつきつけられていることは留意する必要があるだろう。モンスール（Monsour, 2017）は，男性から女性への性転換手術をした知人と自身との間に深い友人関係が築かれたという実体験を基に，果たしてこのトランスセクシュアルの知人との友人関係は「同性」の友人関係なのか，それとも「異性」の友人関係なのか，それともその両者である（ない）のか，といった問題を提起し，男か女かという二分法に基づく従来の「同性」や「異性」の友人関係研究全体に疑義を申し立てている。

4 友人関係を取り巻く仲間関係の発達

2者間の友情は，より広い集団における仲間関係や他の社会関係に埋め込まれている。仲間関係

コラム 15
学校コミュニティを通した問題解決の学びと支援

綾城初穂

　学校にはさまざまな問題がある。友達に対する不満や不安，ちょっとしたいざこざや無視は，どの学校でも日常茶飯事だろう。また，いじめや暴力行為，不登校は，いまや学校に留まらず，社会全体が取り組むべき問題ともなっている。

　こうした問題が起きたとき，私たちはつい〈誰か〉に原因を求めてしまう。「ケンカをした彼は，もともと暴力的なんです」「こんなことで落ち込むなんて，ちょっとストレスに弱すぎる」あるいは専門家であればこんな風に言うかもしれない。「衝動性の高さが背景に考えられます」「彼女は社交不安障害でしょう」。こういった問題理解の仕方は「本質主義」と呼ばれる（Winslade & Williams, 2012）。人のなかにある何らかの「本質」―暴力的，ストレスに弱い，衝動的，社交不安障害―を，問題の原因と考えるからである。

　こうした理解が有益なことも多い。しかし，関係性に目がいかなくなるというデメリットもある。暴力行動の裏に，暴力を振るった彼をこれまで疎外してきた人間関係があるかもしれない。不登校の裏に，クラスを支配する同調圧力があったかもしれない。学校は多くの人々から成り立つ一つのコミュニティである。それゆえ当然そこで起きる問題は関係性と切り離せない。しかし，誰かの「本質」が問題だということになると，そうした事実は影に隠れてしまう。

　さらに，本質主義は問題対応という点でもデメリットがある。いじめや暴力行為を行った加害者に対する学校の対応は，多くが，規範やルール，謝罪の「指導」である（文部科学省, 2017）。こうした対応は，時には有効であり，場合によっては不可欠でもある。しかし，指導は個別の児童生徒に行われることが多いため，本質主義と結びつき，関係性を見えにくくさせる。さらに，教師主導になるため，児童生徒の主体的な問題解決にもつながりにくい。そればかりか，誰かを排除することが問題解決であり，それは上の立場の人が行うものだという，望ましいとはいえない認識を児童生徒たちが学んでしまう可能性もある。

　こうした本質主義のデメリットは，教育という文脈でより大きな問題を孕む。教育基本法によれば，教育の目的の一つは「平和的な国家及び社会の形成者」を育てることである。日本社会のグローバル化と多様化は今後ますます進むだろう。それゆえ，今の子どもたちが大人になったとき，価値観のまったく異なる他者と出会う機会は，おそらく今の比にならないはずだ。他者との軋轢も多く生じるだろう。しかし，そのとき彼らが手にしている問題解決の手法が他者の排除と権力による介入だけで，関係性を踏まえることもないとすれば，それは平和な国家及び社会を形成する担い手としてあまりに心許ない。

　それでは，学校はどのようにして問題解決の学びを提供できるだろうか。一つの参考となるのが，ウィンスレイドとウィリアムズ（Winslade & Williams, 2012）によって提案されたアプローチである。ここではナラティヴ・セラピーや修復的正義の考え方に基づき，本質主義的でない形で問題解決が目指される。たとえば，児童生徒間の対立では，教師やカウンセラーだけでなく，児童生徒にも仲裁役を担ってもらう。激しやすいとされた児童生徒に対しては，怒りのコントロール法を「指導」するのではなく，暴力のない人間関係をいかに実現できるかを，本人が考えられるよう支援する。いじめに対するアプローチでは，加害者を対策チームに含める驚くべき方法も用いられる。ここでは，加害者もチームの一員として隊の仲間と協働することが求められる。

　重要なのは，これらの問題解決が児童生徒の主体的で協働的な参加と，他者を排除しない包摂的な対応を必要とする点である。こうしたことを学ぶことは，児童生徒が「平和的な国家及び社会の形成者」へと発達するうえで欠かせない。学校であれ，社会であれ，コミュニティで起きる問題は関係性と切り離せない。それゆえ，学校で学んだ問題解決の手法は，社会に出てからも必ず役に立つはずである。こう考えれば，学校コミュニティで起きる「問題」は避けるべき事案ではなく，これからの社会を生きる児童生徒にとって，重要な学びの契機にもなり得るといえるだろう。

引用文献

文部科学省（2017）．児童生徒の問題行動など生徒指導上の諸問題に関する調査〈http://www.mext.go.jp/b_menu/toukei/chousa01/shidou/1267646.htm〉

Winslade, J., & Williams, M. (2012). *Safe and peaceful schools: Addressing conflict and eliminating violence.* Thousand Oaks, CA: Corwin.（ウィンスレイド, J.・ウィリアムズ, M. 綾城初穂（訳）(2016)．いじめ・暴力に向き合う学校づくり――対立を修復し，学びに変えるナラティヴ・アプローチ　新曜社）

(peer relations) とは，個人が家族ではない同一年齢層の人々と持つことになる行動や感情，認知，動機づけ，関係性などの直接的・間接的な経験の広範なセット（一連のまとまり）のことを指し，仲間との経験は家族との経験よりも平等主義的で，自発的で，一時的なものになりやすいとされている（Rubin et al., 2015）。

学級・学校などの集団における仲間関係が個人の発達に重要な影響を与えることは，これまで繰り返し論じられてきた。たとえば，ハリス（Harris, 1995）の集団社会化理論（group socialization theory）は，児童期・青年期のパーソナリティ発達において，長期的に重要な役割を果たしているのは親や家庭環境「内」のしつけ・養育といった社会化プロセスではなく，家庭環境「外」の特定の仲間集団内における同化（assimilation：仲間集団内での規範や期待，同調圧力によって，個人どうしが似てくること）と差異化（differentiation：仲間集団内でのタテ関係や他者との社会的比較によって，個人どうしが異なってくること）という，文脈特異的な集団社会化プロセスであるとし，大きな議論を呼んだ。

ルービンら（Rubin et al., 2015）によれば，仲間集団は子どもに，自分自身や他者，また人々や集団の関係性について学ぶ機会を提供する独自の社会的文脈である。仲間集団内でのタテ関係や社会的順位関係（social dominance hierarchy とも呼ばれる）は幼児の頃からすでにある。これは一見，ネガティヴなことのように思われるが，集団内のあからさまな攻撃行動を減少させ階層関係を安定して維持させる（たとえば，劣位の子どもは優位の子どもにはめったに歯向かわない）という点で，適応的な機能があるともいわれている。また，幼少期の友人との2者間の経験は，うまくいく社会的相互作用や仲間からの受容（peer acceptance）のために必要なスキルを獲得する機会ともなる。小学校高学年や中学生になり，集団メンバーの仲間から受容されるようになった子どもは，仲間ネットワーク（peer network）やクリーク（clique：徒党や派閥）に活発に参加するかもしれない。いわゆる「仲良しグループ」ともいえる仲間ネットワークやクリークは，自発的な友人関係に基づく集団であり，クリークは通常3～9名の同性の子どもで構成される。だいたい11歳までには子どもの仲間関係の大半の相互作用はクリーク内で起こるようになり，ほぼすべての子どもがクリークのメンバーとなる。クリークや仲間ネットワークは，集団内の同質性（homogeneity）を最大限に高めるように作用する。青年期に入る前には攻撃やいじめ，学校の動機づけや成績などの点で，青年期には学校での達成や，喫煙，飲酒，非行などの点で似通った子どもがメンバーとなっている。クリークの中で青年は，大人の監視のない状況でさまざまな価値観や役割を試し発達させていく。

また，青年はあるクラウド（cloud：群れ）のメンバーとして青年たち自身によって捉えられることもある（Rubin et al., 2015）。クリークが友人関係の選択によってつくられる小集団であるのに対して，クラウドは評判に基づくステレオタイプ化された個人のレッテルのようなものであり，たとえ実際にそこまで交流がなくても，クラウド内のメンバーは同じイメージや地位を共有するとみなされる。たとえばアメリカでは，アメフト部のキャプテンに代表されるような体育会系で魅力ある人気者は「ジョック（jock）」と呼ばれ，成績のことばかり気にする（日本でいうところの「がり勉」）は「ブレイン（brain）」と呼ばれる。日本ではクラウドの類似概念として，近年話題になったいわゆるスクールカースト（鈴木, 2012）や，「へたれキャラ」や「癒しキャラ」などの「キャラ」（千島・村上, 2015, 2016）が挙げられるかもしれない。

ルービンら（Rubin et al., 2015）によれば，クラウドは青年の社会生活の大きな特徴であり，自己の感覚を発達させるための家族外の支援をもたらす。青年が学校でのクラウドを同定し表現する方法は13～16歳の間に変わってくるとされ，若い青年がメンバーの特定の行動傾向に焦点をあてやすいのに対して，年上の青年はメンバーの特性的で一貫した特徴や価値観に焦点をあてやすい。こうした特定のクラウドへのスティグマは，時に青年の対人関係を同じクラウドメンバーとのものだけに固定化させ，新しいアイデンティティ（自我同一性）の探求や他のクラウドメンバーとの交流を妨げ，結果的に学校での集団ステレオタイプや仲間集団の構造を永続させてしまうかもしれない。

同じくルービンら（Rubin et al., 2015）によれば，クリークやクラウドは青年期後期までには解消される。その大きな要因の1つとして，男女混合のクリークが出現し，やがてそれが普通になり，クリークの助けがなくとも男女が直接互いにアプローチできる自信を持てるようになることが挙げられる。また，青年がこの時期に自分自身の信念や規範を十分に発達させることも，クリークやクラウドの重要性が低下することの要因として考えられている。

5　タテ関係の生涯発達

　先に仲間集団内におけるタテ関係について簡潔にふれたが，タテ関係は優位の個人と劣位の個人によって構成される。しかし，暴力による支配（dominance）ではない，正当な権威（authority）や卓越した威信（prestige）に基づくタテ関係は，安定した階層秩序の維持だけでなく，文化や知識の伝達や継承においてもきわめて重要な役割を果たす（e.g., Haidt, 2012; Henrich & Gil-White, 2001）。つまり，人の社会には，威圧的で怖い先輩や上司の言うことを嫌々でも強制的に聞かなくてはならないようなタテ関係だけではなく，先輩や上司を慕って，言うことを自ら進んで聞きたくなるようなタテ関係も多く存在する。後者が威信に基づくタテ関係であり，スポーツや芸術など，文化的に価値づけられた領域で卓越した技術や能力を発揮する（多くの場合，年長の）個人には，称賛や尊敬の念（admirationやrespect）が寄せられ，そうした威信が付与された個人が役割モデルとなり多くの人から追随されコピーされることで文化伝達は進んでいく（Henrich & Gil-White, 2001）。称賛や尊敬といった感情は，個人にとっては自分自身の潜在的な得意分野を知り，自己の将来像である可能自己（possible selves: Markus & Nurius, 1986）を具体的にし，相手を役割モデルとして追随することや自己向上を動機づける機能を持つため，自己の発達にとって重要である（e.g., Li & Fischer, 2007; 武藤，2013, 2016b, 2018）。また，人は道徳的に優れた他者を尊敬しやすいため，尊敬は道徳性の発達の上でも重要な感情であることも示唆されている（Li & Fischer, 2007; Piaget, 1932／邦訳，1954）。

　文化差という観点では，日本において最も特徴的なのは，先輩・後輩，上司・部下といったタテ関係が重視されやすい，というところにあるのかもしれない。中根（1967）は，社会人類学の観点から，日本では性別や学歴，地位，職種などの何らかの属性を示す「資格」（例：教授・事務員・学生）ではなく，所属する学校名や会社名などの「場」（例：A大学の者やB社の社員）における親分・子分や先輩・後輩という，主に年齢による序列化が現実的な能力よりも重視されており，そのタテ関係はきわめてエモーショナルなつながりであると論じた。このタテ関係においては，同質の者からなるヨコ関係における等価交換とは異なり，上からの保護は下からの依存によって，上からの温情は下からの忠誠によって答えられる。そして，家族ぐるみの雇用関係のような，エモーショナルな全面的（全人格的）な個々人の集団参加を基盤として強調され，強要される集団の一体感が，いわゆる家風や社風と呼ばれるものを醸成している。

　中根（1967）の指摘は約半世紀前のものであり，グローバル化が進み，これまでの終身雇用や年功序列から能力評価へと転換する企業なども多くなってきた現代の日本では，たとえば先輩が後輩を誘って飲み会に行きづらくなったという声もさまざまなところで聞かれ，エモーショナルなタテのつながりは年々薄れつつあるのかもしれない（e.g., 武藤，2016a, 2018）。しかし，現代日本においても，先輩や後輩とのタテ関係が，友人とのヨコ関係と同等に，時にそれ以上に濃密になることは頻繁にある。また，どんなに親しくなったとしても，先輩や後輩のことを気軽に「友人」と呼ぶ人は少ないだろう。たとえば，Facebookを使ったことのある日本人なら，いつもお世話になっていて慕っている先輩や，親身になって面倒を見ている後輩に「友達」を申請し，「友達」としてつながることに対して，多かれ少なかれ違和感を覚えたことがあるのではないだろうか。欧米圏においては，"friend"や"peer"という言葉は異年齢の関係でも頻繁に使用されることがある（e.g., older peer）のに対して，日本の場合には，「先輩」や「後輩」という言葉に，「年上の友人」や「年下の友人」とは異なる，独自の感情的意味を付与しているのかもしれない。本章第2節で指摘したように，一般に互恵的で平等的な関係に向かう友人関係に対して，日本の先輩・後輩関係では，どんなに親しくなっても後輩は先輩に対して敬語を使い一定の遠慮があるなど，最低限の礼儀やタテ関係の秩序は保たれ続けるのが一般的である。

　タテ関係については，以上のような重要性が指摘できるものの，その生涯発達に関する研究は少ないため，ここでは筆者による暫定的な仮説を提示したい。まず，乳児は生後10か月ですでに，形の大きい個体のほうが小さい個体よりも力が強いと予測する傾向があり，社会的順位（social dominance）を表象できているらしい（Thomsen et al., 2011）。子どもにとって，代表的なタテ関係は親子関係や保育者，教師との関係である。ピアジェ（Piaget, 1932／邦訳，1954）は，子どもは親や年長者がもたらす命令や規則への一方的尊敬（unilateral respect）を基盤に，年齢が上がるにつれて他者の視点を身につけ脱中心化していく過程で，仲間関係における相互的尊敬（mutual respect）を発達させ，自律し仲間と協同できるようになっていくと論じている。このように，欧米圏ではタテ関係は後のヨコ関係の基盤となり，尊敬もタテ関係における一方向的なものからヨコ関係における相互的なものへと変化すると仮定されているが，儒教道徳の影響も受ける日本ではタテ関係は生涯を通して重要であり続け，尊敬もヨコ関係でもタテ関係でも頻繁に感じられるものとして考えておいたほうがよいだろう（Li & Fischer, 2007; 武藤, 2013, 2016b, 2018）。特に日本では，尊敬語や謙譲語，丁寧語などの種々の敬語の使用が求められるようになり，学校の教科指導以外の特別活動や部活動などの課外活動，学校外での習い事などで異年齢間の交流も活発になる小学校高学年や中学生の時期に，上級生・下級生の区別や先輩・後輩関係が意識され始めると考えられる。たとえば小野・庄司（2015）は，部活動における先輩・後輩関係の構造や実態を検討し，中学生・高校生ともに1年生が最も先輩・後輩関係を感じやすいこと，また競技・コンクールなどで活躍する部活動や，文化部よりも運動部において先輩・後輩関係が明確になりやすいことを明らかにしている。

　タテ関係の発達においても，選択効果と社会化効果が鍵になるだろう。一般に，子どもは親や学校・学級の担任教師，所属する学級のメンバーを選ぶことはできないが，所属するクラブ活動や部活動などの課外活動や，学校外での習い事はある程度，自分の興味・関心や得意・不得意なことに基づいて自由に選ぶことができる。したがって，各種のクラブ活動，部活動などの「場」で形成される先輩・後輩関係や教師・生徒関係，師弟関係には，選択効果の影響も一定程度及ぶと考えられる。児童・生徒は自身が所属する「場」を自由に決められない学級の仲間関係や友人関係，担任教師との関係だけでなく，自ら選択した「場」での友人関係や仲間関係，先輩・後輩関係，顧問の教師や指導者，コーチなど目上の他者との関係を通しても社会化される。特に自分の志望していた「場」に所属することができ，技術や能力に優れ，しかも親身になって温かく接してくれるような先輩や指導者に出会えたなら，その先輩や指導者の姿は輝いて見えることだろう。こうした身近な先輩や指導者への尊敬や憧れの気持ちは，児童期や青年期を通じて，自己に将来獲得可能な役割モデルを与え，子どもの成長や学習，発達にとってきわめて大きな役割を果たすと考えられる（武藤, 2013, 2016b, 2018）。つまり，尊敬や憧れの気持ちが基盤にあるタテ関係では，社会化効果の影響がさらに増大する可能性がある。

　一方で，技術や能力があっても，冷たく威圧的で怖い先輩ばかりだったり，厳格で過酷な競争や，強制的で理不尽な後輩しごきやいじめがあったりするような場合には，先輩・後輩関係がネガティヴな帰結をもたらす可能性も無論ある（小野・庄司, 2015）。また，尊敬や憧れの感情以外にも，人が社会的比較で経験する感情は恥や妬み，誇りなどさまざまにあり，子どもは学校生活全般を通して自分の力量や地位を否応なく自覚したり，ヨコ関係だけでなく，タテ関係が自尊感情に影響を与えたりする経験も増えてくるだろう。

また，中高生の時期までには，親や教師から，敬語だけでなく礼儀など，目上の他者との接し方全般について教わることもあるだろうし，部活動の先輩から叩き込まれたり，先輩・後輩との日々の関係の中で身をもって学んでいったりすることもあるだろう。このように，児童期・青年期における先輩・後輩とのタテ関係の強さや関わり方は，親や教師とのタテ関係以上に，タテ関係そのものに関する考え方や，その後の大学や職場などで出会う先輩・後輩との関わり方を規定する可能性がある。相手との年齢のたった1歳の違いが最も重要な違いを持つのはこの時期かもしれない。

　なお，先輩・後輩関係の形成のあり方や方向づけにも大きな影響を与えると考えられる，教師と子どもの関係については，国内外でさまざまな理論的背景から多くの研究が増えつつある。たとえば，アタッチメント理論の観点（アタッチメント理論について詳しくは第8章を参照されたい）からは，幼児期から児童期，青年期前期を通じて，保育者や教師も親と同様に子どものアタッチメント対象となりうることが指摘されている（数井，2005; Sabol & Pianta, 2012; Verschueren, 2015）。一般に，早期の母親とのアタッチメントと，児童期前期の教師と子どもの関係性の質には中程度の関連がある（つまり，母親と安定したアタッチメントを築いている場合には，教師とも安定したアタッチメントを築きやすい）が，子どもが母親との間に不安定なアタッチメントを築いていても，教師の敏感性が高ければ，その教師と新たに安定したアタッチメントを築けたり，内的作業モデルをポジティヴなものに変化させたりすることも可能であることが示唆されている（Sabol & Pianta, 2012）。また，教師との関係性の質の高さは，外在化問題や内在化問題，親からの不適切なしつけや養育などの貧しい家庭環境，あるいはマイノリティなどの点でリスクを抱える子どもにとって補償（調整）効果を持ち，そうした問題を予防したり小さくしたりすることも複数の研究で示されている（Sabol & Pianta, 2012）。

　このように，教師への安定したアタッチメントや関係性の質の高さは学校への積極的な関与（エンゲージメント）や動機づけ，学業達成，行動的・情動的適応に大きく寄与する（数井，2005; Sabol & Pianta, 2012; Verschueren, 2015）。ヴァーシューレン（Verschueren, 2015）によれば，平均的には，学年が上がるとともに教師と子どもの関係性の質は下がり，教師と子どもが1対1で相互作用をする時間も少なくなってくるものの，教師との関係性の質の高さは子どもの自己制御能力を高め，それがさらに適応的な社会的・学業的機能を促進する可能性がある。近年話題の非認知的能力（non-cognitive skills：いわゆるIQなどの認知的能力ではない，自尊感情や自己制御，社会性などのさまざまな心の性質）あるいは社会情緒的コンピテンス（国立教育政策研究所，2017）の研究文脈では，「スキルがスキルを生む（Skills beget skills）」（OECD, 2015）ことが指摘されており，特定の非認知的能力が素地となって，次の非認知的能力や認知的能力をもたらすとされている。アタッチメントはこうした社会情緒的コンピテンスの重要な候補の1つとされており（国立教育政策研究所，2017），教師との関係性の質の高さが自己制御能力を高め，それがさらに社会的・学業的機能を促進することは，まさに「スキルがスキルを生む」一例といえるだろう。実際に，児童期・青年期における教師と子どもの関係や，課外活動などの教科指導以外の文脈での社会関係や教育環境は，さまざまな社会情緒的コンピテンスを育む可能性が示唆されている（国立教育政策研究所，2017）。

　また，アタッチメントの機能という観点では，教師は子どもにとって安全の避難所や安全基地としての役割を果たす可能性がある（Verschueren, 2015）。ただし，教師との関係性の役割は発達の時期によって異なる可能性があり，子どもに新しいことへの積極的な挑戦を促す，探索のための安全基地としての機能は児童期以降も重要であり続けるが，児童期中期までには安全の避難所としての機能は弱まるらしい。これは，青年期前期を迎えると，不安や恐れを感じたときの慰めの対象として親や教師ではなく，仲間が重要となることや，感情を自分自身で制御できる能力が高まるからではないかと推察されている。ただし，安全の避難所の機能も，家庭や自己制御，情動の問題を抱える脆弱な子どもにとっては重要であり続ける可能性が示唆されている（Verschueren, 2015）。こ

のように,子どもが大人との間に情動的なつながりを持てることはポジティヴな発達のうえできわめて重要であり,その有望な候補者が学校の教師である。ほかにも,たとえば国内では生徒が教師に向ける信頼感(中井,2015;中井・庄司,2006,2008,2009)の観点から検討がなされ,中学生の教師に対する信頼感が学校適応と関連することや,そうした信頼感は過去の教師との経験や保護者の教師に対する信頼感,生徒自身の動機づけなどにより規定される可能性が示唆されている。

　成人期になると,一般に配偶者や自身の子どもとの関係,職場での人間関係が重要になる。エリクソン(Erikson & Erikson, 1997)によれば,成人期中期は世代性 対 停滞が問題となる心理社会的危機の時期である。世代性(generativity:生殖性とも訳される)は次世代の育成に積極的な関心を示し,新しいものを生み出すことである。世代性は,晩婚化や長寿化が進む現代社会では,成人期中期以降においても重要な発達課題であり続けることが指摘されている(Cheng, 2009)。高齢者は親や祖父母として自分の子孫だけでなく,家庭外の職場や地域での市民生活においても後輩や部下,若者とタテ関係を築き,次世代を教え導いていくことが重要となる。この頃には,自分が他者を尊敬「する」経験だけでなく,自分が他者から尊敬「される」経験も増えてくるだろう。自分が他者から尊敬されていると感じることも well-being にとって重要である。実際に,高齢者は次世代を育成しようとする自身の行動が若い世代から価値づけられ尊敬されていると主観的に思えないと,世代性の関心から撤退するようになり,心理的 well-being も低まることを示唆する知見もある(Cheng, 2009)。

　ただし,単に年を重ねることと,若い世代から心から尊敬されるような人になれるかどうかは別問題であることも確認しておく必要があるだろう。単に親や教師,先輩という目上の他者だから尊敬すべきである,という道徳的義務としての尊敬(尊重:ought-respect)と,「いつか自分もあの人みたいになりたい」といった,役割モデルをもたらす優れた他者への個人的な感情としての尊敬(感情尊敬:affect-respect)は明確に区別できるものである(Li & Fischer, 2007;武藤,2013, 2014, 2016a, 2018)。現代日本のタテ関係において濃密なエモーショナルなつながりを得たいのであれば,いくつになっても慢心せず,自分自身の技術や能力,道徳性を高めようとする意志や努力が大切なのかもしれない。

6 メディアの影響

　グローバル化や高度情報化,インターネット,SNS の発展や普及に伴い,現代人は以前には考えられないほど多くの人と知り合えるようになり,好きな時に好きな場所で瞬時にコミュニケーションができるようになった。今や個人の友人関係や仲間関係,恋愛関係,タテ関係などのあらゆる現実の社会関係は世界中のソーシャルメディアに埋め込まれている。最後にメディアが社会関係に与える影響について,少し概観しておこう。

　青年は成人よりもインターネットを長時間使い,インターネットでほかの人と相互作用を多く行う(Valkenburg & Peter, 2009)。電子メールやチャットルームが人気になり始めた 1990 年代は,インターネットは青年の社会的つながりや well-being を損なうという言説があふれ,実際にそうした証拠も得られていたが,情報通信技術が発展し,インターネットや携帯情報端末が普及した近年では,インターネットは使い方次第で青年の社会的つながりと well-being にむしろポジティヴな影響を与えるという,多くの知見が報告されている(Valkenburg & Peter, 2009)。

　ファーマンとローズ(Furman & Rose, 2015)のレヴューによれば,青年はインターネット上でしか知らない人よりも,現実生活での友人とはるかに多くオンラインでコミュニケーションを行う。さらに,青年期に入る前や青年期中期の子どもにおいて,友人関係の高い質を示すのは,オンラインでしか知らない人と主にコミュニケーションを行う子どもではなく,以前からの友人と主にコミュニケーションを行う子どもであるという。また,以前からの友人とオンラインのインスタント

メッセージ（LINE や Facebook の Messenger など，インターネット上で即時にやり取りできるメッセージ）で自己開示を行うことは友人関係を強化するが，親密なコミュニケーションの伴わないチャットルームやゲームなどの一般的なエンターテインメントとしてのインターネット使用は友人関係や恋愛関係に支障を来たす場合があるらしい。このように，使い方次第ではインターネットはすでに築かれた友人関係を強化することができ，特にオンラインでの自己開示が well-being にとっても鍵になるようだ（Valkenburg & Peter, 2009）。

友人とのオンラインでのコミュニケーションにおいて，誰が利益を得るかということについては，2つの興味深い仮説が提出されている（Furman & Rose, 2015; Valkenburg & Peter, 2009）。「富める者はますます富む（rich-get-richer）」仮説は，もともと社会的に有能な若者が友人関係をさらに向上させるためのプラットフォームの1つとしてインターネットを利用しているというものである。社会的補償（social compensation）仮説は，対人不安など社会的に問題を抱える若者が，対面の必要がないためにオンラインでのコミュニケーションを快適に感じ，他者とつながることができるというものである。これまで，どちらの仮説も一定の支持が得られている（Furman & Rose, 2015; Valkenburg & Peter, 2009）。

このように，近年ではポジティヴな知見も多く報告されるようになってきたインターネットであるが，いわゆるネットいじめ（cyberbullying）や炎上，シェイミング（online shaming）などのハラスメント，サイバー犯罪やインターネットをきっかけとした犯罪が横行しているのもまた事実である。人の生涯発達にとって，どのようなメディアがどのような状況でポジティヴな効果やネガティヴな効果をもたらすのかを見極め，具体的な対策や予防策，子どもや青年への教育を講じていくことが必要である（Valkenburg & Peter, 2009）。

7 まとめ

本章では，さまざまな社会関係の中で，特に友人関係や仲間関係，タテ関係の生涯発達に焦点をあてて学んだ。「類が友を呼ぶ」選択効果や「朱に交われば赤くなる」社会化効果の大きさは，発達の時期によっても異なり，これらの効果が働くことで，友人関係や他の社会関係が生涯を通して「喜びを二倍にすることもあるが，悲しみを二倍にすることもある」ことに気づくことができただろうか。また，メディアやインターネット上での交流は，社会関係の選択効果や社会化効果の生じやすさやそれらの大きさをさらに増大するかもしれない。このように，社会と関わり続けることで人は発達し続ける。また，人の発達も社会関係を変え続ける。

なお，仲間関係については，元をたどればピアジェ（J. Piaget）や社会的学習理論などのグランドセオリー（その研究領域全体の根っこにあるような大きな理論）に行き着くような概念であっても，近年ではグランドセオリー（から導出される仮説）自体を積極的・直接的に検討する研究は少なく，より焦点化した概念を検討する傾向がある（Rubin et al., 2015）。そのため，サリヴァン（H. S. Sullivan）やピアジェ，ヴィゴツキー（L. S. Vygotsky）といった古典的理論の概説は他の書籍や文献（e.g., Rubin et al., 2006）に譲ることとした。また，友人関係や仲間関係，タテ関係は社会的文脈や文化の影響も受け，個人差も大きい。ふれあい恐怖的心性やランチメイト症候群といった，現代日本青年に特有のものとして議論されている友人関係の諸特徴については，他の文献（e.g., 岡田，2016）を参照され各自で学びを深めていただければ幸いである。

引用文献

Bowker, J. C. (2011). Examining two types of best friendship dissolution during early adolescence. *Journal of Early Adolescence*, 31, 656-670.

Byrne, D., London, O., & Reeves, K. (1968). The effects of physical attractiveness, sex, and attitude similarity on interpersonal attraction. *Journal of Personality*, 36, 259-271.

Carstensen, L. L. (1995). Evidence for a life-span theory of socioemotional selectivity. *Current Directions in Psychological Science, 4*, 151-156.

Cheng, S.-T. (2009). Generativity in later life: Perceived respect from younger generations as a determinant of goal disengagement and psychological well-being. *Journal of Gerontology: Psychological Sciences, 64B*, 45-54.

千島 雄太・村上 達也 (2015). 現代青年における"キャラ"を介した友人関係の実態と友人関係満足感の関連——"キャラ"に対する考え方を中心に—— 青年心理学研究, *26*, 129-146.

千島 雄太・村上 達也 (2016). 友人関係における"キャラ"の受け止め方と心理的適応——中学生と大学生の比較—— 教育心理学研究, *64*, 1-12.

Dishion, T. J., Spracklen, K. M., Andrews, D. W., & Patterson, G. R. (1996). Deviancy training in male adolescent friendships. *Behavior Therapy, 27*, 373-390.

Erdley, C. A., & Day, H. J. (2017). Friendship in childhood and adolescence. In M. Hojjat & A. Moyer (Eds.), *The psychology of friendship* (pp. 3-19). New York, NY: Oxford University Press.

Erikson, E. H., & Erikson, J. M. (1997). *The life cycle completed. Extended version with new chapters on the ninth stage of development by Joan M. Erikson*. New York, NY: W. W. Norton & Company. (エリクソン, E. H.・エリクソン, J. M. 村瀬 孝雄・近藤 邦夫 (訳) (2001). ライフサイクル, その完結 (増補版) みすず書房)

Furman, W., & Rose, A. J. (2015). Friendships, romantic relationships, and peer relationships. In M. E. Lamb (Vol. Ed.), R. M. Lerner (Series Ed.), *Handbook of child psychology and developmental science: Vol. 3. Socioemotional processes* (7th ed., pp. 932-974). Hoboken, NJ: Wiley.

Giletta, M., Scholte, R. H. J., Burk, W. J., Engels, R. C. M. E., Larsen, J. K., Prinstein, M. J., & Ciairano, S. (2011). Similarity in depressive symptoms in adolescents' friendship dyads: Selection or socialization? *Developmental Psychology, 47*, 1804-1814.

Giletta, M., Scholte, R. H. J., Prinstein, M. J., Engels, R. C. M. E., Rabaglietti, E., & Burk, W. J. (2012). Friendship context matters: Examining the domain specificity of alcohol and depression socialization among adolescents. *Journal of Abnormal Child Psychology, 40*, 1027-1043.

Hafen, C. A., Laursen, B., Burk, W. J., Kerr, M., & Stattin, H. (2011). Homophily in stable and unstable adolescent friendships: Similarity breeds constancy. *Personality and Individual Differences, 51*, 607-612.

Haidt, J. (2012). *The righteous mind: Why good people are divided by politics and religion*. New York, NY: Pantheon Books. (ハイト, J. 高橋 洋 (訳) (2014). 社会はなぜ左と右にわかれるのか——対立を超えるための道徳心理学—— 紀伊國屋書店)

Harris, J. R. (1995). Where is the child's environment? A group socialization theory of development. *Psychological Review, 102*, 458-489.

Henrich, J., & Gil-White, F. J. (2001). The evolution of prestige: Freely conferred deference as a mechanism for enhancing the benefits of cultural transmission. *Evolution and Human Behavior, 22*, 165-196.

Hojjat, M., Boon, S. D., & Lozano, E. B. (2017). Transgression, forgiveness, and revenge in friendship. In M. Hojjat & A. Moyer (Eds.), *The psychology of friendship* (pp. 195-211). New York, NY: Oxford University Press.

Hojjat, M., & Moyer, A. (Eds.). (2017). *The psychology of friendship*. New York, NY: Oxford University Press.

Holt-Lunstad, J. (2017). Friendship and health. In M. Hojjat & A. Moyer (Eds.), *The psychology of friendship* (pp. 233-248). New York, NY: Oxford University Press.

数井 みゆき (2005). 保育者と教師に対するアタッチメント 数井 みゆき・遠藤 利彦 (編著) アタッチメント——生涯にわたる絆—— (p. 114-126) ミネルヴァ書房

Li, J., & Fischer, K. W. (2007). Respect as a positive self-conscious emotion in European Americans and Chinese. In J. L. Tracy, R. W. Robins, & J. P. Tangney (Eds.), *The self-conscious emotions: Theory and research* (pp. 224-242). New York, NY: Guilford Press.

国立教育政策研究所 (2017). 非認知的 (社会情緒的) 能力の発達と科学的検討手法についての研究に関する報告書 国立教育政策研究所

Markus, H., & Nurius, P. (1986). Possible selves. *American Psychologist, 41*, 954-969.

McConnell, A. R., Lloyd, E. P., & Buchanan, T. M. (2017). Animals as friends: Social psychological implications of human-pet relationships. In M. Hojjat & A. Moyer (Eds.), *The psychology of friendship* (pp. 157-174). New York, NY: Oxford University Press.

Monsour, M. (2017). The hackneyed notions of adult "same-sex" and "opposite-sex" friendships. In M. Hojjat & A. Moyer (Eds.), *The psychology of friendship* (pp. 59-74). New York, NY: Oxford University Press.

Mund, M., & Neyer, F. J. (2014). Treating personality-relationship transactions with respect: Narrow facets, advanced models, and extended time frames. *Journal of Personality and Social Psychology, 107*, 352-368.

武藤 世良 (2013). 尊敬の教育的機能を探る——「自己ピグマリオン過程」の実証に向けて—— 東京大学大学院教育学研究科紀要, *52*, 393-401.

武藤 世良 (2014). 尊敬関連感情概念の構造——日本人大学生の場合—— 心理学研究, *85*, 157-167.

武藤 世良 (2016a). 現代日本人における尊敬関連感情の階層的意味構造 心理学研究, *87*, 95-101.

武藤 世良 (2016b). 尊敬関連感情の行為傾向——大学生の感情エピソードに着目した検討—— 心理学研究, *87*, 122-

132.

武藤 世良（2018）．尊敬関連感情の心理学　ナカニシヤ出版

中井 大介（2015）．教師との関係の形成・維持に対する動機づけと担任教師に対する信頼感の関連　教育心理学研究, 63, 359-371.

中井 大介・庄司 一子（2006）．中学生の教師に対する信頼感とその規定要因　教育心理学研究, 54, 453-463.

中井 大介・庄司 一子（2008）．中学生の教師に対する信頼感と学校適応感との関連　発達心理学研究, 19, 57-68.

中井 大介・庄司 一子（2009）．中学生の教師に対する信頼感と過去の教師との関わり経験との関連　教育心理学研究, 57, 49-61.

中根 千枝（1967）．タテ社会の人間関係——単一社会の理論——　講談社

OECD (2015). *Skills for social progress: The power of social and emotional skills*. OECD Skills Studies, OECD Publishing. doi:10.1787/9789264226159-en

岡田 努（2016）．青年期の友人関係における現代性とは何か　発達心理学研究, 27, 346-356.

小野 雄大・庄司 一子（2015）．部活動における先輩後輩関係の研究——構造，実態に着目して——　教育心理学研究, 63, 438-452.

Oswald, D. L. (2017). Maintaining long-lasting friendships. In M. Hojjat & A. Moyer (Eds.), *The psychology of friendship* (pp. 267-282). New York, NY: Oxford University Press.

Oswald, D. L., & Clark, E. M. (2003). Best friends forever?: High school best friendships and the transition to college. *Personal Relationships, 10*, 187-196.

Oswald, D. L., Clark, E. M., & Kelly, C. M. (2004). Friendship maintenance: An analysis of individual and dyad behaviors. *Journal of Social and Clinical Psychology, 23*, 413-441.

Perlman, D. (2017). Conclusion: Friendship: An echo, a hurrah, and other reflections. In M. Hojjat & A. Moyer (Eds.), *The psychology of friendship* (pp. 283-300). New York, NY: Oxford University Press.

Piaget, J. (1962). *The moral judgment of the child* (M. Gabain, Trans.). New York, NY: Collier Books. (Original work published 1932; *Le jugement moral chez l'enfant*. Paris: Félix Alcan.)（ピアジェ，J. 大伴 茂（訳）（1954）．児童道徳判断の発達（臨床児童心理学第3巻）同文書院）

Rawlins, W. K. (2017). Foreword. In M. Hojjat & A. Moyer (Eds.), *The psychology of friendship* (pp. ix-xiv). New York, NY: Oxford University Press.

Rose, A. J. (2002). Co-rumination in the friendships of girls and boys. *Child Development, 73*, 1830-1843.

Rubin, K. H., Bukowski, W. M., & Bowker, J. C. (2015). Children in peer groups. In M. H. Bornstein & T. Leventhal (Vol. Eds.), R. M. Lerner (Series Ed.), *Handbook of child psychology and developmental science: Vol. 4. Ecological settings and processes* (7th ed., pp. 175-222). Hoboken, NJ: Wiley.

Rubin, K. H., Bukowski, W. M., & Parker, J. G. (2006). Peer interactions, relationships, and groups. In N. Eisenberg (Vol. Ed.), W. Damon & R. M. Lerner (Series Eds.), *Handbook of child psychology: Vol. 3. Social, emotional, and personality development* (6th ed., pp. 571-645). Hoboken, NJ: Wiley.

Sabol, T. J., & Pianta, R. C. (2012). Recent trends in research on teacher-child relationships. *Attachment & Human Development, 14*, 213-231.

Snyder, J. J., Schrepferman, L. P., Bullard, L., McEachern, A. D., & Patterson, G. R. (2012). Covert antisocial behavior, peer deviancy training, parenting processes, and sex differences in the development of antisocial behavior during childhood. *Development and Psychopathology, 24*, 1117-1138.

Sturaro, C., Denissen, J. J. A., van Aken, M. A. G., & Asendorpf, J. B. (2008). Person-environment transactions during emerging adulthood: The interplay between personality characteristics and social relationships. *European Psychologist, 13*, 1-11.

鈴木 翔（2012）．教室内（スクール）カースト　光文社

Thomsen, L., Frankenhuis, W. E., Ingold-Smith, M., & Carey, S. (2011). Big and mighty: Preverbal infants mentally represent social dominance. *Science, 331*, 477-480.

Valkenburg, P. M., & Peter, J. (2009). Social consequences of the Internet for adolescence: A decade of research. *Current Directions in Psychological Science, 18*, 1-5.

Verschueren, K. (2015). Middle childhood teacher-child relationships: Insights from an attachment perspective and remaining challenges. In G. Bosmans & K. A. Kerns (Eds.), *Attachment in middle childhood: Theoretical advances and new directions in an emerging field. New Directions for Child and Adolescent Development, 148*, 77-91.

Wrzus, C., Hänel, M., Wagner, J., & Neyer, F. J. (2013). Social network changes and life events across the life span: A meta-analysis. *Psychological Bulletin, 139*, 53-80.

Wrzus, C., & Neyer, F. J. (2016). Co-development of personality and friendships across the lifespan: An empirical review on selection and socialization. *European Psychologist, 21*, 254-273.

Wrzus, C., Zimmermann, J., Mund, M., & Neyer, F. J. (2017). Friendships in young and middle adulthood: Normative patterns and personality differences. In M. Hojjat & A. Moyer (Eds.), *The psychology of friendship* (pp. 21-38). New York, NY: Oxford University Press.

コラム 16
高齢者の関係性と「むなしさ」

大上真礼

1 高齢者はいつもハッピー？

日本が超高齢社会になって10年程度を経た2017年現在（内閣府, 2017），町やメディアの中には元気で活き活きとした高齢者が多く存在している。若者やメディアが高齢者を見るときにも，活気と笑顔があふれ自分の人生に希望と自信を持って暮らす姿を期待しているかもしれない。心理学の研究でも，高齢になると自分中心ではなく周囲や社会全体まで視点が拡がる老年的超越の状態になるとの報告（Tornstam, 1997）や，自らの人生の出来事を結びつけて認めることができる（統合）可能性のある段階とされていること（Erikson & Erikson, 1997／邦訳, 2001）など，老いに関わるポジティヴな面が発見されてきている。

しかし当然ながら，すべての人が穏やかに幸せに人生の終盤を迎えるわけではない。身体的な衰え，退職，家族や友人の病気や死などさまざまな変化や喪失があるなかで，「統合」や「老年的超越」に一方向的にたどり着けるとは言い切れない。高齢者であっても，卑近なことで悩み，うまくいかなくて笑えない日があるはずである。

2 高齢者が関係を持つひと・もの

実際に，大上（2015）は親子関係や趣味でのいざこざといった日常的な場面で「こうであってほしい状態」が得られないというむなしさを感じる高齢者の存在を明らかにしている。しかも，特に高齢期の場合は，体力や社会的立場などから自分の状況をうまくコントロールできず，むなしさを感じてもそこから逃れられない場合が少なくない（図参照）。人間関係についても然りで，うまくいかずむなしくても，家族や親しい友人といったように関係が近すぎるためにかえって状況を変えにくいと感じてしまうこともある。また，自分はいい歳なんだからマイナスの気持ちを若い人の前で出したくないと，自らのなかの高齢者像をもとに葛藤する人もいる。

もしかすると高齢者は，周囲の人と接するとき，その人との関係性だけではなく，老いそのものや老いた存在としての自分自身との関係性をも意識しているのかもしれない。

引用文献

Erikson, E. H., & Erikson, J. M. (1997). *The life cycle completed. Extended version with new chapters on the ninth stage of development by Joan M. Erikson.* New York, NY: W. W. Norton & Company.（エリクソン, E. H.・エリクソン, J. M. 村瀬孝雄・近藤邦夫（訳）(2001). ライフサイクル，その完結（増補版） みすず書房）

内閣府 (2017). 平成29年版高齢社会白書（概要版）（PDF版）〈http://www8.cao.go.jp/kourei/whitepaper/w-2017/gaiyou/29pdf_indexg.html〉 (2017年9月28日取得)

大上 真礼 (2015). 前期高齢者の「むなしさ」の生起・維持プロセス——発達段階での特徴に着目して—— 感情心理学研究, 23(1), 1-10.

Tornstam, L. (1997). Gerotranscendence: The contemplative dimension of aging. *Journal of Aging Studies, 11,* 143-154.

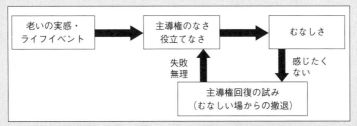

図　前期高齢者の「むなしさ」の生起・維持のプロセス（大上, 2015）
注）老いに伴う変化によってむなしさを感じるが，むなしい場や関係性へのコントロール感（主導権）が老いゆえに回復できない場合が多く，再びむなしさを感じてしまうということである。

第10章
パーソナリティの生涯発達
▶▶▶自分らしさをつくり続ける

川本哲也

　私たち人間は，一人ひとりがその人らしさをもっている。日常生活を振り返ってみても，とても規則正しい生活を送る人がいれば，ずいぶんとルースな生活を送る人もいる。社会問題に興味をもつ人もいれば，小難しいことには一切興味のない人もいるだろう。その一人ひとりの違いは，私たちが自分自身を認識するうえで重要な点となりうる。パーソナリティの生涯発達を理解することとは，まさに私たち一人ひとりの違いがどのように生じ，つくり上げられていくのか，そのプロセスを理解することといえる。本章では，まずパーソナリティの構造について理論的なモデルを提示する。そしてその理論モデルに沿って，パーソナリティが生涯にわたりいかに発達するのか，その生涯にわたるダイナミックなプロセスについて概観する。

1　パーソナリティの5つの原理

　パーソナリティに関する知見は，心理学の学問分野の中でも非常に厚く積み重ねられてきており，さまざまな理論が多様な観点から提唱されている。しかし，パーソナリティという「その人らしさ」を包括的に理解するための統合的な枠組みが存在していなかった。そこでマクアダムスら（McAdams & Pals, 2006）は人のパーソナリティを包括的に理解するための，5つの原理を提唱した。それによると，パーソナリティとは，①ヒトの進化のプロセスを通じて保存されてきた心理学的個人差であり，②気質的な特性（dispositional traits），③特徴的な適応（characteristic adaptations），④集合的なライフナラティヴ（integrative life narratives）の3つのレベルから構成され，⑤社会や文化の中に複雑に位置づけられるものである。この5つの原理のうち，②気質的な特性，③特徴的な適応，④集合的なライフナラティヴの3つが，人のパーソナリティの構造に相当する。

　気質的な特性とは，状況や時間を通じて一貫している行動・思考・感情の個人差を生じる個人の傾向を指す。特徴的な適応は時間や状況，社会的役割の中に文脈づけられている，より特徴的な価値観や信念，動機づけ，自己概念，社会的スキルなどを指す。集合的なライフナラティヴとは，過去を再構成して未来を想像することで自らの人生にアイデンティティを見出すことを可能にする，内化された適応的ライフストーリーを指し，ナラティヴアイデンティティと言い換えることもできる。マクアダムスらによると，気質的な特性，特徴的な適応，集合的なライフナラティヴの3つは相互に関連し合っているとされる（McAdams & Pals, 2006）。本章では以下，このマクアダムスらの提唱するパーソナリティの構造にそって，その生涯にわたる発達を概観する。

コラム 17
躓きをきっかけとした大学生期の成長

中島正雄

1 大学生期の特徴：無限の選択肢と無数の気持ちが自分の内外に

高校生から大学生になってまず多くが戸惑うことは，日々の生活の自由さであろう。高校までの生活と違い，正課活動でも課外活動でも，これまでよりも選択の幅が桁違いに広い生活である。そのため，大学に入学した当初見られる相談の一つは，自由度の高い生活に慣れず，どのように毎日を過ごしていけばよいのかという相談である。何をするかという無数の選択肢が目の前に広がり，それにどのように対処すればよいか，考えや気持ちは千々に乱れるような状況である。

卒業が意識されるようになる時期，多くは大学3年生頃からは，社会に出ることにまつわる相談が多いように思われる。その背景には，専門科目も学び始めたばかりであり，一方でどのような就職先があるかもわからないということや，これまでサークルや部活，アルバイトなどに専念し，進路のことをあまり考えてこなかったということもある。将来の進路は，学部によって違いはあるものの，その選択肢は数多く，就職情報の洪水や無限の選択肢を目の前にして，立ち竦む学生も少なくない。無数の選択肢からどれかを選び，同時に自分の心も無数の気持ちや考えを持った状態から社会に出る方向に向けていく作業が学生の中間期から卒業期には潜んでいるように思われる。

このように大学生期は入学期から卒業期まで，目の前には無限の選択肢が並んでおり，自分の心の中にも無数の気持ちが並存しているような，それまでの人生においてはあまり体験したことがなかったような状況にあって，その都度選択をし，そして自分を社会に向けてもっていくというのが特徴であろう。

2 学生相談カウンセラーの役割：寄り添い，見守りつづける

このような状況の学生に対して学生相談カウンセラーはどのようにサポートするのだろうか。カウンセラーはこうあるべきという方向に学生を導くのではなく，学生が選択に迷うことにじっくり寄り添い，見守りつづける。学生自身の選択プロセスをともにし，応援しつづける。もちろん躓きによって学生が深刻なダメージを受けないように，環境調整や学内外の連携など外部資源の活用もするが，大学生期におけるカウンセラーの重要な役割はこのようなところにあると考える。そして，カウンセラーが寄り添い，見守るなかで，学生は自ら歩みだしていくことが多いように思われる。

3 大学生期の成長：躓きを越えていくプロセスの中で

無数の選択が自分の内外に広がっており，それを選んでいくことにただでさえ慣れていない学生にとって，躓きには事欠かない。学生相談所に来談する学生は，将来への不安，過去の後悔，人間関係のトラブルやハラスメント，精神的な病や障害など多種多様な躓きを抱えている。このような困難な状況の中で，学生はどのように成長し，社会に出ていくのだろうか。それは学生相談カウンセラーから見た場合，その躓きこそが学生の成長にとって重要な役割を果たしていることを感じる。躓きに向き合い，越えていくプロセスは苦しいものであるが，時にはカウンセラーとともに，学生が自らの来し行く末に思いを回らせながら歩むなかで，自分なりの価値観や認識，対人関係の持ち方などというような，自分なりの「あるまとまり」をつくっていくように思われる。アイデンティティ（Erikson, 1968／邦訳, 1982）とは，このようなプロセスの中に認められる概念ではないだろうか。そして，「あるまとまり」はこれから出て行く社会のことにも思いを回らせてつくられたものであるため，必然的に社会適応的な要素を含んでいる。このプロセスは躓きからの回復のプロセスであると同時に，実は学生の成長プロセスでもある。その傍証として，ひとつやまを越えた学生の姿にもっとはっきりした成長を感じ取ることができる。それは，人間がひと回り大きくなったような，地に足が着いたような，雰囲気が柔らかくなったような，肩の荷が下りて身軽な感じになったような，そういう形容が当てはまるような確かな変容である。挫折が人を強くするとは言い古された表現であるが，躓きが学生を成長させるきっかけを与えてくれたと感じることが少なくない。

参考文献
Erikson, E. H. (1968). *Identity: Youth and crisis*. New York, NY: W. W. Norton.（エリクソン，E. H. 岩瀬 庸理（訳）(1982). アイデンティティ——青年と危機　金沢文庫）

2 気質とパーソナリティ特性

[1] 気質とは

　子どもは生まれた時から，少なからずその行動の中にその子らしい特徴が見られるものである。生後間もない時から活発に動く子もいれば，比較的おとなしい子がいる。よく大声で泣く子もいれば，周りの世界を楽しそうにじっと眺める子もいる。ある子は新しいおもちゃに興味津々で大声で笑うが，同じおもちゃでおびえてしまう子もいる。心理学では，このような発達初期より出現する行動上の個人差のことを気質（temperament）と呼ぶ。気質は，生後間もない時からある程度の期間持続し，その間は類似した状況で比較的一貫する傾向をもつ。また，子どもの周りのさまざまな環境要因と相互作用することで，気質は変化したり安定化したりし，その子の原初的なパーソナリティ・プロフィールを形成する（菅原，2003）。

　気質という構成概念が心理学の研究の中で言及される契機となったのは，ニューヨーク縦断研究におけるトーマスら（Thomas et al., 1963）の子どもの行動に関する一連の研究であった。トーマスらは，子どもの行動の様式に着目し，9つの気質——活動水準・周期性・接近性・順応性・敏感性・反応の強さ・気分の質・気の散りやすさ・注意の範囲と持続性——を同定した。さらに，このトーマスらの9つの気質から，子どもの気質のタイプが3つ同定された。1つ目は手がかからない扱いが楽な子ども，2つ目は扱いが難しい子ども，3つ目は時間がかかる子どもである。手がかからない扱いが楽な子どもは，生理的なリズムが規則的で，初めての物ごとに対しても積極的で，環境の変化にも順応的であり，全体的に機嫌が良いような子どもを指す。扱いが難しい子どもというのは，生理的なリズムが不規則で，初めて目にするような物ごとには消極的，環境の変化にもなかなか慣れることができず，全体的に機嫌が悪いような子どもを指す。時間がかかる子どもというのは，初めて出会うような物ごとには消極的で，環境の変化にもなかなか慣れないが，生理的なリズムは周期的で，反応が穏やかな子どもを指す。このトーマスらによる気質の理論は現在までに多くの研究で用いられているが，子どもの観察可能な行動様式にのみ強く着目した次元であり（Thomas & Chess, 1977），行動の中身や動機づけといった点がおざなりにされているという批判や，着目している行動様式というのがあいまいであるなどといった批判がなされてきた。

　その後の心理学研究の中で，より明確な気質の定義がなされてきた。たとえばゴールドスミスら（Goldsmith et al., 1987）は，気質とは生得的に備わった比較的一貫した基礎的な傾向を指し，行動や感情の表出を調節する働きをもつものと定義した。またロスバートとデリベリ（Rothbart & Derryberry, 2002）は，気質を，遺伝的要因と経験に影響される，注意や感情反応，自己制御における基礎的な個人差と定義した。これらの定義から，気質が自己調節や反応性の安定した個人差を意味することがうかがわれる。そして，気質の多くの要素は生物学的な要因にある程度規定され，人生の初期に現れてくることも指摘できる（Goldsmith et al., 1987）。

　さまざまな子どもの気質モデルがあるなかで，どの気質のモデルにおいてもポジティヴ情動性（positive emotions），恐怖（fear），怒りやすさ（irritability），不快感（discomfort），注意と持続性（attention/persistence），活動水準（activity level）の6つの特性が含まれることが指摘されている（Caspi & Shiner, 2006）。現在，世界的にコンセンサスが得られてきている気質のモデルにロスバートらの気質モデルがある（Rothbart, 2011）。このロスバートらの気質モデルでは，気質には大きく3つの次元——社交性（surgency），ネガティヴ情動性（negative emotionality），エフォートフルコントロール（effortful control）——が存在するとされている。社交性は外向性ないしポジティヴ情動性と言い換えることもでき，楽しいことに積極的に関わっていく傾向を意味する。ネガティヴ情動性は恐れや悲しみ，怒りといったネガティヴな情動の感じやすさを意味する。エフォートフルコントロールは子どもの行動の抑制や調節など，やや認知的な側面を包含する概念である。

コラム 18
非行とアイデンティティの構築

北村篤司

非行少年というと、「社会規範を無視する」「キレやすい」「外交的で活動的」などの特定のパーソナリティ傾向をもつ少年をイメージするかもしれない。しかし、ある種の性格をもつ少年が非行に走るという単純な図式ではなく、非行とパーソナリティの関係はより複雑である。本コラムでは、非行体験者へのインタヴュー調査の結果（NPO法人非行克服支援センター、2014）を紹介しながら、非行に走る少年たちが、どのように「自分」というものや「アイデンティティ」を作っていくのかという点を検討する。

1 自分探し・居場所探しとしての非行

この調査では、42人の非行体験者にインタヴューを行ったが、そこで語られた非行に至る背景や影響はさまざまで、家庭環境、学校・教師の対応、さまざまな出会い（友人、性風俗産業、薬物、暴力団など）の影響など、いろいろな背景が重なり影響し合って非行に至っていることがうかがわれた。虐待、学校でのイジメ、信頼していた大人から裏切られる体験など、何らかの被害体験をしていた人も少なくなかった。

体験者の語りを見ていくと、寂しさや心の隙間を埋めてくれるものが非行だった、興味・おもしろい・かっこいいなどを基準に行動した結果が非行につながった、非行をすることで周囲から認められる存在になろうとした、劣等感を払拭できる場所が非行の世界だったなど、自分らしさや自分の居場所を求める行動が非行につながったという語りが多く見られた。こうした語りを見ると、非行は、問題行動や不適応としての側面だけでなく、成長・発達の過程で、自分らしさ（アイデンティティ）や居場所を探す行為としての意味も持っていると考えられる。

2 非行からの立ち直り

非行が自分探し・居場所探しとしての意味を持つとすると、そこから立ち直る過程では何が生じているのだろうか。非行に至る背景と同様、立ち直りの背景や過程もさまざまである。親や家族の支え、少年院等の施設や機関での体験、その他いろいろな出会いなど、本人とさまざまな環境との相互作用のなかで変化が生じる。

体験者の語りでは、自分を受け入れてくれる人や場所に出会った、学校や職場で尊敬できる人や目標とする人を見つけた、必要とされてやりがいを感じられる仕事に出会えた、などが自分の変化のきっかけとして語られた。さらに、男女を問わず、自分に子どもができたことが、気持ちや行動の変化につながったと語った人も多かった。

このように、立ち直りの過程は、他者や社会とのつながりのなかで居場所や自分の存在意義を見つけ、「誰かの役に立っている自分」「親としての自分」といった新しいアイデンティティを構築していく過程とも考えられる。なお、自己やアイデンティティは、必ずしも単一ではなく多様であるといわれている。こうした観点からは、非行からの立ち直りは、多様な自己の発見として捉えられる。

3 発達のプロセスと非行

最後に、非行を体験した人たちは、非行に走った時期をどのように振り返っているのだろうか。インタヴューでは、「被害者に申し訳ない」「後悔している」など周囲の人への影響を考え、後悔すべきこととして振り返る語りがあった。その一方で、「無駄ではなかった」「自分にとっては貴重な機会になった」「すべてがあって今がある」など、自分の人生のプロセスという観点から、非行を意味あるものとして位置づける語りもあった。

自分の生き方やアイデンティティを模索し、構築していくことは簡単ではなく、発達が非行のようなネガティヴに見える変化をとる場合もある。そこでは、非行や犯罪とは違う、新しい関係性や自分を構築していく機会が存在することが重要である。そのためには、周囲の大人や社会が、一見ネガティヴに見える変化も、発達のプロセスと結びつけながら理解し、関わっていくことが大切になると思われる。

引用文献
特定非営利活動法人非行克服支援センター（2014）．何が非行に追い立て、何が立ち直る力となるか——「非行」に走った少年をめぐる諸問題とそこからの立ち直りに関する調査研究　新科学出版社

［2］パーソナリティ特性とは

パーソナリティのなかでもより安定的な個々人の傾向のことを、パーソナリティ特性（personality trait）と呼び、私たち一人ひとりの行動や思考、感情の比較的安定したパターンを生じさせるものと定義される（Roberts, 2009）。私たちの性格は一般的にはころころ変わるものではないことは日常的な感覚からもわかると思うが、実際にパーソナリティ特性は通時的にある程度一貫してること

が示されている（Roberts & DelVecchio, 2000）。感情や自己制御，注意などの安定した個人差を気質と呼んだが，基本的にパーソナリティ特性と気質とはほぼ同様の特性を指すものである（e.g., Shiner & DeYoung, 2013）。ただし，基本的にはパーソナリティ特性は気質よりもより広い概念として捉えられ，また，より発達初期の個人差を気質，より大きくなってからの個人差をパーソナリティ特性と呼ぶ。気質やパーソナリティ特性は，マクアダムスらのモデルでいうところの気質的な特性に相当するものであり，これらは，その人の置かれた状況・文脈と組み合わさせることで，その人のその場における特徴的な行動・思考・感情を生じさせうるものと考えられる。

　私たちのパーソナリティ特性を捉える枠組みとしてここ30年ほどのあいだ多用されてきた理論として，ビッグファイブ（Big Five：5因子モデル）が挙げられる（John et al., 2008）。これは人のパーソナリティ特性を，外向性，調和性，誠実性，神経症傾向，経験への開放性という5つの特性から測定するモデルである。外向性とは，現実世界に対し積極的に接近する傾向を意味し，活発さや社交性，ポジティヴ情動性などを含む概念である。調和性は，他者に対して向社会的ないし共感的に振る舞う傾向であり，利他性や優しさ，謙虚さなどが含まれる概念である。誠実性は，自己の衝動を，社会的に決められた規範に沿ってコントロールし，課題指向的・目的指向的な行動をとる傾向で，規律正しさや慎重さ，秩序正しさなどが概念として含まれる。神経症傾向は，抑うつや不安，悲しみや怒りといったネガティヴ情動を感じやすい傾向である。開放性は，自己の精神世界や経験する世界における幅・深さ・独自性を意味し，想像性や審美性，新奇性といった概念を含むものである。

［3］気質からパーソナリティ特性へ

　発達の過程において，幼少期の気質はどのように後のパーソナリティ特性へとつながっていくのだろうか。生まれてから初めの1年の間に，子どもは喜びや驚き，怒りや興味といった基本的感情をより多く表すようになる（Lewis, 2010）。このような感情に関する反応の発達的変化からわかるように，乳幼児のポジティヴ情動性やネガティヴ情動性が生後1年にかけて高くなる。ネガティヴ情動性はさらに，児童期になるにつれてそのレベルが高くなっていくことが知られている（Lamb et al., 2002）。しかしポジティヴ情動性については，小学校へ入学する頃にかけてそのレベルが下がることが指摘されている（Lamb et al., 2002）。

　共感性や向社会的行動といった調和性に関連する側面は，生まれてから数年間の間に高くなることが知られており（Eisenberg et al., 2006），さらにその傾向は児童期にかけて続くことも明らかにされている（Lamb et al., 2002）。自己制御的な側面であるエフォートフルコントロール関しては，特に注意の側面が1歳になるころに発達し，その後さらに注意の持続や行動の制御など広範な自己制御が児童期にかけて発達してくる（Rueda, 2012）。

　幼少期におけるこの発達の過程を経て，ポジティヴ情動性は外向性へ，ネガティヴ情動性は神経症傾向へ，エフォートフルコントロールは誠実性へとつながっていく（Shiner, 2015）。調和性と開放性については，ロスバートらの気質のモデルに対応する次元がない。調和性はエフォートフルコントロールから分かれて生じてくるという考えもあるが（Ahadi & Rothbart, 1994），エフォートフルコントロールと調和性は，関連しつつも分離されるものであるとする考えもある（Shiner, 2015）。開放性も，同じくロスバートらの3次元の気質モデルには対応する次元がない。ただし，ロスバートらの気質モデルの下位次元に含まれる知覚的敏感さ（sensory sensitivity）との対応は指摘されている（Shiner & DeYoung, 2013）。

　このように，気質とパーソナリティ特性はそれぞれ概念的な対応が認められ，それゆえに両者の間に通時的な一貫性があることが予想される。実際に，幼少期の気質と成人期のパーソナリティ特性との関連性を主張する知見は存在する（Caspi, 2000）。しかし，気質とパーソナリティ特性の間の関連性が強くはないことを主張する知見もあり（Hagekull & Bohlin, 1998, 2003），気質とパーソナリティ特性の連続性はいまだ論争が続いている点である。

[4] パーソナリティ特性の発達

児童期までに発達する気質が，その後パーソナリティ特性へとつながっていくことは上述したとおりである。では，青年期以降はそのパーソナリティ特性はいかに発達するのであろうか。特にビッグファイブ・パーソナリティ特性の発達に関しては，これまでに欧米圏で行われた数多くの研究がこれを検討してきた。それらを大別すると，横断的なデータに基づき年齢差からパーソナリティ特性の疑似的な発達軌跡を検討する研究と，縦断的なデータに基づいてパーソナリティ特性のレベルが経時的に以下に変化したのかを検討する研究の2種類に分けられる。縦断的研究の知見をメタ分析によって統合したロバーツら（Roberts et al., 2006）の知見によると，調和性と誠実性は青年期以降，直線的にそのレベルが高くなっていき，神経症傾向は青年期以降，一貫して低下していくことが示された。外向性は，社交性の側面は青年期以降やや低下するが，社会的支配の側面は青年期以降，年齢とともにそのレベルが高くなっていく。開放性は，青年期後期において一度高くなるが，その後はあまり年齢の影響を受けず，老年期に年齢とともに低下することが明らかにされた。これらのおおまかな傾向は，横断的研究の調査結果（e.g., Soto et al., 2011）とおおむね類似している。

生涯を通じて調和性，誠実性が高くなり，神経症傾向が下がるということは，人は歳とともにまわりの人々と協調的に振る舞うようになり，責任感や計画性をもって勤勉に行動し，精神的に安定するようになるということを意味する。つまり，人は歳をとると自身のパーソナリティをより社会的に望ましい方向に成熟させていくのである。この標準的なパーソナリティ特性の発達軌跡は，パーソナリティ特性の「成熟化の原則（maturity principle）」と呼ばれる（Caspi et al., 2005）。

日本においても，横断的研究の観点から成人のパーソナリティ特性の疑似的な発達軌跡が検討されている。川本ほか（2015）では，大規模社会調査のデータを二次分析することにより，日本人成人のビッグファイブ・パーソナリティ特性の年齢差の検討を行った。その結果，調和性と誠実性は年齢とともにそのレベルが高くなり，神経症傾向は年齢とともに下がるという，欧米圏で得られている「成熟化の原則」を支持する結果が得られた。

では，パーソナリティ特性の発達はなぜ生じるのだろうか。社会投資理論（Social investment theory: Roberts, Wood, & Smith, 2005）によれば，仕事や地域社会での活動，家庭での生活といった，歳をとるとともに受け持つことになる社会的な役割にコミットすることによって，パーソナリティ特性の発達が促されるという。また，より大きなインパクトも持つライフイベントによるパーソナリティ特性の変化も報告されていたりする。しかし，パーソナリティ特性がなぜ変化するのかについての知見は，加齢とともにどのように変化するのかを検討した研究に比べるとその数は少なく，また明瞭な結果が得られている研究はほとんどない。今後の研究の進展が望まれる点といえる。

3 価 値 観

[1] 価値観とは

価値観とはただ人が何を考えているのかということではなく，その人にとって重要なものを表し，人生における目標に導くものである。つまり，私たちが何かをしようとする動機づけと関連し，私たちの行動を方向づけるものといえる（Bardi & Schwartz, 2003）。シュワーツ（Schwartz, 1992）は価値観を時間や状況を通じて比較的安定した，日常の生活の中で私たちがどう振る舞うべきかを導く，抽象的で望ましい目標であるとした。マクアダムスらのパーソナリティの3層構造モデルに基づくと，価値観は2層目の特徴的な適応に相当するものといえる。

シュワーツ（1992）による価値観のモデルは，社会科学においてもっともよく用いられているものである。シュワーツは人の価値観を連続的な円環モデルを用いてモデル化した。その円環モデルによると人は10個の価値観——自立（Self-direction）・刺激（Stimulation）・快楽（Hedonism）・

達成（Achievement）・権力（Power）・秩序（Security）・遵守（Conformity）・伝統（Tradition）・博愛（Benevolence）・普遍（Universalism）——を持ち，それらは円環モデル上に配置される。隣接している価値観は類似した意味を持ち，反対側の領域に位置する価値観は対立した意味を持つ。この10個の価値観の上位にはさらに4つの高次の価値観が置かれる。自立・刺激・快楽の上位には変化に対する開放性（Openness to change），達成・権力の上位には自己高揚（Self-enhancement），秩序・遵守・伝統の上位には保守（Conservation），博愛・普遍の上位には自己超越（Self-transcendence）が位置する。変化に対する開放性と保守は円環上では対立的な位置関係にあり，同じく自己高揚と自己超越も互いに対立的な位置関係にある。

　このシュワーツによる価値観の円環モデルは，世界中の多くの研究によって実証的に支持されている（Schwartz et al., 2012 を参照のこと）。それらの結果から，価値観の円環的な構造の普遍性が示されているといえる。しかし，この円環モデルはそれぞれの価値観の間に優劣があることは仮定していない。あくまでも個々人の間に，どの価値観をどれほど重要視するのかという個人差があるに過ぎないという点に注意する必要がある。

[2] 価値観の発達

　人生の初期において，子どもはすでに自身の行動を促す目標を持つ（Jennings, 2004）。しかし価値観は単純な目標ではなく，人生のさまざまな領域において多様な行動を促しうる抽象的な動機づけである。たとえば，達成の価値観を強く持つ子どもは，学校の教科学習の授業において優れた成績を発揮し，かつ体育の授業では友だちよりも速く走ろうとすることが考えられる。このような子どもたちの抽象的な目標としての価値観は，いつどのように発達してくるのだろうか。

　幼児期の子どもたちは，「私は走るのが早い」といった観察可能で具体的な特徴に着目した自己概念を持つ（Harter, 1999）。その自己に対する外的で具体的な概念は，児童期になるにつれて次第に一般化され，抽象的になってくる。この漸進的な抽象的思考の発達のプロセスを通して，子どもたちは大人と同じような価値観を持つことができるようになる。

　児童期を通じて子どもの年齢が上がるにつれ，子どもは一人ひとり価値観を持ち，その価値観の優先順位が変化することが明らかにされている。児童期中期から後期までの子どもを対象に青年期前期までの価値観の発達を縦断的に検証した研究によると，自己超越と保守の価値観の重要度が低下するのに対し，自己高揚と変化に対する開放性の価値観の重要度が高まることが示された（Cieciuch et al., 2016）。また，青年期の子どもを対象に，シュワーツの円環モデルにおける普遍の価値観と強く関連する社会的正義の価値観の発達を縦断的に検討した研究では，多くの青年は社会的正義の価値観を強く持っていて，その重要度は青年期を通じて高いレベルで安定していることが示された（Daniel et al., 2016）。

　成人においては，青年期後期以降の人を対象としたヨーロッパ社会調査（European Social Survey）のデータを用いた横断的分析の結果から，シュワーツの円環モデルにおける秩序・遵守・伝統・博愛・普遍の5つの価値観は年齢と弱い正の相関があり，自立・刺激・快楽・達成・権力の5つの価値観は年齢と弱い負の相関があることが示されている（Schwartz et al., 2012）。秩序・遵守・伝統・博愛・普遍の5つの価値観は保守と自己超越の価値観にまとめられるものであり，これは向社会的な価値観（socially focused values）といえるものである。それに対し，自立・刺激・快楽・達成・権力の5つの価値観は変化に対する開放性と自己高揚の価値観にまとめられるものであり，これは向自己的な価値観（personal focused values）といえるものである（Schwartz et al., 2012）。つまり言い換えると，青年期以降の大人においては，年齢が上がるとともにより向社会的な価値観を強く持つようになり，それに対し向自己的な価値観は優先順位が下がる傾向にあるということである。もちろんこの結果は横断的分析であるため疑似的な発達軌跡というレベルにとどまるが，数少ない成人の価値観の発達に関する知見として重要なものである。

コラム 19
道徳性の生涯発達

藤澤 文

OECD (2015) が社会情動的スキルの重要性を指摘したり、日本では道徳授業の位置づけが変容したり、最近、なにかと関心がもたれている私たちの道徳性はどのように発達するか。

道徳性発達研究の先駆けであるピアジェ (Piaget, 1932) は意図と結果の悪さの重大さが異なる2人が登場するストーリー (母親のお手伝いをしようとしてコップを15個壊したジャンと、つまみ食いをしようとしてコップを1個壊したアンリ) を子どもに提示し、どちらの子の方が悪いか、どちらとも同じくらい悪いか、それはなぜか (道徳的理由づけ) という形式で個別にインタヴューを行った。ピアジェによる一連の研究では、加齢に伴い物質的な結果の悪さに基づき判断する他律的道徳判断 (約6歳) から外在的な目に見える結果よりも行為の意図や動機に注目した判断を行う自律的道徳判断 (約7歳) へと変化をしていくことが明らかにされた。

その後、この研究から発展して、コールバーグ (Kohlberg, 1971) は道徳性発達段階を示した。その発達は道徳判断の形式が質的に変化するプロセスを捉えたものであり、前慣習的水準 (第1／第2段階)、慣習的水準 (第3／第4段階)、脱慣習的水準 (第5／第6段階) の3水準6段階から構成される。被調査者にはモラルジレンマ課題が提示され (表1)、よい／悪いという判断ではなく、そのように判断する理由づけがインタヴューされた。理由づけは6段階 (表2) のいずれかに分類された。

道徳性はこの発達段階に従って順番に、複数の発達段階を跳び越すことなく発達するが、必ずしもすべての人が第6段階まで到達するということはないと考えられている。この理論には批判も多く、反論する形で新しい理論 (例：責任と配慮の道徳性 (Gilligan, 1982)、社会的領域理論 (Turiel, 1998)、直観理論、道徳基盤理論 (Haidt, 2012)) が生み出された。一方、コールバーグ理論が完全に覆されることはなく、また、道徳性発達段階という考え方がとてもわかりやすいため、日本では教育委員会の指導書や大学の教職テキストには必ずといっていいほど引用されている。

その後、コールバーグ理論を踏襲し、道徳性発達を客観的に測定することのできる DIT (Defining Issues Test) という検査が開発された。櫻井 (2011) は日本人の小学校5年生〜中学3年生、高校2年生、大学生を対象とし、DIT を実施した。その結果、加齢に伴い、道徳判断の発達段階が上昇することが明らかにされた。一方、米国では国家横断的にさまざまな地点の大学生の道徳判断を測定した結果、近年、第2段階、第3段階の道徳判断を行う人が増加し、第5段階、第6段階の道徳判断を行う人が減少していた (Narvaez, 2010)。

ギリガン (Gilligan, 1982) は道徳性には2種類 (「正義」・「配慮と責任」) があると提案した。そして、前者が男性の道徳性発達であり、コールバーグ理論では女性の発達である後者が取り上げられていないと批判した。前者は自他を分化し、独立した一人の個人になることを発達として捉えているが、後者は他者との関係性を持つことを志向し続けるものであると考えている。配慮と責任の道徳性の発達段階は

表1 モラルジレンマ課題の一例 (ハインツのジレンマ)

Aさんの奥さんがガンで死にかかっています。お医者さんは、「ある薬を飲めば助かるかもしれないが、それ以外に助かる方法はない」と言いました。その薬は、最近ある薬屋さんが発見したもので、10万円かけて作って100万円で売っています。Aさんは、できる限りのお金を借りてまわったのですが、50万円しか集まりませんでした。
Aさんは薬屋さんにわけを話し、薬を安く売るか、または不足分は後で払うから50万円で売ってくれるように頼みました。でも薬屋さんは、「私がその薬を発見しました。私はそれを売って、お金をもうけようと思っているのです」と言って、頼みを聞きませんでした。Aさんは困って、その夜、奥さんを助けるために、薬屋さんの倉庫に泥棒に入り、薬を盗みました。
問1：Aさんは薬を盗んだ方がよかったと思いますか、盗まない方がよかったと思いますか？
問2：その理由は？

表2 コールバーグの道徳的発達段階 (Kohlberg, 1971 を要約改編)

前慣習的水準	第1段階	他律的道徳：道徳は外在的なものであり「罰せられること＝悪」である。
	第2段階	個人主義と道具的意図・交換：ギヴアンドテイクが正しい。
慣習的水準	第3段階	相互的な対人的期待・対人的同調：「よい子であること」を志向する。
	第4段階	社会的システムと良心：既存の社会システムに従うことが正しい。
脱慣習的水準	第5段階	社会契約・または効用と個人権：価値や規則が集団ごとに相対的であることに気がつくが、公平さをもたらす限り、これらに従うものだ。
	第6段階	普遍的倫理的原理：自己選択による倫理的原理に従うことが正しい。

表3 配慮と責任の道徳性の発達段階（Gilligan, 1982 を要約改編）

レヴェル1	個人的生存への志向：自分の生存のために自分自身に配慮する。
移行期1	利己主義から責任性へ：自己の欲求と他者とのつながり——責任への志向との葛藤が現れる。
レヴェル2	自己犠牲としての善良さ：ステレオタイプの女性的な善良さで世界を構成化し，自己犠牲によって葛藤を解決する。
移行期2	善良さから真実へ：他者に対してと同様，自己に対しても責任を担うようになり，自分が持っている現実の欲求に正直に直面する。
レヴェル3	非暴力の道徳性：配慮と責任は自己と他者の両者に向けられ，傷つけないことが道徳的選択の普遍的なガイドとなる。

3つのレベルと2つの移行期から構成される（表3）。この発達段階は女性へのさまざまな面接から公式化されたものである（山岸，1992）。

近年では主に大人の道徳性を対象としたビジネス倫理と呼ばれる研究領域がある。ビジネス倫理は道徳心理学の知見を応用し，理論，実践の両面において知見を積み重ねつつある。たとえば，企業の人事部ではビジネス倫理，研究機関では研究倫理について講習や e-learning が行われる。そして，医療従事者は医療倫理について学ぶ機会があるように，近年では職業に応じて年齢にかかわらず「道徳性」について考える時間が設けられている。その一方，成人期の道徳性に関する基本統計や同じ指標を用いて道徳性の生涯発達を測定した研究はとても少ない。国内では，松尾ら（2012）が全国の人口比を統制したうえで 20 歳から 59 歳までの 1,000 名を対象として道徳性の発達調査を行っているが，この結果からは加齢に伴い道徳性が線型に上昇するとも，若者の道徳性が全般的に低いともいえそうにない。ヌッチとパワーズ（Nucci & Powers, 2014）は思春期を中心に道徳性がU字を描いて発達すると述べているが，生涯発達的な観点からみると，現時点では道徳性は線型発達ではないとしかいえないのかもしれない。

最後に，近年，さかんに行われている乳児における道徳性発達研究について述べる。生後数か月時から道徳性の萌芽がみられ，赤ちゃんも善悪の判断ができるという知見が出ている（Bloom, 2013）。乳児の能力を過大評価しているとみる厳しい見方もあるが，私たちが生まれながらに人を思いやる気持ちをもっているとすれば，それは心温まることではないだろうか。

引用文献

Bloom, P. (2013). *Just babies: The origins of good and evil*. New York, NY: Crown Publishers/Random House.（ブルーム，P. 竹内 円（訳）(2015). ジャスト・ベイビー：赤ちゃんが教えてくれる善悪の起源 NTT 出版）

Gilligan, C. (1982). *In a different voice: Psychological theory and women's development*. Cambridge, MA: Harvard University Press.（ギリガン，C. 岩男 寿美子（監訳）(1986). もうひとつの声——男女の道徳観の違いと女性のアイデンティティ 川島書店）

Haidt, J. (2012). *The righteous mind*. New York, NY: Pantheon Books.（ハイト，J. 高橋 洋（訳）(2014). 社会はなぜ左と右にわかれるのか：対立を超えるための道徳心理学 紀伊國屋書店）

Kohlberg, L. (1971). From is to ought: How to commit the naturalistic fallacy and get away with it in the study of moral development. In T. Mischel (Ed.), *Cognitive development and epistemology* (pp.151-235). New York, NY: Academic Press.（コールバーグ，L. 永野 重史（編）(1985). 道徳性の発達と教育 新曜社）

Narvaez, D. (2010). The emotional foundations of high moral intelligence. In B. Latzko & T. Malti (Eds.), Children's moral emotions and moral cognition: Developmental and educational perspectives. *New Directions for child and adolescent development*, *129*, 77-94. San Francisco, CA: Jossey-Bass

松尾 直博・永田 繁雄・藤澤 文（2012）. 成人の道徳性と子どもの頃の体験に関する調査報告 東京学芸大学

Nucci, L., & Powers, D. (2014). Social cognitive domain theory and moral education. In L. Nucci., D. Narvaez & T. Krettenauer (Eds.), *Handbook of moral and character education* (2nd ed., pp.121-139). New York and London: Routledge.

OECD (Ed.). (2015). *Skills for social progress: The power of social and emotional skills*. Series OECD Skills Studies. OECD Publishing.

Piaget, J. (1932). Le jugement moral chez l'enfant. Paris: F. Alcan.（ピアジェ，J. 大伴 茂（訳）(1954). 児童道徳判断の発達 臨床児童心理学Ⅲ 同文書院 ただし英語版 (Gabain, M.（訳）(1997). *The moral judgment of the child*. New York, NY: Free Press paperbacks.) を底本とした）

櫻井 育夫（2011）. Defining Issues Test を用いた道徳的判断の発達分析 教育心理学研究, *59*, 165-167.

Turiel, E. (1998). The development of morality. In N. Eisenberg (Ed.), W. Damon (Series Ed.), *Handbook of child psychology* (5th ed., Vol.3). Social, emotional, and personality development (pp. 863-932). New York, NY: Wiley.

山岸 明子（1992）. 責任性理論 日本道徳心理学研究会（編） 道徳性心理学：道徳教育のための心理学（pp.145-156） 北大路書房

4 自己概念

[1] 自己概念とは

　自分とは何者であるかという問いは，私たち一人ひとりにとって永遠の関心事であるといえる。古くから心理学では自己に関する研究はさかんにされてきた。しかし，自己という言葉が単一の実体ある事物を指し示すわけではなく，むしろ無数の構造や過程に言及するものであることから，自己に関する研究は類似した概念や用語が入り混じった状態になっている（Leary, 2004）。

　自己概念とは，自分自身に対する安定した心的表象であり，認知された客体としての自己（James, 1890）ということになる。この安定した心的表象は，過去，現在，未来における身体的，社会的，心理的，道徳的な存在としての自己に関するものである。自己概念はその抽象度がさまざまであり，最も具体的なレベルでは特定のエピソードに関連する自伝的記憶がありえ，最も抽象的ないし概念的なレベルには個人の語りを含む自己に関する理論が相当する。心理学では長らく自己概念を単一で静的な存在として扱ってきた。しかし近年は，自己制御的機能を持つ多次元的で文脈的かつ動的な認知構造として自己概念を捉えるようになってきている（e.g., Baumeister, 1998）。したがって，自己概念をマクアダムスらのパーソナリティの3層構造モデルにあてはめると，価値観と同じくは2層目の特徴的な適応のレベルに位置づけることができる。

[2] 自己概念の発達

　自己概念の発達の萌芽は幼児期の頃にさかのぼる。この時期の子どもは，認知能力の限界ゆえに抽象的かつ包括的な，自己に対する言語化可能な表象をもつことはできない（Harter, 1999）。子どもたちは，具体的な認知能力や身体能力，どのように行動するか，どのような見た目かといったことに言及することで，自分自身を表現するようになる。しかし，これらのドメインごとの評価によって自分自身を表現することはできるが，まだこれらの個々の評価を一人の人としての全体的で包括的な，高次の自己概念へと組み合わせることはできない。

　年齢を重ね，児童期後期や青年期に至るころには，認知能力も発達し抽象的な思考が可能になるほか，社会的な関係性も拡大し，次第に成人のような社会的役割ごとの複数の自己が出現するようになる（Harter, 1999）。特に成人期初期において，異なる社会的役割が異なる行動を必要とし，その行動の相違ゆえに一貫し安定した自己概念が脅かされることはないということを明確に理解するとされる（Moneta et al., 2001）。

　成人期に入ってからは，自己概念の構造における大きな変化が生じることはない。たとえば，自己に関する記述において言及される属性の数に成人期前期の人と老年期の人とで差がないことなどが示されている（Mueller et al., 1986）。しかし，その内容に関してはいくつか違いがある。たとえば，若い人と比べ老年期の人の方が自己に関してよりポジティヴな内容の記述をすること（Mueller et al., 1986），若い人では自己に関する記述において家族のことや個人的な対人関係，日々の生活などの事がらが出てくるが，老年期の人では自身の年齢や健康状態などの記述が多いことなどが示されている（McCrae & Costa, 1988）。このような成人期を通じての自己概念の変容は，社会的役割や社会的関係性における年齢段階に関連した変化に起因していると考えられる。

5 アイデンティティとライフストーリー

[1] アイデンティティとライフストーリーとは

　アイデンティティとは，自分が他の誰でもなく独自な存在であり（斉一性），かつ自分が時間の中で変わらない連続した存在である（連続性）ということを認識できている感覚である（Erikson,

コラム 20
キャリアの発達と「あきらめ」

──────────────────────────────────── 菅沼慎一郎

1　キャリアの「発達」

キャリアの発達と聞くと，スキルや知識を身につけて，自分の就きたい仕事に就くまでのプロセスのことを想像する人が多いのではないだろうか。この背景には，スキルや知識を身につけ経験を積めば，右肩上がりに職位や給料が上がっていき，最後には希望の仕事に就けるという想定があると考えられる。これはもちろん妥当かつ健全な想定で，最初は多くの人がそのように想像し，希望し，計画するが，皆がこのようなプロセスをたどれるわけではない。ましてや今の時代，人生半ばで心身の調子をくずし，休職・離職するといったことも珍しいことではない。さてこのように休職・離職した場合，発達心理学的に見てキャリアが「発達」しているといえるだろうか。先ほどの想定のようなキャリア発達からは外れることになるが，発達心理学の観点からの答えはもちろんイエスである。その理由として，このようなキャリアの停滞や崩壊の時期においても（あるいはおいてこそ）その人の仕事観や人生観といった認知的変化，生活の仕方や働き方といった行動的変化が生じており，それを社会適応に向けての職業的発達とみなすことができるからである。前述のような右肩上がりのキャリア発達観は間違ってはいないが，それだけでは人間が経験する多様な職業的発達を捉えられないという点は踏まえておく必要がある。そして，本コラムのテーマとなっている「あきらめ」は，多くの人が想定するキャリア発達とは異なるものの，実際には数多く存在する職業的発達を捉える枠組みと見ることができる。キャリア発達を「あきらめ」という観点から考えることで，なかなか就きたい仕事に就けずに諦めて他の仕事を探したり，就きたい仕事に就いたものの，病気を患って退職して働くのを諦めたり，あるいはそもそも働いているうちに価値観が変わってもともと目指していた仕事を諦めたり，多様な発達プロセスを捉えることができる。

2　「あきらめ」と社会適応

「あきらめ」はキャリア発達に限らず，進路選択や恋愛・結婚，病気や死別といった人生選択のさまざまな場面で生じ，一般的には自分の望んだことが叶わないことから失敗や放棄の形をとることが多い。そのため，ネガティヴなものとみなされ，疎まれることが一般的である。しかし実際にはさまざまな形態があり，「あきらめ」が社会適応のうえで建設的に機能する場合も多いことが明らかになっている。たとえば菅沼（2015）は，「あきらめ」のプロセスを非建設的な未練型と建設的な割り切り型，再選択型の3つに分類しモデル化を行い，建設的なプロセスでは「あきらめ」が学びや成長の機会となっていることを報告している。その他「あきらめ」のプロセスの中で価値観の問い直しや自己受容が生じる場合もあり，これらは社会適応のうえで健全なあきらめということができる。またこのような「あきらめ」の機能における建設的−非建設的という2面性は質問紙による研究でも実証されており，「あきらめ」一般に対する認知が，「あきらめ」を挫折と捉える認知と，有意味であると捉える認知の2軸から構成されていることが明らかになっている（菅沼, 2014）。人生を生きていくうえで，失敗や断念，喪失に必ず遭遇すると言っても過言ではなく，「あきらめ」を過度に恐れたり，逆に諦めることに抵抗がなさすぎたりすることが健全であるとは言い難い。先ほどの研究は，そのような場面において「諦めるか諦めないか」という選択そのものではなく，選択の前後に自分にとっての有意味性を育てていくことが重要であることを示している。具体的には，自分一人であるいは周囲のサポートを受けつつ，自身の恐れと欲求を正しく認識し，欲求の実現に向けての選択をその後に活かしていけるかどうかが，社会適応のうえで大切であるといえるだろう。

引用文献
菅沼 慎一郎（2014）．諦めることに対する認知尺度の作成と検討　臨床心理学, *14*, 81-89.
菅沼 慎一郎（2015）．青年期において諦めることはどのように体験されるか：プロセスに着目して　発達心理学研究, *26*, 23-34.

1968／邦訳, 2011）。エリクソンによれば，アイデンティティの形成は青年期における重要な発達課題であり，幼少期に形成される同一化が他者との相互作用の中でより明確なものになっていくことで達成される。

アイデンティティを形成するにあたり，人は自分とは何者であるのかという問いについて探求し，その答えを確立するプロセスを経る。マクアダムスは，アイデンティティをライフストーリーの中に求め，人は人生におけるストーリーをつくりあげることで自身のアイデンティティが構築される

とするとした（McAdams & McLean, 2013）。人は自身の自伝的記憶の中のエピソードからつくりあげた適応的かつ集合的な人生のストーリーを内化し，ナラティヴアイデンティティとして構築する（Singer, 2004）。このライフストーリーの構成において，自身の過去の自伝的記憶は再構成され，自分の人生にある程度の一貫性や目的，意味が付与できるように未来が想像される（McAdams & McLean, 2013）。このナラティヴアイデンティティは，マクアダムスらのパーソナリティの3層構造モデルにもとづけば，3層目の集合的なライフナラティヴに位置づけられる。

　ライフストーリーは，語られたそのスクリプトの内容や構造から解釈がなされる。解釈の観点はさまざまであり，たとえば，行為主体性（Agency），他者との交流（Communion），あがない（Redemption），汚染（Contamination），意味づけ（Meaning making），探求（Exploratory narrative processing），一貫した肯定（Coherent positive resolution）などが知られている（McAdams & McLean, 2013）。

［2］アイデンティティとライフストーリーの発達

　エリクソン（1968／邦訳, 2011）によれば，アイデンティティとは青年期において達成されるものであるが，幼少期からその発達はすでに始まっている。幼少期にさかのぼると，2歳ごろになると自伝的記憶を保持し，それを言語化することができるようになり（Howe & Courage, 1997），自己の物語，つまり自伝的な自己の出現は2歳のころということができる。子どもが話せるようになると，養育者は子どもが経験したことを話すよう促すが（Fivush & Nelson, 2004），自伝的記憶とそれをストーリーとして語ることはこのような社会的関係性の中で次第に発達していく。

　児童期になると，子どもは社会的・文化的な暗黙の規則に沿う形で自分の経験を語るようになり，ライフストーリーを語るうえでどのようなことを構成要素として含めばよいのかを理解するようになる。青年期には抽象的思考が発達し，因果関係が明確で一貫性があり，ストーリーのテーマも一貫した形のライフストーリーを構成できるようになる（Habermas & Bluck, 2000）。現代社会において，ライフストーリーを構成することによるナラティヴアイデンティティの発達は成人期前期の人たちにとって中心的な心理発達的課題といえる。成人期前期の人々は自分たちの人生をライフストーリーへとまとめ上げ，それを通じて再構成された過去に意味づけし，未来へと目的を持って前進していくことになる。

　青年期から成人期前期にかけて構築されたライフストーリーとしてのアイデンティティは，その後，その重要性を失うようなことはない。ひとたびライフストーリーを形作ることが発達課題として現れたならば，このライフストーリーの構築はその後の人生においてつねに現在進行形の課題として位置づけられることになる。成人期を通じて私たちは，新たに起こったできごとや人生の過程で得たもの，失ったものなどを自分のライフストーリーに加えていくことで，自身のナラティヴアイデンティティをアップデートしていく。

　成人期の中盤から老年期にかけては，獲得するものよりも失うものの方が大きく，避けられない衰えがライフストーリーに現れるようになる。老年期においてはポジティヴな記憶の想起バイアスによって，満ち足りた穏やかなライフストーリーが語られるようになる。しかし加齢とともに，想起される記憶が特定の出来事ではなくより一般化されたものになることで，ライフストーリーがより単純なものになることも指摘されている（Singer et al., 2007）。

6　まとめ

　パーソナリティとは，ある社会や文化に人がうまく適応することに影響しうる，一人ひとりの心理学的な「個性」を意味するといえる。この心理学的な「個性」は，気質的な特性，特徴的な適応，集合的なライフナラティヴという3つのレベルの枠組みとして表現できる。本章ではそれぞれの側

コラム21
「感情労働におけるキャリア発達」から「感情労働を通じたキャリア発達」へ

榊原 良太

1 感情労働（Emotional Labor）とは？

接客業に従事している、または従事した経験のある人は、多いのではないだろうか。接客という仕事は、端から見るほど楽なものではない。作業量の多さや不規則な勤務時間だけでなく、客やクライアントとの関わりそのものが、ときに多大な心身の疲労をもたらす。近年、こうした接客に起因する心身の疲労を捉えるうえで注目されているのが、「感情労働」である。

感情労働とは、「公的に観察可能な表情と身体的表現を作るために行う感情の管理」であり、「賃金と引き替えに売られ、したがって交換価値を有する」ものである（Hochschild, 1983）。たとえば、飲食店における笑顔で親しみのある接客は、従業員の真の感情状態をつねに反映しているわけではない。たとえ私生活で辛いことがあっても、仕事中に嫌なことがあっても、笑顔で親しみのある接客をするのは、それが組織・社会から陰に陽に求められていることであり、またそれによって、賃金という対価を得ているためである。

2 キャリア発達という視点から見る感情労働

従来の研究では、感情労働が顧客満足感や売上、また労働者のメンタルヘルスにどのような影響を及ぼすかが検討されてきた。一方、「キャリア発達」という視点から感情労働が問題とされることは、これまでほとんどなかったと言える。一部、看護や保育などの専門職においては、経験年数の増加に伴う感情労働方略の変化などが検討されてきたが（e.g., 神谷ら, 2011）、それはあくまで「感情労働におけるキャリア発達（career development in emotional labor）」に留まるものであった。無論、それ自体が重要なテーマであることに疑いの余地はないが、仕事以外の個人の経験・生活、そして人生全体にわたる全人的な「キャリア発達」という観点からは、むしろ「感情労働を通じたキャリア発達（career development through emotional labor）」に、積極的に目を向ける必要があるだろう。

自分が将来、どのような仕事に就き、どのような人生を歩んでいくか、そうした展望を持つうえで、初期の労働経験が有する影響力は大きい。特に、第三次産業が中心である日本においては、再び感情労働職に従事する人は少なくない。そのため、正規雇用に先立つ感情労働の経験は、職務の性質や自身の適性を知ること、そして感情労働のやりがいを見出すことにつながり、その後のキャリア発達において重要な役割を果たすと考えられる。

また、感情制御スキルは、日々の生活の中でそれを駆使することで、向上し得ることが知られている（e.g., 野崎, 2013）。これを踏まえると、感情労働を通じて感情制御スキルが上昇し、その後の個人のキャリア全般に望ましい影響をもたらす可能性も示唆される。

多くの人が感情労働職を経験する今、「感情労働を通じたキャリア発達」という視座に立ち、長い人生における感情労働の役割に目を向けていく必要があるだろう。

引用文献

Hochschild, A. R. (1983). *The managed heart: Commercialization of human feeling.* Berkeley, CA: University of California Press.

神谷 哲司・戸田 有一・中坪 史典・諏訪 きぬ (2011). 保育者における感情労働と職業的キャリア——年齢, 雇用形態, 就労意識との関連から—— 東北大学大学院教育学研究科研究年報, *59*, 95-112.

野崎 優樹 (2013). 定期試験期間の自他の情動調整行動が情動知能の変化に及ぼす影響 教育心理学研究, *61*, 362-373.

面について、具体的にどのような標準的な発達軌跡をたどるのかを概観したが、それらをまとめると、人は加齢とともに心理的に安定し、成熟していくといえる。パーソナリティ特性や価値観の発達は、まさに加齢に伴う社会的に望ましい方向への発達的変化を示すものである。自己概念やライフストーリーなどには、加齢に伴う自分自身の心身の衰えのようなネガティヴな要素が付加されていくが、それを若いころと比べてより肯定的に解釈し、意味づけることで、適応的なアイデンティティを構成することができる。いずれのレベルの発達においても、私たちを取り巻く社会、文化の中で経験するさまざまな要因が影響する。そして、その環境からの影響によって、パーソナリティは変化しうるものであるということが、重要な点といえるだろう。

引用文献

Ahadi, S. A., & Rothbart, M. K. (1994). Temperament, development, and the Big Five. In C. Halverson, G. Kohnstamm, & R. Martin (Eds.), *The developing structure of temperament and personality from infancy to adulthood* (pp. 189-207). Hillsdale, NJ: Erlbaum.

Bardi, A., & Schwartz, S. H. (2003). Values and behavior: Strength and structure of relations. *Personality and Social Psychology Bulletin, 29*, 1207-1220.

Baumeister, R. R. (1998). The self. In D. T. Gilbert, S. T. Fiske, & G. Lindzey (Eds.), *The handbook of social psychology* (4th ed., Vol. 1, pp. 680-740). New York, NY: McGraw-Hill.

Caspi, A. (2000). The child is father of the man: Personality continuities from childhood to adulthood. *Journal of Personality and Social Psychology, 78*, 158-172.

Caspi, A., Roberts, B. W., & Shiner, R. L. (2005). Personality development: Stability and change. *Annual Review of Psychology, 56*, 453-484.

Caspi, A., & Shiner, R. L. (2006). Personality development. In W. Damon & R. Lerner (Series Eds.), & N. Eisenberg (Vol. Ed.), *Handbook of child psychology: Vol. 3. Social, emotional, and personality development* (6th ed., pp. 300-365). New York, NY: Wiley.

Cieciuch, J., Davidov, E., & Algesheimer, R. (2016). The stability and change of value structure and priorities in childhood: A longitudinal study. *Social Development, 25*, 503-527.

Daniel, E., Dys, S. P., Buchmann, M., & Malti, T. (2016). Developmental trajectories of social justice values in adolescence: Relations with sympathy and friendship quality. *Social Development, 25*, 548-564.

Eisenberg, N., Fabes, R. A., & Spinrad, T. L. (2006). Prosocial development. In W. Damon & R. Lerner (Series Eds.), & N. Eisenberg (Vol. Ed.), *Handbook of child psychology: Vol. 3. Social, emotional, and personality development* (6th ed., pp. 646-718). New York, NY: Wiley.

エリクソン, E. H. 西平 直・中島 由恵 (訳) (2011). アイデンティティとライフサイクル　誠信書房. (Erikson, E. H. (1968). *Identity and the life cycle.* Psychological issues Vol. 1, No. 1, Monograph 1. New York, NY: International Universities Press.)

Fivush, R., & Nelson, K. (2004). Culture and language in the emergence of autobiographical memory. *Psychological Science, 15*, 573-577.

Goldsmith, H. H., Buss, A. H., Plomin, R., Rothbart, M. K., Thomas, A., Chess, S., ... & McCall, R. B. (1987). Roundtable: What is temperament? Four approaches. *Child Development, 58*, 505-529.

Habermas, T., & Bluck, S. (2000). Getting a life: The emergence of the life story in adolescence. *Psychological Bulletin, 126*, 748-769.

Hagekull, B., & Bohlin, G. (1998). Preschool temperament and environmental factors related to the five-factor model of personality in middle childhood. *Merrill-Palmer Quarterly, 44*, 194-215.

Hagekull, B., & Bohlin, G. (2003). Early temperament and attachment as predictors of the Five Factor Model of personality. *Attachment & Human Development, 5*, 2-18.

Harter, S. (1999). *The construction of the self: A developmental perspective.* New York, NY: Guilford Press.

Howe, M. L., & Courage, M. L. (1997). The emergence and early development of autobiographical memory. *Psychological Review, 104*, 499-523.

James, W. (1890). *The principles of psychology.* Cambridge, MA: Harvard University.

Jennings, K. D. (2004). Development of goal-directed behaviour and related self-processes in toddlers. *International Journal of Behavioral Development, 28*, 319-327.

John, O. P., Naumann, L. P., & Soto, C. J. (2008). Paradigm shift to the integrative Big Five trait taxonomy: History, measurement, and conceptual issues. In O. P. John, R. W. Robins, & L. A. Pervin (Eds.), *Handbook of personality: Theory and research* (3rd ed., pp. 114-158). New York, NY: Guilford Press.

川本 哲也・小塩 真司・阿部 晋吾・坪田 祐基・平島 太郎・伊藤 大幸・谷 伊織 (2015). ビッグ・ファイブ・パーソナリティ特性の年齢差と性差：大規模横断調査による検討　発達心理学研究, *26*, 107-122.

Lamb, M. E., Chuang, S. S., Wessels, H., Broberg, A. G., & Hwang, C. P. (2002). Emergence and construct validations of the Big Five factors in early childhood: A longitudinal analysis of their ontogeny in Sweden. *Child Development, 73*, 1517-1524.

Leary, M. R. (2004). What is the self?: A plea for clarity. *Self and Identity, 3*, 1-3.

Lewis, M. (2010). The development of anger. In M. Potegal, G. Stemmler, & C. Spielberger (Eds.), *International handbook of anger* (pp. 177-191). New York, NY: Springer.

McAdams, D. P., & McLean, K. C. (2013). Narrative identity. *Current Directions in Psychological Science, 22*, 233-238.

McAdams, D. P., & Pals, J. L. (2006). A new Big Five: Fundamental principles for an integrative science of personality. *American Psychologist, 61*, 204-217.

McCrae, R. R., & Costa, P. T., Jr. (1988). Age, personality, and the spontaneous self-concept. *Journal of Gerontology: Social Sciences, 43*, S177-S185.

Moneta, G. B., Schneider, B., & Csikszentmihalyi, M. (2001). A longitudinal study of the self-concept and experiential components of self-worth and affect across adolescence. *Applied Developmental Science, 5*, 125-142.

Mueller, J. H., Wonderlich, S., & Dugan, K. (1986). Self-referent processing of age-specific material. *Psychology and Aging, 1*, 293-299.

Roberts, B. W. (2009). Back to the future: Personality and assessment and personality development. *Journal of Research in Personality, 43*, 137-145.

Roberts, B. W., & DelVecchio, W. F. (2000). The rank-order consistency of personality traits from childhood to old age: A quantitative review of longitudinal studies. *Psychological Bulletin, 126*, 3-25.

Roberts, B. W., Walton, K. E., & Viechtbauer, W. (2006). Patterns of mean-level change in personality traits across the life course: A meta-analysis of longitudinal studies. *Psychological Bulletin, 132*, 1-25.

Roberts, B. W., Wood, D., & Smith, J. L. (2005). Evaluating Five Factor Theory and social investment perspectives on personality trait development. *Journal of Research in Personality, 39*, 166-184.

Rothbart, M. K. (2011). *Becoming who we are: Temperament and personality in development.* New York, NY: Guilford Press.

Rothbart, M. K., & Derryberry, D. (2002). Temperament in children. In C. von Hofsten & L. Bäckman (Eds.), *Psychology at the turn of the millennium. Vol. 2: Social, developmental, and clinical perspectives* (pp. 17-35). Hove, East Sussex, UK: Psychology Press.

Rueda, M. R. (2012). Effortful control. In M. Zentner & R. L. Shiner (Eds.), *Handbook of temperament* (pp. 145-167). New York, NY: Guilford Press.

Schwartz, S. (1992). Universals in the content and structure of values: Theoretical advances and empirical tests in 20 countries. *Advances in Experimental Social Psychology, 25*, 1-65.

Schwartz, S. H., Cieciuch, J., Vecchione, M., Davidov, E., Fischer, R., Beierlein, C., ... & Dirilen-Gumus, O. (2012). Refining the theory of basic individual values. *Journal of Personality and Social Psychology, 103*, 663-688.

Shiner, R. L. (2015). The development of temperament and personality traits in childhood and adolescence. In M. Mikulincer, P. R. Shaver, M. L. Cooper, & R. J. Larsen (Eds), *APA handbook of personality and social psychology, Volume 4: Personality processes and individual differences.* (pp. 85-105). Washington,D.C.: American Psychological Association.

Shiner, R. L., & De Young, C. G. (2013). The structure of temperament and personality traits: A developmental perspective. In P. Zelazo (Ed.), *Oxford handbook of developmental psychology* (pp. 113-141). New York, NY: Oxford University Press.

Singer, J. A. (2004). Narrative identity and meaning-making across the adult lifespan: An introduction. *Journal of Personality, 72*, 437-459.

Singer, J. A., Rexhaj, B., & Baddeley, J. (2007). Older, wider, and happier? Comparing older adults' and college students' self-defining memories. *Memory, 15*, 886-898

Soto, C. J., John, O. P., Gosling, S. D., & Potter, J. (2011). Age differences in personality traits from 10 to 65: Big Five domains and facets in a large cross-sectional sample. *Journal of Personality and Social Psychology, 100*, 330-348.

菅原 ますみ（2003）．個性はどう育つか　大修館書店

Thomas, A., & Chess, S. (1977). *Temperament and development.* Oxford: Brunner/Mazel.

Thomas, A., Chess, S., Birch, H. G., Hertzig, M. E., & Korn, S. (1963). *Behavioural Individuality in Early Childhood.* New York, NY: New York University Press.

索　　引

事項索引（邦文）

あ行

愛情の三角理論　90
愛着　75
アイデンティティ　78-80, 85, 89-91, 113, 123, 124, 126, 132
　　──のための恋愛　91
明るさの知覚　36
あきらめ（キャリア発達）　133
諦め・機能的コミットメント（結婚）　94
アスペルガー傾向　42
アタッチメント　75, 85, 86, 91
　　──の個人差　88
アニミズム　60
甘え　95
誤る主体（文章作成）　80
アルツハイマー型認知症　29, 30, 54
暗順応　36
安心感（子育て）　95
安全基地　89
怒りのコントロール法（問題解決）　112
いじめ　77
威信（タテ関係）　114
一語文　70
一人称タイプ（コミュニケーションスタイル）　83
逸脱訓練（反社会的行動）　110
遺伝子マーカー　15
遺伝と環境　14
異文化接触　76
意味記憶　50, 53
イメージ　58, 59
いや（反抗）　96
色の知覚　33
因果関係　60
隠蔽　79
ウェルニッケ失語　70
エイジング　2
ASD　87
エピジェネティクス　15
エピソード記憶　50, 51, 53
LGBT　111
円環モデル（価値観）　128
横断的デザイン　6
応答性（親子の親密性）　96
奥行き知覚　37
教えて考えさせる授業　63
音のワーク　42

か行

親子関係　92
外向性（ビッグファイブ）　127
外在化問題（友人類似性）　110
灰白質　28
開放性（関係維持）　109
顔の知覚　36
格下げ解消（関係解消）　109
学習方略　63, 64
学生相談　124
　　──カウンセラー　124
過剰適応（臨床発達支援）　61
可塑性（発達）　16, 35
形の知覚　35
価値観　123, 128
　　──の円環モデル　129
　　──の発達　129
学校コミュニティ　112
可能自己　114
可能事象（物体の永続性）　45
感覚運動期（ピアジェ認知の発達段階）　45, 58
感覚の統合　40
環境の要因（発達）　3
感情制御スキル（感情労働）　135
感情尊敬　117
感情労働　135
感性の疎外　42
完全解消（関係解消）　109
気質　125
　　──的特性　123
技術革新への適応　81
気遣い　95
規範的コミットメント（結婚）　94
基本的信頼　86
虐待　101
キャラ　113
キャリア発達　133
嗅覚　40
共同注意　70
共発達　104, 106
共反芻（抑うつ伝染）　111
均衡化（ピアジェ思考の発達）　58
クーイング　70
具体的操作期（ピアジェ認知の発達段階）　48, 58
クラウド（友人関係）　113
クリーク（友人関係）　113

さ行

経験説　14
経験への開放性（ビッグファイブ）　127
経験を期待した発達プロセス　35
形式的操作　65
形式的操作期（ピアジェ認知の発達段階）　49, 58
系列的デザイン　6, 7
結婚コミットメント　93
結晶性知能　57, 66
言語　69
言語獲得支援システム　73
言語獲得装置　69
言語獲得の多段階仮説　70
顕在記憶　52
原始反射　25
5因子モデル（パーソナリティ）　127
攻撃性　77
口唇期（フロイト心理性的発達）　74
行動遺伝学　15
行動の切り替え　64
行動の抑制　64
更年期　24
肛門期（フロイト心理性的発達）　74
交絡（研究デザイン）　5-7
心の交流（自閉症スペクトラム）　87
心の理論　47
誤信念課題（心の理論）　47
子育て支援センター　95
固着（フロイト心理性的発達）　74
ごっこ遊び（見立て遊び，ふり遊び）　45, 59
子どもの虐待　101
コホート　6-8, 53
　　──効果　5, 6
コミットメント（愛情）　90
コミュニケーション　69-79
　　──スタイル　83

さ行

催奇性物質　29
作業記憶　47, 49, 52
裂け目　78
挫折　133
差別感情　77
サリーとアンの課題（心の理論）　47

索引

参加者の脱落（縦断的研究） 7
三項関係（共同注意） 71
三歳児神話 18
3層構造（パーソナリティ） 132
三人称タイプ（コミュニケーションスタイル） 83
死 2, 4, 21, 57, 66
ジェネラル・ムーブメント 25
シェマ（ピアジェ思考の発達） 58
ジェンダー 111
支援の互恵性 104
視覚 33
自我同一性 50, 76
資源棄却理論（出生順と知能） 15
自己 42, 78, 132
思考 57, 81
自己開示 95
自己概念 123, 132
自己言及の不完全性 78
自己受容感覚 39
自己中心性 46
自己認識 78
自己分析 78
支持（関係維持） 109
自然 42
自尊感情 108
実行機能（認知機能） 51, 62
実践知 65
質的変化 11
しっぺ返し戦略 104
自伝的記憶 50, 132
シナプスの刈り込み 28
支配（タテ関係） 114
自発的微笑 86
自分 78
自閉症スペクトラム 87
社会化（年齢的要因） 4
社会化（友人関係） 106
　　選択と―― 106
社会化効果（友人関係） 106, 110, 115
社会構成主義 18
社会情緒的コンピテンス 116
社会情動的スキル 130
社会情動的選択性理論 105
社会的鋳型理論 3
社会適応 133
社会的順位関係 113
社会的スキル 108, 123
社会的ネットワーク 105
社会的比較 113
社会的微笑 86
社会的補償仮説 118
社会的領域理論（道徳性） 130
社会投資理論（パーソナリティ特性） 128
社交不安障害 112
集合的ライフナラティヴ（パーソナリティ） 123

充実期（発達） 23
集団社会化理論 113
縦断的デザイン 6, 7
修復的正義（問題解決） 112
熟達化 17, 65
手話 72
馴化‐脱馴化法 34, 44
循環反応 45
生涯的視点 2
生涯にわたる変化の見通し ⅰ
生涯発達心理学 2
生涯発達論 1
情緒的応答性 71
情緒的コミュニケーション 96
象徴 45
象徴遊び 59
象徴機能 45
情動調律 71, 86
情動的応答 61
情動的親密さ 104
小児がん 26
　　――サバイバー 26
情熱性 90
書記言語 80
触覚 39
ジョック 113
視力 33
人格的コミットメント（結婚） 93
刈り込み
　　シナプスの―― 28
　　神経回路の――（知覚的狭化） 37
神経症傾向（ビッグファイブ） 127
人種差別 77
心身症 29
新生児模倣 86
身体満足度 24
伸長期（発達） 23
心的表象 57
信念 123
真の自己 61
深部感覚 39
シンボル 45
親密性 85, 87, 90
　　――の内在化 98
　　――のはぐくまれ方（自閉症スペクトラム） 87
親友関係 88
心理学的個人差（パーソナリティ） 123
心理支援 72
心理社会的支援 26
心理社会的発達理論 1, 12
心理社会的問題（小児がん支援） 26
心理性的発達段階 1, 74
心理性的発達理論 12
随意運動 25

髄鞘化 28
スキャモンの発達曲線 23
スクールカースト 113
ストレンジ・シチュエーション法 88
生活習慣病 29
性器期（フロイト心理性的発達） 74
性差 24
誠実性（ビッグファイブ） 127
成熟化の原則（パーソナリティ特性） 128
生殖医療 92
成人 50
精緻化 63
生得説 14
正の選択的な生き残り 7
生物学的要因（発達） 3
性欲性 90
世代性 117
接客 135
選好注視法 34
潜在記憶 52
前操作期（ピアジェ認知の発達段階） 46, 58
選択（友人関係） 106
　　――と社会化 106
選択効果（友人関係） 106, 110, 115
先天異常 29
潜伏期（フロイト心理性的発達） 74
相互関連（発達の諸領域） 61
相互作用（遺伝‐環境） 14, 15
相互作用（生物‐環境） 3
相互作用（関係維持） 109
相互の尊敬 115
双生児法 14, 16
想像 59
測定時期効果 5
粗大運動 26
素朴理論 60
尊敬 117
　　――の念 114
尊重 117

た行

第一の分離‐個体化 97
第二の分離‐個体化 97
第一次性徴 24
対人的距離化スキル 108-109
対人的接近スキル 108-109
体性感覚野 39
胎生期 21
対乳児発話 39
胎内記憶 43
第二次性徴 24
多次元性（発達） 2
他者 42

他者といる魅力や喜び	79	**な行**		敏感さ（親子の親密性）	96
脱中心化	48, 58	内在化問題（友人類似性）	110	不安な経験（自閉症スペクトラム）	87
タテ関係	113-118	内的な声	81	夫婦関係	92, 93
多方向性（発達）	2	仲間関係	88	──満足度	93
他律的道徳判断	130	仲間ネットワーク	113	不可能事象（物体の永続性）	45
短期記憶	47, 52, 53	仲良し	88	物体の永続性	44
男根期（フロイト心理性的発達）	74	ナラティヴ	81	不妊治療	92
断絶	78	──・セラピー（問題解決）	112	負の選択的な生き残り	7
知恵	66	──アイデンティティ	134	普遍文法	69
知覚的狭化（神経回路の刈り込み）	37	二次的関係障害（自閉症スペクトラム）	87	プライミング	52, 53
近くにいること（友人関係）	105	二人称タイプ（コミュニケーションスタイル）	83	ふり遊び（ごっこ遊び）	59
知的障害	61	ニューヨーク縦断研究	125	触れ合う関わり	96
知能	57	認知機能	51	ブレイン	113
──検査	57	──改善療法	51	ブローカ失語	69
──指数	57	認知症	30, 54	分光感度	34
結晶性──	57, 66	認知発達理論	12	文章作成	80
流動性──	57, 66	認知リハビリテーション	51	分離-個体化	97
注意	51	ネガティヴ情動性	127	萌芽的読み書き	62
聴覚	38	年齢効果	5	方略	64
──障害	72	年齢差	5	ポジティヴィティ（関係維持）	109
──的選好	38	年齢変化	5	ポジティヴ情動性	127
長期記憶	52	脳萎縮	29	ホスピタリズム	16
長期フォローアップ	26	ノンバーバル・コミュニケーション	70	母性剥奪	16
調節（ピアジェ思考の発達）	58			保存	47, 60
聴力	38	**は行**		本質主義	112
調和性（ビッグファイブ）	127	パーソナリティ	123		
直観理論（道徳性）	130	──特性	125, 126, 127	**ま行**	
慎み	79	配慮と責任（道徳性）	130, 131	自らの物語	81
つながり	71, 73-75	化学薬品の混合問題（ピアジェ）	50	見立て遊び	45
──の内在化	98	白質	28	無意識	78
躓き	124	発達課題	1, 12	矛盾	78
DIT	130	発達観	17	むなしさ	121
DSM-5	51, 87	発達障害	101	明順応	36
ディスレキシア	69	発達段階	12	メタ・コミュニケーション	79
適応（臨床発達支援）	61	発達の最近接領域	49, 58, 59	メタ認知	48, 55, 79
過剰──	61	発話	39	メンタルヘルス	135
適応（異文化）	76	派閥	113	妄想分裂的世界	77
適応（虐待）	101	晩期合併症（小児がん）	26	目標達成追求（友人関係）	107
適応プロセス（発達）	76	反社会的傾向	108	モニタリング	63
手続き記憶	52	被害（友人関係）	108	モラルジレンマ課題	130
展望的記憶	52, 53	非行	108, 126		
同化（ピアジェ思考の発達）	58	──少年	108, 109	**や行**	
動機づけ	123	微細運動	26	有意味性（あきらめ）	133
統合（人生）	121	ビジネス倫理	131	有機体-環境相互作用	3
統合失調症	51	ビッグファイブ	127	友情	103
同質性（友人関係）	113	非認知的能力	116	友人関係	103-111
道徳基盤理論	130	批判的思考	65	指さし（共同注意）	71
道徳性発達段階	130	非標準的要因	3, 4	──行動	70
同類性（友人関係）	108	皮膚感覚	39	養育者発話	39
DOHaD仮説（乳幼児研究）	71	標準年齢的要因	3, 4	ヨーロッパ社会調査	129
特徴的適応（パーソナリティ）	123	標準歴史的要因	3, 4	予測不能な刺激（自閉症スペクトラム）	87
徒党	113	表象	44, 46, 47, 50, 58, 59	読み書きの能力	69
ドメスティック・バイオレンス	94	──的思考	59		
富める者はますます富む仮説	118	非連続性（発達）	11	**ら行**	
				ライフサイクル	3
				ライフストーリー	132, 134

ライフナラティヴ	123	冷淡さ	79	論理的思考	65
リズム	42	レジリエンス	16, 17	ワーキングメモリ	47, 51, 64
リビドー	74	レミニセンス・バンプ	50, 52	ワークライフバランス	105
離別	98	恋愛関係	90	わからなさ（自閉症スペクトラム）	87
留学生支援	76	練習効果（縦断研究）	7		
流動性知能	57, 66	連続性（発達）	11	分ける線	77
両眼視差	37	老年学	2		
量的変化	11	老年的超越	121		
類似性（友人関係）	107	老年病学	2		

事項索引（欧文）

admiration/respect	114	effect)	35	normative age-graded influences	3, 4
affect-respect (respect)	117	expertise	17	normative history-graded influences	3, 4
age change (method)	5				
age differences (method)	5	friendships	103	longitudinal design (method)	6
age effect (method)	5	complete dissolutions	109		
aging	2	co-rumination	111	maternal deprivation	16
		downgrade dissolutions	109	method	
Big Five	106, 107, 127	interaction	109	age change	5
brain	113	openness	109	age differences	5
		proximity	105	age effect	5
characteristic adaptation (personality)	123	supportiveness	109	cohort effect	5
chumship	89	generativity	117	confound	6
clique	113	gene-environment interaction	15	cross-sectional design	6
cloud	113	geriatrics	2	longitudinal design	6
co-development	104	gerontology	2	negative selective survival	7
cohort effect (method)	5	goal-striving	107	participant dropout	7
complete dissolutions (friendship dissolution)	109	group socialization	113	positive selective survival	7
confound (method)	5, 6	homogeneity	113	practice effects	7
co-rumination (friendship)	111	homophily	108	time-of-measurement effect	5
cross-sectional design (method)	6	integrative life narratives (personality)	123	twin method	14
		interaction (friedship maintenance)	109	minding	95
depressive contagion	111			mutual respect (respect)	115
development plasticity	16	IQ	57		
Developmental Origins of Health and Disease: DOHaD	71	jock	113	narrative	81
developmental task	1			negative selective survival (longitudinal design)	7
deviancy training	110	KIDS	25, 27	neural effect	
Difining Issue Test	130			experience-expectant	35
dispositional traits (personality)	123	language acquisition device: LAD	69	perceptual narrowing	37
dominance	114	language acquisition support system: LASS	73	non-cognitive skills	116
downgrade dissolutions (friendship dissolution)	109	life course	3, 4	non-normative influences	3, 4
DSM-5	51	life cycle	3	normative age-graded influences	3, 4
		life span view	i	normative history-graded influences	3, 4
emergent literacy	62	life-span developmental psychology	2		
emotional availability	71	life-span perspective	2	openness (friedship maintenance)	109
emotional closeness	104	non-normative influences	3, 4	ought-respect (respect)	117
experience-expectant (neural					

participant dropout (longitudinal design) 7	design) 7	socialization effects 106
peer network (friendships) 113	prestige 114	socioemotional selectivity theory 105
peer relations (friendships) 113	proximity (friendship) 105	
perceptual narrowing (neural effect) 37	reciprocity of support 104	supportiveness (friedship maintenance) 109
personality	resilience 16	
characteristic adaptation 123	respect	temperament (personality) 125
dispositional traits 123	admiration/respect 114	time-of-measurement effect (method) 5
integrative life narratives 123	affect-respect 117	tit-for-tac behavior 104
personality trait 126	mutual respect 115	twin method (method) 14
temperament 125	ought-respect 117	
positive selective survival (longitudinal design) 7	social compensation 118	victimization 108
	social constructionism 18	view of development 17
positivity (friedship maintenance) 109	social dominance hierarchy 113	
	social mold theory 3	zone of proximal development: ZPD 59
possible selves 114	social relations 103	
practice effects (longitudinal	socialization 4	

人名索引

あ行

青野敏博	25
荒川 歩	1
安藤寿康	14, 15
池上晴夫	28
池田政子	94
池田 学	54
池田 稔	40
石井佑可子	108, 109
石川道子	61
石盛真徳	94
石山（Ishiyama, I.）	76
磯部美良	108
市川伸一	63
伊藤 啓	34
伊藤裕子	93, 94
稲垣佳世子	60, 61
井上孝代	76
猪瀬優理	24
蘭牟田洋美	57
ヴァーシューレン（Verschueren, K.）	116
ヴィゴツキー（Vygotsky, L. S.）	1, 18, 49, 57, 59, 78, 118
ウェクスラー（Wechsler, D.）	57
ウォーク（Walk, R. D.）	37
植阪友里	63
ウルザス（Wrzus, C.）	104–108
エインズワース（Ainsworth, M. D. S.）	88
エリクソン（Erikson, E. H.）	1, 12, 13, 50, 66, 76, 85, 91, 97, 98, 117, 121, 124, 132, 133, 134
遠藤利彦	86, 92
大上真礼	121
大塚由美子	36
大西晶子	76
大野 久	90
岡田 努	118
岡田隆夫	21
奥村 隆	79
オズワルド（Oswald, D. L.）	109, 110
オドンネル（O'Donnell, W. J.）	35
小野寺敦子	93
小野雄大	115

か行

柏木恵子	66
数井みゆき	92, 116
加藤久仁生	98
加藤醇子	69
加藤道代	96
金政祐司	90
上長 然	24
神谷哲司	135
萱村俊哉	23
河合隼雄	79
河﨑佳子	72
川名好裕	90, 91
川本哲也	128
北川東子	79
ギブソン（Gibson, E. J.）	37
木村 敏	78
木村晴美	72
キャヴァノー（Cavanaugh, J. C.）	6, 7
キャッテル（Cattell, R. B.）	57, 66
キン イクン	86
クーパー（Kooper, G. F.）	35
鯨岡 峻	87
楠見 孝	57, 65
國枝里美	40
久保ゆかり	71
クライナー（Kleiner, K. A.）	36
クライン（Klein, M.）	77
倉林しのぶ	96
グリーンバーグ（Greenberg, D. J.）	35
クロウェル（Crowell, J. A.）	92
ケイル（Kail, R.）	49
ゲゼル（Gesell, A. L.）	1
ケルマン（Kellman, P. J.）	44
厚生労働省	26, 29
ゴールドスミス（Goldsmith, H. H.）	125
コールバーグ（Kohlberg, L.）	130
ゴーロン（Goren, C. C.）	36
国立教育政策研究所	116
小林隆児	87
ゴプニック（Gopnik, A.）	60
小松紗代子	98
子安増生	13

さ行

ザイアンス（Zajonc, R. B.）	15
齋藤大輔	28
酒井邦嘉	70, 71
坂井建雄	21
坂上裕子	96
相良順子	93, 94
相良洋子	25
櫻井育夫	130
佐々木春明	25
サトウタツヤ	1
佐藤祐造	30
サリヴァン（Sullivan, H. S.）	89, 90, 118
澤野清仁	40
シーグラー（Siegler, R. S.）	18, 64
シーゲル（Siegel, L. S.）	49
ジェンセン（Jensen, A. R.）	15
ジグラー（Zigler, E.）	61, 64
篠森敬三	34
澁谷智子	72
島村直己	62
清水弘司	91
志村 剛	40
シューメーカー（Shoemaker, K.）	28
シュテルン（Stern, W.）	1
シュワーツ（Schwartz, S. H.）	128, 129
庄司一子	115, 117
新宮一成	78
新堂研一	109
ジンメル（Simmel, G.）	79
水津幸恵	89
スカー（Scarr, S.）	16
菅沼慎一郎	133
菅野幸恵	96
菅原ますみ	125
スキールス（Skeels, H. M.）	15
杉山登志夫	101
スキャモン（Scammon, R. E.）	22, 23
鈴木 翔	113
鈴木 忠	17
鈴木朋子	1
スターン（Stern, D. N.）	86
スタンバーグ（Sternberg, R. J.）	57, 90, 91
ストラッツ（Stratz, C. H.）	12, 23
スペルキ（Spelke, E. S.）	44
スペンス（Spence, M. J.）	43
スルーフ（Sroufe, L. A.）	88
ソルトハウス（Salthouse, T. A.）	52, 53, 55, 66
ソロモン（Solomon, J.）	88

た行

ダーウィン（Darwin, C.）	1
ダイ（Dye, H. B.）	15

大坊郁夫		90
高石昌弘		23
高櫻綾子		89
高橋 登		62
高橋たまき		59
瀧 靖之		29, 30
滝沢武久		46, 48
武谷雄二		24
多鹿秀継		49
タジフェル（Tajifel, H.）		77
鑪 幹八郎		78
立木 孝		38
タナー（Tanner, J. M.）		24
田中克彦		69
千島雄太		113
チョムスキー（Chomsky, A. N.）		69
ツァイフマン（Zeifman, D.）		89, 92, 97
津田千鶴		96
常石秀市		33, 36
デキャスパー（DeCasper, A. J.）		38, 43
デリベリ（Derryberry, D.）		125
トーマス（Thomas, A.）		125
特定非営利活動法人非行克服支援センター		126
友田明美		101

な行

内閣府		121
内藤勇次		16
永井暁子		93, 94
中井大介		117
中島 誠		22
中谷敬明		36
中根千枝		103, 114
中村榮太郎		27
日本子ども家庭総合研究所		27
日本神経学会		30
ニューガーテン（Neugarten, B. L.）		1
ニューマン（Newman, H. H.）		14
ニルソン（Nilsson, L. G.）		52, 53
ヌッチ（Nucci, L.）		131
野崎優樹		135

は行

ハーヴェイ（Harvey, J. H.）		95
バーマン（Burman, E.）		18
ハヴィガースト（Havighurst, R.）		1
ハザン（Hazan, C.）		86, 89, 92, 97
橋本 翼		97
パスカリス（Pascalis, O.）		37
長谷直人		79
波多野誼余夫		60, 61
ハリス（Harris, J. R.）		113

ハリス（Harris, P. L.）		59
バロン＝コーエン（Baron-Cohen, S.）		47
パワーズ（Powers, D.）		131
ピアジェ（Piaget, J.）		1, 12, 45, 46, 48-50, 57-60, 65, 114, 115, 118, 130
ビネー（Binet, A.）		1
ビューラー（Bühler, Ch.）		1, 12
ビューラー（Bühler, K.）		1
平田研也		98
ファーマン（Furman, W.）		104, 105, 108, 110, 111, 117, 118
ファイファー（Fifer, W. P.）		43
深谷達史		63
藤永 保		16
プライヤー（Preyer, W. T.）		1
フラヴェル（Flavell, J. H.）		48
ブルーナー（Bruner, J. S.）		70, 71
ブレイクモア（Bleakmore, C.）		35
フロイト（Freud, S.）		1, 12, 74, 75
プロクター（Proctor, M. H.）		27
ベイラージョン（Baillargeon, R.）		45, 47
ベネッセ教育総合研究所		63
ベネッセ次世代育成研究所		62
ベネット＝ゲイツ（Bennett-Gates, D.）		61
ペンフィールド（Penfield, W.）		39
ボウルビィ（Bowlby, J.）		16, 85, 91
ホール（Hall, G. S.）		1
ホーン（Horn, J. L.）		66
保志 宏		24

ま行

マーカス（Markus, G. B.）		15
マクアダムス（McAdams, D. P.）		123, 132, 133, 134
正木澄江		66
松尾直博		131
マッカートニー（McCartney, K.）		16
松本博雄		89
ミード（Mead, G. H.）		78
三神廣子		62
三井善止		23
三宅和夫		27
宮下一博		89
無藤 隆		13, 69, 70
武藤世良		114, 115, 117
村上達也		113
村田孝次		3, 4
村山 航		64
メイン（Main, M.）		88
メルツォフ（Melzoff, A. N.）		40
モスコヴィッチ（Moscovitch, M.）		55
望月 崇		3

森岡清美		3
森口祐介		62, 64
モンスール（Monsour, M.）		111
文部科学省		112

や・ら行

安松聖高		40
山岸明子		131
山下恒男		17
山下富美代		25
山鳥 重		70, 73
山本 隆		40
ユッセン（Yussen, S. R.）		48
ユング（Jung, C. G.）		1
ルビン（Rubin, D. C.）		50
レヴィ（Levy, V. M.）		48
ロイスマン（Roisman, G. I.）		92
ローズ（Rose, A. J.）		104, 105, 108, 110, 111, 117, 118
ローリンズ（Rawlins, W. K.）		104
ロスバート（Rothbart, M. K.）		125, 127
ロバーツ（Roberts, B. W.）		128
若松素子		66
渡辺久子		71
ワトソン（Watson, J. B.）		1

A to Y

Ahadi, S. A.		127
American Psychiatric Association		87
Arthur, N.		76
Baltes, P. B.		2, 3, 4, 8
Bardi, A.		128
Baumeister, R. R.		132
Benacerraf, B. R.		38
Bernard, J.		38
Birch, L. L.		40
Birnholz, J. C.		38
Blanchard-Fields, F.		6, 7
Bloom, P.		131
Blos, P.		97
Bluck, S.		134
Bohlin, G.		127
Bornstein, M. H.		34
Borton, R. W.		40
Bouchard Jr., T. J.,		14
Bowker, J. C.		109
Byrne, D.		107
Carstensen, L. L.		105, 106
Case, R.		47
Caspi, A.		15, 125, 127, 128
Cheng, S.-T.		117
Chess, S.		125
Cieciuch, J.		129
Clark, E. M.		110

Cloninger, C. R.	15	John, O. P.	127	Rasmussen, T.	39
Cooke, L.	40	Jones, M. N.	62	Reese, H. W.	2, 3, 8
Costa Jr., P. T.	132	JPLSG	26	Riley, M. W.	2
Courage, M. L.	134			Roberts, B. W.	126, 127
		Kempermann, G.	17	Rubin, K. H.	104, 107, 108, 110, 111, 113, 114, 118
Daniel, E.	129	Kessen, W.	34		
Day, H. J.	110, 111	Kuhl, P. K.	39	Rueda, M. R.	127
DelVecchio, W. F.	127				
DeYoung, C. G.	127	Lamb, M. E.	127	Sabol, T. J.	116
Dishion, T. J.	111	Leary, M. R.	132	Scaif, M.	70
Dixon, R.	6	Levinson, D.	12	Schaal, B.	40
Downey, D. B.	15	Lewis, M.	127	Schaefer, J.	51
		Li, J.	114, 115, 117	Schaie, K. W.	2, 7, 8
Eisenberg, N.	127	Lipsey, M. W.	108	Shaver, P.	86
Erdley, C. A.	110, 111	Lipsitt, L. P.	2, 3	Shiner, R. L.	125, 127
Erikson, J. M.	66, 117, 121	Lonigan, C. J.	62	Simion, F.	36
				Singer, J. A.	134
Fantz, R. L.	35	MacDonald, K.	86	Smith, J. L.	128
Fischer, K. W.	114, 115, 117	Mahler, M. S.	96, 97	Smith, L. S.	62
Fivush, R.	134	Mäntylä, T.	52, 53	Smith, R. S.	17
Fox, N.	16	Markus, H.	114	Snyder, J. J.	111
Freedman, B. J.	108	Marshall, W. A.	24	Sontag, L. W.	38
Freeman, R. D.	35	McConnell, A. R.	104	Soto, C. J.	128
		McCrae, R. R.	132	Sturaro, C.	106
Gaffney, L.	108	McFall, R.	108	Super, D.	12
Garmezy, N.	17	McGurk, S. R.	51		
Gauthier, L.	37	McLean, K. C.	134	Takahashi, M.	66
Giletta, M.	111	Mehler, J.	38	Tees, R. C.	86
Gilligan, C.	130, 131	Merrell, K. W.	108	Thomsen, L.	115
Gil-White, F. J.	114	Miranda, S. B.	35	Tomonaga, M.	38
Gimpel, G.	108	Moneta, G. B.	132	Tornstam, L.	121
Gordon, F. R.	37	Montag, J. L.	62	Turiel, E.	130
Graber, M.	45	Moon, C.	38	Turkheimer, E.	15
		Moyer, A.	103		
Habermas, T.	134	Mueller, J. H.	132	Valkenburg, P. M.	117, 118
Hafen, C. A.	109	Mund, M.	106	Van Laningham, J.	93
Hagekull, B.	127				
Haidt, J.	114, 130	Narvaez, D.	130	Wardle, J.	40
Harter, S.	129, 132	Nelson, K.	134	Waters, E.	91
Henrich, J.	114	Nesselroad, J. R.	2, 3, 8	Weiskopf, S.	34
Hertzog, C.	6, 8	Neyer, F. J.	104-107	Werker, J. F.	86
Hochschild, A. R.	135	Nurius, P.	114	Werner, E. E.	17
Hock, R. R.	15			Whitehurst, G. J.	62
Hojjat, M.	103, 110, 111	OECD	116, 130	Williams, M.	112
Holt-Lunstad, J.	110, 111	Omarzu, J.	95	Winslade, J.	112
Howe, M. L.	134	Overton, W. F.	66	Winnicott, D. W.	61
Hykin, J.	38			Wood, D.	128
		Pals, J. L.	123	Woodruff, G.	47
Imura, T.	37, 38	Pascal-Leone, J.	47		
Inhelder, B.	46, 50	Perlman, D.	110	Yagi, A.	38
		Peter, J.	117, 118	Yamaguchi, M. K.	38
James, W.	132	Pianta, R. C.	116	Yonas, A.	37
Jang, K. L.	15	Premack, D.	47		
Jennings, K. D.	129				

執筆者一覧

第1章	生涯発達とは何か	西村純一（東京家政大学名誉教授）
第2章	生涯発達心理学の基本課題	平野真理（東京家政大学講師）
第3章	身体の生涯発達	高橋翠（東京大学大学院教育学研究科附属発達保育実践政策学センター特任助教）
第4章	知覚の生涯発達	高橋翠（東京大学大学院教育学研究科附属発達保育実践政策学センター特任助教）
第5章	記憶・認知の生涯発達	小松佐穂子（徳山大学准教授）
第6章	知能・思考の生涯発達	野澤祥子（東京大学大学院教育学研究科附属発達保育実践政策学センター准教授）
第7章	言語・コミュニケーションの生涯発達	椿田貴史（名古屋商科大学教授）
第8章	親密性の生涯発達	猿渡知子（足立区障がい福祉センター幼児発達支援室心理判定士）
第9章	社会関係の生涯発達	武藤世良（お茶の水女子大学教学IR・教育開発・学修支援センター講師）
第10章	パーソナリティの生涯発達	川本哲也（東京大学大学院教育学研究科附属学校教育高度化・効果検証センター特任助教）
コラム1	がんとともに生きる子どもたち	松元和子（国立研究開発法人 国立成育医療研究センターこころの診療部）
コラム2	自然・からだ・音・こころ	新屋賀子（東京都スクールカウンセラー・ピアニスト）
コラム3	統合失調症と認知機能	中坪太久郎（淑徳大学准教授）
コラム4	認知症高齢者をポジティヴな視点から捉える	田中元基（東京都健康長寿医療センター研究所研究員）
コラム5	知的障害をもつ人に対する理解の視点と臨床発達支援	中島由宇（東海大学特任講師）
コラム6	学び方を学ぶ：学習方略の獲得を支援する教育	深谷達史（広島大学准教授）
コラム7	聴覚障害とコミュニケーションと心理支援	広津侑実子（東京大学特任研究員）
コラム8	留学生支援の現場から	安婷婷（筑波大学助教）
コラム9	コミュニケーションスタイルの深化と成長	丸山明（近畿大学カウンセラー）
コラム10	自閉症スペクトラムと親密性	猿渡知子（足立区障がい福祉センター幼児発達支援室心理判定士）
コラム11	生殖から考える夫婦関係の発達	菅沼真樹（東海大学准教授）
コラム12	なぜ、やらないの？	石井朋子（知多市子育て総合支援センター臨床心理士）
コラム13	虐待という環境から発達を考える	小倉加奈子（成仁病院こころの発達支援室臨床心理士）
コラム14	社会性に関する発達	石井佑可子（藤女子大学准教授）
コラム15	学校コミュニティを通した問題解決の学びと支援	綾城初穂（駒沢女子大学講師）
コラム16	高齢者の関係性と「むなしさ」	大上真礼（東海大学特任助教）
コラム17	躓きをきっかけとした大学生期の成長	中島正雄（東北大学准教授）
コラム18	非行とアイデンティティの構築	北村篤司（昭和音楽大学短期大学部講師）
コラム19	道徳性の生涯発達	藤澤文（鎌倉女子大学准教授）
コラム20	キャリアの発達と「あきらめ」	菅沼慎一郎（東京大学特任助教）
コラム21	「感情労働におけるキャリア発達」から「感情労働を通じたキャリア発達」へ	榊原良太（鹿児島大学准教授）

生涯発達心理学

| 2019 年 3 月 20 日 | 初版第 1 刷発行 | 定価はカヴァーに表示してあります |

編 者 西村純一
　　　 平野真理
発行者 中西　良
発行所 株式会社ナカニシヤ出版
〒606-8161　京都市左京区一乗寺木ノ本町 15 番地
Telephone 075-723-0111
Facsimile 075-723-0095
Website http://www.nakanishiya.co.jp/
Email iihon-ippai@nakanishiya.co.jp
郵便振替 01030-0-13128

装幀＝白沢　正／印刷・製本＝株式会社創栄図書印刷
Copyright © 2018 by Junichi NISHIMURA & Mari HIRANO
Printed in Japan.
ISBN978-4-7795-1343-5 C3011

本書のコピー，スキャン，デジタル化等の無断複製は著作権法上での例外を除き禁じられています。本書を代行業者等の第三者に依頼してスキャンやデジタル化することはたとえ個人や家庭内の利用であっても著作権法上認められておりません。